千年客家

湯錦台◎著

謹以此書獻給渡海來台開山闢土的客家先民們！

致謝

　　本書在寫作期間得到了家人、一些專家學者和不少朋友的幫助與鼓勵，特此致謝。

　　感謝魏萼、徐正光、蕭新煌、謝重光、楊彥杰、鄧孔昭、曹樹基、蘇慶華、黃子堅、林嘉書、劉崇漢、陳瑛珣、吳賢俊、Dirk A. Buiskool等教授與專家學者提供學術指點、論文與其他方面的幫助。

　　感謝考察大陸客家地區期間，林少敏、王戴武、張新忠等先生的幫助，以及李崇富先生各地朋友對當地客家情況的介紹。特別感謝王偉明先生和陳萍女士在各方面的鼎立協助。

　　感謝原台灣行政院客家委員會主任李永得先生鼓勵本書的出版。

　　感謝陳元珍和林彩美女士分別就本書陳友仁與戴國煇先生部分提供意見、資料和照片。

　　感謝黃文局、葉金勝先生及潘鳳珠女士對本書出版的經常關心與鼓勵，感謝出版社王思迅先生、張海靜小姐和劉文駿先生為本書的出版所提供的鼓勵與細心安排。

　　感謝好友張健行先生對本書內容的指正與幫助。

　　尤其要感謝我家人和親友湯秀媛、湯煥齡、姜蕙蘭（乙未抗日英烈姜紹祖後人）、湯育齡、翁順芬、湯淩雲等給予的幫助。更要感謝我的愛妻雪梅長期支持與鼓勵我寫完本書。

作者序

　　客家人在全世界分布很廣。在中國大陸南方多個省分，到處都有客家人的身影存在；在台灣曾經有一半左右的人口是客家人；在東南亞、印度洋諸島、西印度群島和南北美洲，也都聚居著數量眾多的客家華人。目前，全球客家人總數，估計達六千至八千萬人之多。

　　這個為數眾多的客家人群，曾經是近代中國和世界一些重要歷史事件或過程的發動者與參與者：康熙晚年和乾隆中期台灣先後發生的朱一貴和林爽文事件中，客家人在清政府與福佬造反民眾之間扮演的「義民」角色，對清代的治台政策和後世台灣閩南與客家人群間的關係，影響深遠。清末客家人發動的太平天國反清運動，奠定了孫中山最後推翻滿清王朝的基礎。甲午戰後，台灣北部客家人率先打響了反抗日軍占台的第一槍。在海外，客家移民是早期開發馬來半島的主力與功臣，更是工業資本主義勃興初期，開發西方殖民地的重要勞動力來源。

　　在現代社會中，客家人群的影響面也不可低估，主要是表現在文化、商業與學術方面。

　　文化方面，「土樓建築」只是其中一項而已，在文學、山歌、戲劇、信仰、風水堪輿、移民文化（峇峇與娘惹文化）等各個領域，都有其獨特的魅力。

　　在學術方面，客家人歷來注重子女教育，學者、文人輩出，在許多領域都有傑出代表性人物。國際著名的數學大師丘成桐，是在香港成長的梅縣客家人；著名量子化學家潘毓剛也是梅縣客家人，祖父與丘逢甲結為親家，全家遷台後，畢業於台灣大學，後到美留學研究。

　　商業方面，在十九、二十世紀之交，客家商人即已名聞東南亞，在檳榔嶼、印尼、馬來西亞和新加坡的代表性人物有張弼士、張煜南與張鴻南兄弟、葉亞來和胡文虎等。當代客家代表性商業聞人更多，傳奇人物如領帶大王曾憲梓，文化大革命時期自梅縣移居香港；在印尼、香港致富的人造皮革大王田家炳，是抗戰前移民越南的大埔縣人。這些商業聞人的特點是樂善好施，但都保持客家人的儉約本色。後者曾捐鉅資在台灣設立田家炳文教基金會和交通大學光電中心等。

　　在台灣，著名的客家代表性人物，有早年的文學家吳子光、丘逢甲、吳濁流、賴和（自承是客家人，但不會說客家話）、鍾理和、林海音、龍瑛宗，醫學家徐傍興、邱仕榮，作曲家江文也、鄧雨賢和英年早逝的客家流行音樂先驅涂敏恒、吳盛智與林子淵，台灣史學者戴國煇等。目前在各個領域中活躍的有作家李喬、鍾肇政、黃娟、鍾鐵民、張典婉，文史學者陳運棟，法醫楊日松，考古學家劉益昌，電影導演侯孝賢，陶藝家李茂宗，美術家曾富美，台灣客家採茶戲推廣人鄭榮興，書法家詹秀蓉，九次世界大賽金牌廚藝家詹煌君，企業家李阿青（台灣資生堂）、吳仁春（萬家香醬油），藝人羅大佑、羅時豐、胡瓜和奧運跆拳道金牌得主朱木炎等。

　　然而，客家人常被罩上一層神祕的色彩。以往，不論是在大陸或是台灣，客家人的存在以及客家歷史文化的發展，並沒有受到社會應有的關注與平等對待。在中國大陸政治掛帥時期，突出方言人群，成為政治上的禁忌，客家人處於噤聲狀態；在台灣戒嚴時期，客家方言人群的經濟與文化發展，受到了來自政治上強勢的外省人群與享有經濟優勢的閩南方言人群的兩面擠壓。因而，兩地客家母語在客家人群中快速流失，客家文化淪為隱性文化。這種局面直到上世紀八〇年代後期，才開始改觀。

　　近一、二十年來，隨著中國大陸交通建設的加速與觀光資源的開發，原來封閉的閩粵贛交界區不再遙不可及，客家祖地豐富的原生態客家文化開始靚麗地呈現在世人的眼前，大陸民眾對客家人與客家文化的興趣不斷升溫。與此同時，在解嚴後的台灣，客家人的客家意識也水漲船高，客家運動方興未艾，就如何推動客家人的權益與維護客家母語及客家文化，強烈挑戰當局。經過了長

期的抗爭後，行政院客家委員會、大學客家研究機構、客家電視台和各地客家文化園區等先後設立，大大提高了客家人在台灣的能見度。

伴隨這種轉變而來的是兩岸客家學術研究的空前活躍，客家研究論文大量湧現。尤其是有一些大陸學者，他們超越前人，突破自清中葉以來幾乎為所有客家人接受的中原傳人理論，從地方考古、人口動態、畬族（唐宋以後與北方漢人南下移民幾乎同時出現在閩粵贛交界區的少數民族）研究到族譜調查等多個層面，提出新解，為兩岸學界的客家研究開拓了全新的思路。

遺憾的是，這些研究多局限於學術界的範疇，且多側重在個別地域或專門領域（如民間信仰、習俗、語言考證、政策討論等）。迄今為止，除了上世紀末有大陸學者以客家是漢、畬兩族融合的新觀點，推出介紹客家源流或歷史考證的數本著作外，對想要通盤瞭解客家的普通讀者來說，不論他們是客家人還是非客家人，都不容易找到一本綜合介紹客家歷史與現況的通俗讀本閱讀。

此外，客家人在全球各地分散居住，他們與住在台灣和大陸的客家人一樣，都源自共同的祖先，只是在不同的時代背景下移居他處。迄今市面上也同樣缺少介紹他們總體情況的論述。近年來全球客家人之間的交流互動日趨頻繁，對這些海外客家華人的過去、現在與未來發展遠景，也值得瞭解。

作為一個長期住在國外的台灣客家人，一直以來面對客家人由何而來、往何而去的困惑，我在多年前就已經有了在一些學者的研究成果上，操筆寫出一本客家歷史通論以解答自己的疑惑的念頭。我也相信，我並不是唯一有這種困惑的人，很多客家人，包括非客家人在內，都會想知道客家人真正的來龍去脈。

幾年前為了撰寫《開啟台灣第一人鄭芝龍》和《閩南人的海上世紀》，我曾經下了一點工夫，研究福佬人移民南方的歷史，發現他們和客家人在唐朝末年時本來就是一家人，只是從北方流亡到南方福建後，因住在不同地區而出現分野。移居沿海地區的變成了福佬人，留在閩粵贛山區的變成了客家人。但最後到了台灣，又都住在一起了，不過，許多客家人已被福佬化了。

在對明代海洋貿易史和鄭芝龍、鄭成功父子的研究中，給了我更多的啟示，即是明朝中葉以後，一連串的中外海上接觸及相關歷史事件，不但塑造了

福佬人在台海兩岸的強勢經濟地位，也實際上促成了客家人走出山區，成為一個成熟的民系。

有了這樣的基本理解，在《閩南人的海上世紀》出版後，我開始著手撰寫現在這本《千年客家》。為了更翔實理解客家人的活動蹤跡，也同時在數年時間內，陸續重點考察了閩粵贛三省客家祖地和多個海外客家人活躍的地方。因此，本書的完成，比以往所寫的幾本書用了更長的時間，但我認為這是必要而且值得的。

本書一開頭，借用了生命科學界學者的研究成果，探討客家人的漢族血統和其他民族的血統，結論是漢族血統居多。

關於客家人形成的過程，本書敘述的時間跨度長達千年以上，涵括了客家先民從唐末而非東晉五胡亂華時期開始向南方移民的歷史。但是直到明朝中葉以後，才開始在閩粵贛交界區形成客家民系。而「客家人」稱呼的出現，則是在清朝初年粵東客民向珠江三角洲方向遷徙以後，到鴉片戰爭後始在西洋人傳教士當中流傳。本書對這段客家形成歷史過程的說明，與許多學者有關客家是在宋朝時期就已形成的立論，有所不同。

尤其是本書著重於明代以後中西接觸過程中，海上貿易對客家地區的經濟衝擊及其對客家民系的形成的影響。其中最直接的衝擊是嘉靖末年饒平張璉的作亂及其所帶動的畬族作亂。

明代畬族的動亂也是本書討論的重點，平遠、鎮平（今蕉嶺）與平和等縣都是亂事平定後安頓投降亂民的新設縣地，也都是形成客家民系的重要縣分，由此說明了畬族的動亂對這些地區漢、畬族人民融合而為客家人的影響。

清康熙平定台灣後，立即解除了沿海遷界令，粵東和閩西客家人開始陸續移民台灣和廣東境內客家以外地區。這是清代第一波以程鄉（今梅州）客家人為主的國內移民。清中晚期後，又有往東南亞和西印度群島及南美洲的另一波國外移民，這波海外移民以嘉應州（雍正十一年由程鄉升格改名）和惠州兩地客家人為主，其中包括許多契約勞工，即俗稱的苦力在內。事實上，史上著名的豬仔（即苦力）貿易，是以被騙售海外的客家勞工為主，其中包含了不少太平天國亂事結束後，逃亡海外的太平軍戰士。

　　十九世紀的這些苦力，和成千上萬前往海外尋找生活出路的自由客家移民在海外的發展，以及客家男子與土著婦女所生混血客家華人後代，在本書中也做了系統論述，以展現全球客家人的完整輪廓。

　　本書結束前，以三個客家人的故事來展示不同時空下客家人的奮鬥人生。其中葉亞來是開發吉隆坡的功臣，在熱帶叢林中結束了華人客家移民間的爭鬥，並奠定了吉隆坡成為現代城市的基礎。流亡千里達太平軍戰士的後代陳友仁，拋棄了美好的生活，回到中國加入了孫中山的革命陣營，在巴黎和會上爭取中國的權益，並在國民革命軍北伐時期，從英國手中收回了九江、武漢租借地。台灣平鎮市的客家人戴國輝，則是以知識人的真情，回報他一生熱愛的台灣。留學日本時期，他選擇以研究台灣史來探索台灣的前途，後來應李登輝總統之邀，離開居住了四十二年的日本，在其身邊為台灣與大陸的關係獻策。終因理念不合而受排擠，不久病世，但求仁得仁。

　　本書最後以探索客家人的前途結束全書。其中建議客家人師法猶太人，以新的思路永續客家人的生命力，包括放棄以通曉客家話作為認定客家人身分的標準，並以中文和英文作為客家人的共同書面語文，以利全球客家人的相互溝通。此外，可設定全球客家人日，將客家精神傳承下去，在全世界發光發熱。

　　在寫作過程中，本書力求言而有據，但因所涉史實數量繁多，如有疏漏或錯誤，尚煩讀者指正。

　　　　　　　　　　　　　　　　　　　　　　　　湯錦台

目 次

｜致謝

006 ｜作者序

013 ｜第一章　回到孕育客家先民的時空

闽粵贛結合區的早期住民／從三苗向畬族的過渡／唐代以前北方漢人的南下／

唐末向闽粵贛結合區移動的最早期客家先民

033 ｜第二章　漳州設州置縣，畬族縮退闽粵贛邊

王審知建立闽國／陳元光與漳州的設治／從北宋到宋室南渡漳、汀兩州人口的增長／

兩宋之交的第二波移民潮／南宋時期的漳州畬漢勢力的消長及其影響

049 ｜第三章　在武力抗爭中共同成長的漢畬山民

宋元兩朝闽贛交界處的私鹽販賣與武裝活動／南宋時期虔、汀武裝活動的升級／

南宋末年文天祥的抗元行動／從宋到元闽粵贛邊漢畬山民的武裝抗爭／

宋末元初贛、汀人口的外移

069 ｜第四章　明代潮漳兩州人口的流入與社會動亂

元末明初汀州對梅州和潮州人口的外移／從汀州到漳州／

明代初期與中期的闽粵贛邊亂事／倭寇與私商／葡萄牙人東來初期闽粵交界區的寇亂／

闽粵交界區的山寇之亂

089 ｜第五章　一個「漢族」新民系的誕生

明朝中葉粵東畬族人口的增長／王守仁贛南平亂／

俞大猷漳潮剿寇與闽粵贛邊區漢畬界限的消失／

進入全球貿易大循環時期的闽粵贛結合區／明末程鄉的動亂與鄭芝龍粵東平亂／

一個「漢族」新民系的誕生

109 ｜第六章　破繭而出

清初遷界，人民流離／從粵東山區向外擴散／

「土、客」摩擦／「客家」與「客家人」稱呼的出現／從紅巾作亂到土、客械鬥／

客家稱呼的普及與客家覺醒運動的出現

157 ｜第七章　東渡台灣

海寇與漁獵者組成的早期移民／荷據與明鄭時期的到台商民與移民／

清初渡海禁令與客民渡台／地域性人群間的矛盾／義民功能的擴大／

自南向北和自西向東的人口擴散／福佬化、土客通婚和客家稱呼的出現

185 ｜第八章　血汗澆灌了美洲與南洋大地的苦力大軍

華工契約苦力的源起／淚灑西印度群島／血染安第斯山山腳的海岸縱谷／

流向南洋大地／在檀香木之島

207 ｜第九章　在動盪年代的全球大流動

客家人大批初下南洋／發生在沙撈越的古晉慘案／

在北婆羅洲沙巴拓荒的太平天國遺民／馬來半島上的客家移民／新加坡的開埠／

在北蘇門答臘的熱帶種植園／環印度洋地區的流動／

二十世紀後半期客家移民類型的多元化

237 ｜第十章　峇峇與娘惹的世界

源遠流長的南洋土生華人／早期海峽殖民地社會中的峇峇與娘惹土生華人／

海峽殖民地客家峇峇人群的出現／北蘇門答臘的客家土生華人／

西印度群島、拉美與夏威夷的另類客家混血後裔／美國本土客家

259 ｜第十一章　三個客家人的故事

吉隆坡的開拓者葉亞來（1837-1885）／

從太平軍戰士的後代到民國利益的維護者陳友仁（1878-1944）／

熱愛台灣的讀書人戴國煇（1931-2001）

293 ｜第十二章　客家路漫漫

維繫客家集體認同的無形力量／處境與對比／另類思考／客家路漫漫

第一章
回到孕育客家先民的時空

在中國福建、江西兩省交界處，屹立著一道自東北向西南延伸的山脈，這就是風景秀麗的武夷山脈。

長達五百多公里的武夷山脈，山勢北高南低，北段多高山，南段多丘陵，東西兩側地勢各異，在末端形成閩粵贛（福建、廣東、江西）三省結合處。

這一個地域，涵蓋了福建的西南部、廣東的東部和江西的南部，是個重巒疊嶂、群山聳立的地區。它從來就不是中國的政治或經濟重心所在，充其量不過是窮鄉僻壤的偏遠山區而已，直到明代都還一直都被視為蠻荒或山寇之區。

但是這裡卻是有著獨特的語言和文化特質的客家人的發祥地，在過去一千年以上的歷史當中，由於北方的戰亂和北方政權力量的南向擴張，漢人的勢力不斷流入這個原為百越民族生息之地的邊陲地區，在閩西和粵東交界區，與取代了越族的畬（音「奢」）族相互融合，並大體從明朝開始，發展出以傳承漢文化而自豪的客家民系。

從明朝至今的六百多年過程中，客家人作為華人當中的一個重要民系，為了生存，曾經長期在社會底層中掙扎，但是也曾經在中國掀起過像太平天國造反那樣的巨大歷史波瀾。清代以後，他們是台灣與南洋早期開發史上的主流人群之一，並在世界各地延續了客家人群與文化的傳承。

從人類發展的角度，客家人所譜寫的是一個在歐洲人東來初期形成的民系從深山走向世界的歷程。而這個歷程本身，就是世界歷史的重要組成部分，因為經過了幾個世紀胼手胝足的奮鬥，遍布各大洲的客家人和他們的後代，早已在各國發展史上留下了不可磨滅的痕跡。

但追溯歷史的本源，客家民系的產生，與閩粵贛三省結合區的地理環境和漢人與之雜居的少數民族脫離不了關係，因此，要瞭解客家形成的淵源，首先必須瞭解閩粵贛交界區的地理環境和一千年來漢、畬兩族先民如何在這個環境中生存融和的過程。

一、閩粵贛結合區的早期住民

群山連綿的閩粵贛結合區，就是人們習稱的閩西、粵東和贛南相連的地區，從武夷山南段向兩側伸展，是個氣候宜人、林木茂密的深山區。但境內山勢崎

●福建境內與漳州平原交界的博平嶺山脈，原是畬族繁衍生息的地區。

嶇，河川交錯，交通極其不便。自古以來，翻山走嶺，從一個山頭走過另一個山頭，成為散居在各個河谷或盆地上的居民的唯一交通方式。

境內的大河水系是居民的生命線。在閩西有發源於武夷山向南流入粵東大河韓江的汀江，有「客家母親河」之稱。水系東面的博平嶺山脈，從漳平市向南延伸至福建最南端的雲霄與詔安兩縣之間的沿海地帶，海拔平均七百至一千公尺，為流經漳州出海的九龍江流域與流經汕頭出海的粵東韓江流域的分水嶺，也是傳統上客家與閩南人區的分界山脈。

在粵東有貫穿廣東客家中心地區的梅江流域為其主要水系。水系之南的蓮花山脈，北起閩越交界線中段的陰那山（在梅縣），向西南延伸至惠陽縣，餘脈伸入深圳、香港交界處。蓮花山山脈高峰均在一千公尺以上，最高峰在梅縣縣治東南約十八公里處的銅鼓嶂，高達一千五百公尺以上，整座山脈的北段成為梅州客家山區與韓江下游潮（州）汕（頭）平原閩南語系人口之間的天然分界線。

在江西南部，主要是發源於武夷山西側並且最後與發源於南嶺（又稱五嶺）山脈的章水在贛州合流而成為贛江的貢水水系。整個贛南地區，東有武夷山，西有諸廣山，南有南嶺，中間為丘陵地帶，許多盆地散布在各個丘陵地之間，贛江由此北上，流入鄱陽湖。歷史上由於朝代更替，後來成為客家先民主要組成成員的北方漢人，曾多次為了躲避戰亂，大批南下贛南地區聚族求生，或由此中轉進入被視為更安全的閩西和粵東山區。

閩粵贛結合區，從閩西的博平嶺山脈往西和粵東的蓮花山脈往北，跨越武夷山脈，連接到贛南的大片地區，就是在這樣的歷史背景下，成為哺育塑造後來客家民系的區域空間。

但是，在漢人進入贛南以前，閩粵贛結合區早已經有更早到此的人類居住著，他們是後人習稱的百越族的祖先。

根據近年來人類遺傳基因突變研究得出的推論，當六、七萬年前，由於氣候變遷，人類被迫走出非洲後，有一波歐亞人種的祖先從阿拉伯半島經伊朗，於四萬年前在蔥嶺（帕米爾山結）以西的西亞、中亞地區定居了下來，他們的後人創造了人類最早的文明，即產生於伊拉克南部的蘇美爾（Sumer）文明和由雅利安人（Aryans）開創的印度文明。

這波歐亞人種，有一支又繼續往北穿越蔥嶺後，再折向西方抵達歐洲地區，成為後來歐洲白人的祖先。

另一支則沿著喜瑪拉雅山南麓，從印度次大陸進入中南半島，成為黃色人種的祖先，在三、四萬年前，從緬甸進入雲貴高原西側。

其中一批，在最後一次冰川期消退後，繼續北上，在兩萬至一萬年前左右擴散到黃河中上游，成為後來的華夏族，也就是漢人的祖先。

另有一批，則由越南北部從沿海地區一直往北推進到長江下游地區，以及更北的黃河出海口地區，這就是曾經在春秋時期建立越國的百越族祖先，[1]百越是歷史上分散中國南方各地越族人的統稱。現代習稱為福佬人的閩南人，就是歷代南下的北方漢人與居住福建東南沿海越人結合並將其漢化的產物。

百越族還與台灣的先住民有淵源，因為台灣有幾個族的先住民男性人口中，出現與百越族同樣的Y染色體遺傳突變點M119的頻率為百分之五十左右。[2]

公元前三百多年前，楚國滅亡越國，越人流散各地。秦一統天下後，派五十萬大軍征服嶺南、廣西一帶的南越地區，這是中國北方人種最早向南方的大規模遷徙。漢取代秦後，漢文帝消滅了閩粵贛結合區越人所建的南海國，將當地越人驅趕到鄱陽湖之南。漢武帝時又分別平定了浙江南部的東越和福建中部的閩越，將越人放逐到江淮一帶。

經過北方漢人數次大規模的軍事行動後，越人人口被大量消滅或同化掉，剩下來的只能逃往深山野林之中。因此閩粵贛結合處的高山深谷地帶，自然成為越人避難逃生之所。到隋朝時，史書都還有與他們相關的記載。[3]

但是，到了唐代中葉，閩粵贛結合區的這些越民已被新的外來民族所取代。歷代史書常以「夷、獠」或「洞蠻」的說法來稱呼這些後來者。如唐昭宗乾寧元年（公元八九四年）有「黃連洞蠻二萬圍汀州」的記載，[4]這些「洞蠻」顯然已經不是原來逃避漢朝軍事圍剿的越人的後代，他們是與越族不同的一支民族。

二、從三苗向畬族的過渡

這支取代越族的民族，據中國一些學者的研究，是屬於百濮族一支的徭人，[5]或是由徭人所衍化出來的畬族之民。

　　據非洲人遷徙理論，百濮民族是早期人類在最後一次冰川期消退時，從雲貴高原西側進入長江中游的一支稱為先濮族的黃色人種的後人。[6]

　　這一支早期人類沿著長江流域，東進至洞庭湖與鄱陽湖之間的地帶，在江漢平原上形成了被後人稱為百濮族的新民族。不少學者認為，戰國七雄之一的楚國，就是百濮的前身——苗族所建立的。

　　歷史典籍很早就記載了苗族的住地。《戰國策》卷二十二〈魏一·魏武侯與諸大夫浮於西河〉篇提到：「昔者，三苗之居，左彭蠡之波，右有洞庭之水，文山在其南，而衡山在其北。恃此險也，為政不善，而禹放逐之」。其中「彭蠡」是指鄱陽湖，衡山在洞庭湖之南的湖南境內，文山可能在昆明東南方鄰近中國與越南交界處。這一廣大的地域範圍，與現代遺傳科學有關黃色人種自雲貴高原西側向長江中游遷移的論證大致吻合。

　　苗族原名「九黎」，[7]早期活動範圍並不限於長江以南，曾經跨過長江擴張到黃河流域。相傳「九黎」首領即為曾與華夏族領袖黃帝爭霸的蚩尤。[8]兩個部族聯盟為了爭奪天下領導權，在今河北涿鹿縣決戰，以九黎族的失敗奠定了華夏族一統中原大地的基礎。

　　到了堯帝時期，苗族稱為「有苗」，首領稱「三苗」，因不服管制，與其他部族領袖一起被流放到遠在敦煌附近的三危山。[9]舜帝時，又因「苗民逆命」，「蠢茲有苗，昏迷不恭，侮慢自賢，反道敗德，君子在野，小人在位」，遭大禹興師討伐。[10]

　　經華夏民族不斷的征討，苗族子民的活動範圍縮回到長江以北的江漢平原，並淪為南向擴張的夏朝子民的奴隸。[11]

　　到了周朝，住在長江以北的苗民被改稱荊蠻，[12]春秋時期，被稱為楚蠻的楚人，因地利之便，吸取了更為先進的華夏文明之長，在這裡崛起。他們的先祖熊繹率領子民「篳露藍蔞，以處草莽，跋涉山林，桃弧棘矢」，誓與北方華夏諸國一爭短長。[13]到公元前七〇四年，楚無視周王室之尊，首領熊通自封為楚武王，並向長江以南被稱為「濮」的同源「蠻族」地區擴張，[14]開始了「濮」地的開發。[15]

　　正如前述，當時苗族的「濮」地，從長江南側一直向西南延伸到雲貴高原，

與同屬楚國的百越地區交錯存在，屬於千里楚地的一部分。[16]又因同源部族繁多，故居民稱百濮族。[17]

由於生產方式落後，「濮」地仍舊處於刀耕火種狀態。在當地眾多的原始住民當中，有以盤瓠（瓠音「護」，即葫蘆或壺）為始祖的武陵蠻、瑤族和畬族，與後來客家民系的形成，有相當的關聯。

盤瓠的傳說，最早可能出現在東漢應劭的《風俗通》，宋朝羅泌的《路史‧發揮‧二》指出該書記載：「以高辛氏（按：即傳說中中國上古五帝之一的「帝嚳」）犬盤瓠妻帝之女，乃生六男六女，自相夫妻，是為南蠻。」[18]東晉郭璞註解的《山海經‧海內北經》[19]和南朝范曄的《後漢書‧南蠻西南夷列傳》[20]也都提到相關傳說。

這些記載和另外的許多記載大同小異，也就是說，帝嚳因無法制止西方部族犬戎的侵擾，應允將女兒許配給能夠打敗犬戎的人為妻。他所豢養的一條通人性的神犬盤瓠，自告奮勇咬下了犬戎大王的頭獻給了主人（一說是咬下犬戎大將吳將軍的頭），帝嚳於是將女兒許配給這條神犬做妻子，其子孫後代居住武陵，遂成為武陵蠻。

武陵蠻的名稱源自漢朝的武陵郡，武陵郡的前身為楚國的黔中郡，在今湘西洞庭湖西側的沅水流域一帶。公元前二二三年，秦六十萬大軍滅楚後，華夏族的勢力順勢向「濮」地擴張，秦始皇繼續沿用黔中郡的建制。

漢朝建立後，高祖劉邦將黔中郡改名武陵郡，因境內有五條溪流，所以又稱五溪蠻。[21]

據《隋書》所載，從漢朝到隋朝，超過四百年的時間裡，這些「蠻人」已逐漸融入華夏文明之中，「與諸華不別」，同時居住範圍也擴大了許多，從湖北北部一直向東南延伸到鄱陽湖西側的九江地區，也就是已經進入今江西省境內。但仍有許多住在山區者，保留其原始習俗，例如保留拾骨之風，死者斂棺後，送入山中，十三年後再擇吉日，去肉取骨，改裝小棺，稱為拾骨，與後來客家人的檢骨習俗相類似。[22]

就在同一時期，在湖南全境則出現了稱為「莫徭」的民族。同書記載，洞庭湖畔的長沙郡「又雜有夷蜑（音「蛋」），名曰莫徭，自云其先祖有功，常免徭

役，故以為名。其男子但著白布褌（音「昆」）衫，更無巾芑（音「住」）；其女子青布衫、班布裙，通無鞋屩（音「絕」）。……武陵、巴陵、零陵、桂陽、澧陽、衡山、熙平皆同焉。其喪葬之節，頗同於諸左云。」也就是說，在湖南境內各郡，住有稱為「莫徭」的民族，因先祖有功，免徭役，故而得名。他們的習俗與諸蠻相近，居住的地區分散在從武陵郡到熙平郡的湖南全境，其中熙平郡甚至已經及於今廣東省北部鄰近廣西的連山地區（嶺南地區）。[23]這些由湖南向嶺南擴散的苗瑤，形成後世廣東、廣西瑤族的主體。

莫瑤族的出現，說明了信仰盤瓠的百濮族從武陵蠻、五溪蠻向南擴散，並向瑤族過渡的過程。

到了唐朝末年，在閩粵贛三省結合處與粵東地區出現了被稱為「畬」的民族。畬的原義即遊耕，也就是刀耕火種。以畬來稱呼畬田民族的年代可能是在唐末五代年間，有住在南岳衡山的玄泰禪師，曾因衡山常被燒畬砍伐而稱砍山的山民為「畬山兒」。[24]但是，當時這些畬田民族仍然更多地被繼續稱為莫徭，表明進入三省結合處和粵東地帶的莫徭向「畬」轉化的過程才剛剛開始，要到宋代以後，畬族或畬民的稱呼才正式出現。[25]

綜合大陸學者的研究，莫徭族向閩粵贛三省結合區遷徙，大致是從南北朝末年開始，路線有兩條：一是從湖南進入贛南，再從贛南轉入閩西南和粵東北地區；一是上述進入嶺南連山地區的一支，有一部分又東進到粵東潮州和循州（今惠州一帶）。[26]不可避免地，他們與世代住在這裡的越人會相互遭遇。遭遇的結果如何，是越人被畬人消滅了、替代了或同化了，學者迄無定論。[27]但是，在北方漢人也陸續到來的同時，畬人取代越人成為這一地區非漢人的主體，已是不爭的事實，因為從唐代以後，史冊已經很少記載越人的行蹤，但記載本地畬民作亂的史事卻不少，從宋代到明代皆是如此。[28]

遺傳基因研究的結論也相當吻合。一項對福建長汀一百四十八名客家男子所做的遺傳研究發現，從父系遺傳的Y染色體分析來看，當地客家男子的主要成分為北方漢族，占百分之八十以上；其次就是畬族，占百分之十三，而畬族的來源有二，分別為湖北和廣東；成分最少的是越族，近百分之七，其來源為江西的干越。[29]這項結論證明了，當北地漢人大批進入閩粵贛結合處之前，苗瑤人，或是

後來被改稱的畬人，已經成為當地的新主人，越人即使還有殘餘，也是屬於少數。

三、唐代以前北方漢人的南下

在中國歷史上，大概在兩千兩百多年前，北方政權開始向南方擴張。秦始皇統一中國後，在全國設立了三十六郡，於江西設九江郡，範圍與今天的江西省大致相同。三國時期的東吳，將贛南部分出，設立了廬陵郡，郡所設在貢水邊上的雩（音「於」）都，這是閩粵贛結合處最早期的行政建制，除了郡名以外，這一結構到唐代為止大致保持不變。

也是從秦代開始，閩粵贛結合區已漸漸有北方漢人遷居。秦始皇滅楚後，派兵數萬進入嶺南，設立了桂林、象和南海三郡，不少被派到南方的北方軍士就在廣東定居了下來。秦始皇並在南海郡下設立了揭陽縣，管轄範圍及於尚未開化的閩粵交界區兩側，從潮汕平原延伸至漳州地區，包括現在的梅縣在內。另外也在進入嶺南的贛南前沿地帶設立了南野縣，作為軍事前進基地。因此一些零星的戍卒和被流徙的北方反秦勢力，可能成為最早進入閩粵贛結合區的漢人移民。

漢代多次對閩粵兩省百越地區的軍事行動，使更多的漢人來到了南方，人口有了快速增長。漢武帝設立的南海郡，到東漢時人口有七萬一千四百七十七戶，二十五萬二百八十二人。漢朝初年設立的豫章郡（範圍覆蓋今江西全省），到東漢時期已有四十萬六千四百九十六戶，一百六十六萬八千九百六十人。[30]西晉年間漢人墓葬在梅縣的出土，[31]更證明了經過秦代及以後各朝對嶺南的開發征討，到了西晉時期，北方人民已擴張至粵東地區，但推斷人口仍然相當稀少，因為至西晉時仍未設治。

西晉末年，「五胡亂華」，永嘉五年（公元三一一年），匈奴軍攻占洛陽，擄走了晉懷帝。中原流民四處逃難，在江淮和江南世家大族的主導下，許多士民逃到了長江以南，[32]奠定了東晉偏安建康（今南京）的局面。往後多年，在北方各民族的長期自相混戰中，百姓死傷無數，而更多的是死於流徙當中，例如可能是源於中亞的石羯人石虎在北方建立的後趙，在其統治的二十幾年當中，將山東、河北、山西、湖北各省人口，以及西北氐、羌族，和北方、江淮的「胡蠻」

強迫遷徙的，就達百萬之多。另因中原戰亂，饑荒加上病疫，流民百姓甚至到了「人相食」的地步，北方中原大地的空虛與荒涼可以想見。[33]

在世家大族的支撐下，東晉江南地區維持了一百年左右的統治局面。但其統治力量主要集中在浙江至洞庭湖以北延伸至江漢、江淮平原的地區，以及最南方的廣州至交州（今越南北部）一帶，至於閩粵贛結合區，除了早在西晉武帝太康三年（公元二八四年），在已經有了一定人口的贛南設有南康郡（郡治設在雩都）外，[34]閩粵兩省交界處山區，包括閩西地區，仍為漢代避居深山的越人後代所居的曠野地區，尚未設有行政中心。

到了東晉安帝義熙九年（公元四一三年），把秦朝設立的揭陽縣涵蓋現在福建地界內的地域析出，設立了綏安縣，屬義安郡（隋朝改名潮州），管轄的範圍大致在今漳州市的西南地區，包括漳浦縣的一部分和雲霄、東山、詔安等縣。南北朝的南齊時期（公元四七九年至五〇二年），在義安郡下又設立了程鄉縣（今梅縣）和義招縣（今大埔）。

這些郡縣的設置與變更，表明了閩粵交界處的中段和南段，人口開始陸續增加，雖然增加的數目十分有限。[35]但北段東側的閩西北地區仍為行政力量未及地帶。

程鄉和義招兩縣的設縣，顯然是珠江三角洲的人口與統治力量逐漸東擴的結果，因東晉義熙七年（公元四一一年），東晉末年名將劉裕與叛軍首領盧循的戰鬥中，劉裕的水軍曾由會稽（今紹興）經海道襲擊盧循的廣州大後方。此戰結果盧循大敗，部屬被殺和投水的達萬餘人。廣州的平定無疑有利於東晉政權擴大對閩粵交界處的統治，因此兩年後有設立綏安縣和義招縣之舉。

數年後，劉裕取代了東晉，自立為宋武帝，開啟了中國歷史上的南北朝。在劉裕及其繼任統治者統治南方的半個多世紀期間（公元四二〇年至四七七年），廣州的戶數達四萬九千七百二十六戶，人口二十萬六千六百九十四人，下轄領地擴大到興寧、海豐等後世的客家地區，[36]但其總人口卻遠遠少於東漢時期，這與連年的戰亂有很大的關聯。

到了隋代（公元五八一年至六一八年），贛南南康郡戶數，已從西晉太康三年設郡初期的一千四百戶，增加到一萬一千一百六十八戶，義安郡則從南北朝

南宋時期的一千一百一十九戶，增加到二千六十六戶，[37]顯示了贛南人口增加較快，但閩粵交界處人口仍增長緩慢。

　　不過，這段時期贛南人口的增長屬於自然增長的可能性居多，與北方移民幾乎沒有什麼關聯性。因為同期江西境內各郡，除豫章郡（今南昌）因轄下縣分的減少而人口有所減少外，其餘各郡都有不同程度的人口增長。[38]而南康在各郡中增長比例算是最高，達七倍左右（雖然總戶數仍然有限），以每戶人口平均五人計算，也只有將近五萬六千人。[39]再看同期閩粵交界處的義安郡，人口增長更少，也按每戶五人計算，到隋代時，也只約略超過一萬人而已。因此，在唐代以前，閩粵贛結合區的主要人口成分仍為當地土著（當時仍以百越族為主），顯然還談不上有後世客家人的漢人先祖在此定居發展。

●東晉時期原屬義安郡管轄的漳埔地區是漳州的發源地，唐開元年間，漳州設州後，最初在此設治。這裡也是畬族棲息活躍的地帶。

客家先人是南遷中原士民的後代？

　　大概最早提出客家人是中原士族後代的客家研究學者，為清仁宗嘉慶年間廣東惠州豐湖書院山長徐旭曾。嘉慶十三年（公元一八○八年），他在其著名的〈豐湖雜記〉中提到：「今日之客人乃宋中原衣冠舊族，忠義之後也。」該篇末尾也提到：「曲江周慎軒學博，嘗為余書：嘉應、汀州、韶州之客人，尚有自東晉後遷來者，但為數不多也。」

　　這篇研究出現後，經歷了太平天國動亂的歐洲在華傳教士，也開始對客家人產生很大的興趣，他們陸續撰寫了一些客家研究文章。例如一八六二年，長住香港的英國學者艾德爾（Ernest.J.Eitel），在一八六七年第一卷的《評與問》（Notes and Queries）雜誌上，發表了〈中國客家的人種描述〉（Ethnographical Sketches of the Hakka Chinese），將客家、福佬與廣東人列為三種不同的人種，作了一些簡單的對比。接著又在一八七三年第二卷第三期的《中國評論》（China Review）期刊上發表了〈客家人歷史大綱〉（An Outline History of the Hakkas）稱，根據他對客家人族譜的研究，客家祖先來自北方，周朝末年遷到山東，為了逃避秦始皇的迫害，向南逃到了河南、安徽、江西的山區；到了東晉末年，又再南遷到江西東南方，到元末明初，最後定居於廣東嘉應州（梅州）地區。

　　之後，曾在客家地區傳教的英國牧師皮頓（Charles Piton），在一八七四年第二卷第四期的同一雜誌上發表了〈關於客家人的源流與歷史〉（On the Origin and History of the Hakkas），提出了福建寧化石壁是黃巢之亂後，北方南下的漢人南遷廣東的源頭，也駁斥了艾德爾牧師將客家人列為與廣東人和福佬人不同人種的說法，指出客家人是純正的漢人。

　　這兩人的研究，無疑對晚清研究客家的西方學者產生了很大影響。例如甲午割台後，不少有關台灣的西方書籍中，都曾引用他們的上述歷史論述。

也是在甲午割台後，苗栗抗日士人丘逢甲潛往廣東鎮平（今蕉嶺）祖地，與清末嘉應州出身的客家外交家黃遵憲過從甚密，兩人曾在一九〇五年，於後者「人境盧」家中成立「客家研究會」，提倡客家正統漢人觀念，但不久黃遵憲就過世了，宣揚客家源出中原的理念由各地的客家士子，如興寧籍詩人胡曦、大埔籍的反清革命家鄒魯、大埔籍報人溫廷敬等傳承了下來。但最後將客家中原理念真正植入客家人心、加以發揚光大並上溯到晉代來源的，是興寧籍的學者羅香林。他集前人研究的結果，出版了《客家學導論》和《客家源流考》兩本書，受到世界各地客家人的重視，許多人吸收了其中的論述理念，強烈認同客家人就是永嘉亂後於東晉年間自「北起并州上黨，西屬司州弘農，東達揚州淮南，中至豫州、新蔡、安豐」的中原地區南渡流民的後人。

他的客家人東晉起源說與中原說，對後人有很大的影響，尤其是對喜歡託古和喜歡自稱為中原之後的人來說。

然而，細究起來，儘管東晉南遷流民，的確有許多人是源自中原，但也有很多來自非中原地區。同時這些流民很難稱得上是客家先人。

據《晉書・卷十四・志・第四・地理上、下》，「自中原亂離，遺黎南渡」，住在黃河與淮河之間的許多中原士民隨著晉室的南遷而流落江淮之間，由設在揚州、鎮江的「牧司」管理，並在安徽省東南部的長江重鎮蕪湖「僑立」豫州（在今河南中部、南部），安置河南流民（即羅香林所稱的「司豫流人」）。

但不久胡人勢力又接踵進入江淮之間，晉室還一度出現由建康（今南京）再遷會稽之議，因此安徽中北部一帶的百姓也南渡長江，晉朝政府將淮南郡（今安徽淮南市）「僑立」於徽南，予以安頓。另在已經僑立了豫州的蕪湖再「僑立」上黨郡（今山西長治市），安頓來自山西東南部的難民；在江西北部的尋陽（今九江市）「僑置」弘農郡（今陝西渭南市）和松滋郡（今湖北荊州市），安頓從渭河平原與江漢平原一帶逃離的流民。

這兩波的難民中，源自黃淮之間的河南流民，也就是中原士民，無疑

是遷徙到江南的流民的主體。但他們最後是隨晉室在長江以南的蘇（江蘇）皖（安徽）交界處安頓了下來，有的甚至遠遷至今浙江溫州一帶。（「（東晉）孝武寧康二年，又分永嘉郡之永寧縣置樂成縣」，樂成縣現為溫州市樂清縣。）

　　至於逃難到江西的流民，主要是來自屬於中原範疇的關中渭河平原與非中原範疇的江漢平原一帶。前者是沿丹江水系接漢水，沿河直下武漢，再沿長江進入九江地界。後者則是直接沿長江而下，與前者在九江會合。

　　值得探討的是，不論這些流民是源自中原或非中原，以及最後是南遷到蘇皖地區或進入江西北部，他們是否就是羅香林所稱的第一批客家先民？

　　從晉代以後贛南地區的人口增長速度，可以提供答案。從西晉永嘉之亂到隋朝初年，中間經歷了兩百多年，這段期間，贛南人口從西晉設郡初期的一千四百戶增加到隋代的一萬一千多戶，增長速度可說十分緩慢，大致可以推斷，是屬於人口的自然增長，而非流民的湧入。

　　因此，東晉時期流入蘇皖與贛北地區的流民，即使存在一部分人可能再度流向孕育客家先民的贛南地區，人數也不會很多，不可能形成帶有晉代強烈中原色彩並向閩西、粵東擴散的所謂客家人群體。更何況這些流民中，還有不少是來自非中原地區的江漢之民。

　　事實上，現代人所認知的客家人，並不是用北方或中原移民後代的單純人類遷徙概念或漢人血統論所能概括。除了他們多元的北方來源外，客家人其實也是客家話、中原概念和客家意識等文化與語言上的多種特徵共同形成的綜合體，而這些特徵，除了客家話與中國其他方言一樣是長時期自然形成的以外，中原概念和客家意識，就像不同民族擁有不同年代形成的染色體突變一樣，都是在諸如宋元交替之時或明朝中葉歐洲人東來之後的不同歷史階段，因為當時的社會歷史條件，而分別在外力的刺激下，顯現成為代表客家人這麼一個整體的文化特徵的。因而，只有回到確切的歷史時空，才能夠跳脫理解的誤區，重新正確認識客家人的全貌。

四、唐末向閩粵贛結合區移動的最早期客家先民

公元七世紀初唐朝取代隋朝開國後，到唐朝中葉玄宗天寶元年（公元七四二年）的一百多年間，由於社會安定，改稱虔州的贛南地區，人口開始增長快速，已達二十七萬多人，[40]增長了將近六倍左右，比同期中國人口的增長率高出甚多。[41]當中有自然增長的因素，但也存在著第二節中提到的注入了畬族的前身，即苗瑤族的可能性。[42]

但是，閩西和粵東兩地仍為相對落後的土著民族住區，人口十分稀少。汀州是在開元二十四年（公元七三六年）才「開福、撫二州山洞」設置的，[43]這是閩西初次建立州級建制。而同一時期的程鄉（今梅州）所在的嶺南道，長期以來是唐朝流徙犯人的地區，其中領有程鄉的潮陽郡，人口也不過兩萬六千多人而已。[44]

天寶十四年（公元七五五年）發生了長達八年的安史之亂，給社會帶來重大動亂，不僅北方與江淮人民流離失所，四處流散，同時造成了中國戶口的嚴重減少。

但因戰亂主要在北方，贛南地區也不是吸收流離百姓之地，因此人口也同樣有所減少，只是減少的幅度相對較小而已。[45]

閩西、粵東地區受到相同的影響，人口也都有著不同程度的減少，因此，依舊保持了人煙稀少的狀況。

但是，唐末從僖宗乾符元年（公元八七四年）到僖宗中和四年（公元八八四年）長達十年的王仙芝、黃巢之亂，以及其後多年黃巢餘黨的延續作亂，開始扭轉了閩粵贛結合區的人口結構局面。

在這場連續的戰亂當中，中國大地從北到南，已不僅僅是用民不聊生可以形容。「時民間無積聚，賊掠人為糧，生投於碓磑（音「對位」，即石臼和石磨），並骨食之，號給糧之處曰『舂磨寨』。縱兵四掠，自河南、許、汝、唐、鄧、孟、鄭、汴、曹、濮、徐、兗等數十州，咸被其毒。」[46]「北至衛、滑，西及關輔，東盡青、齊，南出江、淮，州鎮存者僅保一城，極目千里，無復煙火。」[47]其結果是人口的銳減和又一次的大量流徙。相對而言，受到戰禍較淺的閩粵贛結合區就成了逃避兵燹的世外桃源。從唐末至宋初這一地區人口的再度激增，可以看出閩粵贛結合區開始成為吸納北方流民的新區。

安史之亂結束六十多年後，李吉甫纂修的《元和郡縣志》和北宋初年樂史所著的《太平寰宇記》，為由亂而治的這一時期的人口變化提供了很好的數據。前者正值安史之亂後，恢復元氣但黨爭不息的唐元和年間（公元八〇六～八二〇年），包括閩粵贛結合區在內的中國各地人口，都比安史之亂前的天寶年間減少了很多。[48]後者則處於五代十國分裂局面之後天下初定的太宗興國時期（公元九七六～九八三年），兩者的時間差距為一個半世紀以上。

大體來說，這一百多年間，中國的人口增長恢復得很快。全國的戶數增加了百分之一百一十七，由六百七十多萬戶增加到一千四百六十多萬戶。

贛南（虔州）是江西境內（江南西路八州）增長較快的州之一，由兩萬六千多戶增加到八萬五千戶以上，增長率百分之二百二十四，但低於同省西北方的袁州（今宜春市，增長百分之三百六十五），高於東南與虔州接壤的吉州（今吉安市，增長率百分之二百零八）及南鄰贛南的撫州（今撫州市，增長百分之一百四十七）。

但與閩西地區比較，贛南的增長並非那麼顯著。同期閩西汀州的人口由兩千六百一十八戶增加到兩萬四千戶，增長率達百分之八百一十七。這麼高的增長率，顯然不是單純自然增加的結果，其他的增長因素也不能忽略，最主要是黃巢亂後北方流民的湧入，其次是進駐當地的軍民官吏。

湧入的北方流民，主要是從江西越過武夷山而進入汀州地界。不少客家人的族譜經常出現先祖是從江西遷往汀州寧化（古稱黃連峒）的記載，同時客家人也有緊鄰江西的寧化石壁村村民，因為在家門口掛上葛藤而免遭黃巢亂軍燒殺的傳說，[49]這說明了從江西石城進入寧化，是唐末客家先民的重要移民路線之一。但武夷山還有幾個重要的山口，如江西瑞金至福建長汀之間的古城，也是一個重要孔道。

另一重要移民群體，是唐朝末年隨著王潮、王審知兄弟南下的軍民。兩人是河南光州固始人，帶著軍隊從江西進入福建後，因唐朝滅亡，王審知就在福州建立了閩國，管轄福建全境。五代時期，因後唐莊宗同光三年（公元九二五年），發生了「汀州民陳本聚眾三萬圍汀州」的事件，王審知的兒子王延翰派兵兩萬討平。[50]事件過後，留在當地安頓亂後局面的軍民官吏，也成為新增人口的一部

分。

　　北宋太宗淳化五年（公元九九四年），汀州下屬武平場和上杭場升格為武平縣和上杭縣，足以說明這一時期這三類人口組成的閩西汀州人口的增長態勢。[51]

　　至於同期粵東的潮州，則由近兩千戶增加到五千八百多戶（如含梅州，達七千四百戶左右），增長百分之一百九十（如含梅州，增長百分之二百七十九），但總體數量還是很少。[52]

　　由以上變化可以看出，從唐末到北宋初年，江西鄱陽湖以南地區，以及閩西和粵東的人口都有遠高於中國全國的人口增長率，其中又以閩西增長最快。不過，從絕對數量來看，贛南仍為閩粵贛結合區人口增長最多的地區。

　　這一事實說明了在唐朝末年的黃巢之亂中，雖然江西全境包括贛南在內都曾受到戰亂波及，[53]但是贛南仍相對受害較淺，因此亂後恢復得較快，同時，又因為其相對閉塞的自然環境，也合理地與袁州、吉州和撫州一起成為北方流民首度大量遷入避難的地區。

　　從中國全國範圍來說，唐末至五代受到戰亂衝擊最嚴重的地區，主要是在湖北荊襄大地和黃淮平原至陝西關中地區。這些地區的流民，類似西晉永嘉之亂後南逃的難民一樣，主要是逃到蘇皖兩省的江淮地區和長江以南地帶，但有的逃到浙江中北部和四川盆地，也有的進入了贛中和贛南以及閩西地區。進入贛南和閩西地區的，與派赴當地並定居下來的官員與軍民，慢慢就地融和了土著居民，在幾乎與世隔絕的獨特環境中，形成了獨特的方言與習俗，他們就是最早期的客家先民，也就是後人所稱的客家人的祖先。[54]

●福建汀州寧化縣是唐末北方移民自江西入閩的首站。

注釋

1——李輝，〈走向遠東的兩個現代人種〉，台灣《國父紀念館館刊》，2004年第14期，第175頁。

2——據美國《國家地理雜誌》基因地理專案（Genographic Project）的研究。見Spencer Wells, *Deep Ancestry Inside The Genographic Project*（《基因地理專案中的人類遠祖》），National Geographic Society, 2006年，第 220頁。另據語言學家Patrick Manning指出，研究顯示，成為南島語發源地之一的台灣，其南島語源頭為中國南方沿海地區。見Patrick Manning, *Homo Sapiens Populates the Earth: A Provisional Synthesis, Privileging Linguistic Evidence*（〈試綜述人類在地球上的擴散：語言上的有力證據〉），*Journal of World History*, Vol. 17, Issue 2, June 2006, P. 117.

3——《隋書·卷八十二·列傳第四十七·南蠻》記載：「南蠻雜類，與華人錯居，曰蜑，曰獽，曰俚，曰獠，曰㐌（夷），俱無君長，隨山洞而居，古先所謂百越是也。」

4——《資治通鑑》卷二五九。

5——謝重光，《客家形成發展史綱》，華南理工大學出版社，二〇〇一年，第三、第五章。

6——〈走向遠東的兩個現代人種〉，第175頁。

7——《國語卷十八·楚語下》：「及少皞之衰也，九黎亂德，……三苗復九黎之德。」

8——《尚書》〈周書·呂刑〉：「王曰：若古有訓，蚩尤惟始作亂，延及於平民，……苗民弗用靈，制以刑。」

9——《尚書》〈虞書·舜典〉：「流共工於幽州，放歡兜（也作「驩兜」）於崇山，竄三苗於三危（山），殛鯀於羽山。」

10——《尚書》〈虞書·大禹謨〉。

11——《國語卷三·周語下》：「人夷其宗廟，而火焚其彝器（即祭器），子孫為隸，下夷於民。」

12——《國語卷十六·鄭語》：「當成周者，南有荊蠻，……，非王之支子母弟甥舅也，則皆蠻、荊、戎、狄之人也。」又唐朝王勃的《滕王閣序》稱：「豫章故郡，洪都新府。星分翼軫，地接衡廬。襟三江而帶五湖，控蠻荊而引甌越。……」其中的「蠻荊」即是指「荊蠻」所住之地。

13——《史記·楚世家》：「昔我先王熊繹闢在荊山，蓽露藍蔞，以處草莽，跋涉山林以事天子，唯是桃弧棘矢以共王事。」

14——《史記》〈周本紀·集解〉：「濮在江漢之南」。

15——《國語卷十六·鄭語》：「及（周）平王之末，而秦、晉、齊、楚代興，秦景、襄於是乎取周土，晉文侯於是乎定天子，齊莊、僖於是乎小伯，楚蠻冒於是乎始啟濮。」另見《史記·楚世家》：「（楚武王）於是始開濮地而有之。」

16——《史記·楚世家》：「（楚文王）初即位，布德施惠，結舊好於諸侯。使人獻天子，天子賜胙，曰：『鎮爾南方夷、越之亂，無侵中國。』於是楚地千里。」

17——《左傳·文公十六年》：「楚大饑，……麇人率百濮聚於選，將伐楚。」

18——張有雋，〈瑤族遠祖盤瓠傳說再研究〉，《廣西民族研究》，2004年第四期（總第七十八期）。

19——郭璞云：「昔盤瓠殺戎王，高辛以美女妻之，不可以訓，乃浮之會稽東海中，得三百里地封之，生男為狗，女為美人，是為狗封之國也。」

20——「昔高辛氏有犬戎之寇，帝患其侵暴，而征伐不克。乃訪募天下，有能得犬戎之將吳將軍頭者，購黃金千鎰，邑萬家，又妻以少女。時帝有畜狗，其毛五彩，名曰盤瓠。下令之後，盤瓠遂銜人頭造闕下，群臣怪而診之，乃吳將軍首也。帝大喜，而計盤瓠不可妻之以女，又無封爵之道，議欲有報而未知所宜。女聞之，以為帝皇下令，不可違信，因請行。帝不得已，乃以女配盤瓠。盤瓠得女，負而走入南山，止石室中。所處險絕，人跡不至。於是女解去衣裳，為仆鑒之結，著獨力之衣。帝悲

思之，遣使尋求，輒遇風雨震晦，使者不得進。經三年，生子一十二人，六男六女。盤瓠死後，因自相夫妻。織績木皮，染以草實，好五色衣服，制裁皆有尾形。其母后歸，以狀白帝，於是使迎致諸子。衣裳斑斕，語言侏離，好入山壑，不樂平曠。帝順其意，賜以名山廣澤。其後滋蔓，號曰蠻夷。外癡內黠，安土重舊。以先父有功，母帝之女，田作賈販，無關梁符傳，租稅之賦。有邑君長，皆賜印綬，冠用獺皮。名渠帥曰精夫，相呼為姎徒。今長沙武陵蠻是也。」

21——《水經注》，卷三十七：「武陵有五溪，謂雄溪、樠溪、無溪、酉溪、辰溪其一焉，夾溪悉是蠻左所居，故謂此蠻五溪蠻也。……水源石上有盤瓠跡猶存矣。」

22——《隋書卷三十一·地理下》：「南郡、夷陵、竟陵、沔陽、沅陵、清江、襄陽、春陵、漢東、安陸、永安、義陽、九江、江夏諸郡，多雜蠻左，其與夏人雜居者，則與諸華不別。其僻處山谷者，則言語不通，嗜好居處全異，頗與巴、渝同俗。諸蠻本其所出，承盤瓠之後，故服章多以班布為飾。其相呼以蠻，則為深忌。……其死喪之紀，雖無被袒踊，亦知號叫哭泣。始死，即出屍於中庭，不留室內。斂畢，送至山中，以十三年為限。先擇吉日，改入小棺，謂之拾骨。拾骨必須女婿，蠻重女婿，故以委之。拾骨者，除肉取骨，棄小取大。」

23——據福建客家研究學者謝重光的解釋，長沙郡的盤瓠「蠻族」是與「夷蜒」族結合後，揉進了「先祖有功，常免徭役」的內容，才出現「莫徭」的新族稱，成為瑤族、畬族等新民族醞釀成形的端倪。見謝重光，〈客家與畬族早期關係史述略〉，《福建論壇》，2005年第三期。

24——謝重光，〈宋代畬族史的幾個關鍵問題——劉克莊《漳州諭畬》新解〉，《福建師範大學學報（哲學社會科學版）》，2006年第四期。

25——宋代福建莆田人劉克莊在《漳州諭畬》中稱：「凡溪峒種類不一，曰蠻、曰猺、曰黎、曰蜑，在漳者曰畬。」

26——王東，〈隋唐時期的贛閩粵邊〉，2006年11月24日台灣中央大學客家學院演講稿。

27——兩者遭遇的結果，不可避免地會使畬族的血統中融有越人的成分。王東進一步認為，畬族是苗瑤族在粵東北和閩西南地區，遭遇沒有被漢化的百越族遺裔「俚人」後兩者相融和的產物。

28——如劉克莊的《漳州諭畬》、《元史·本紀·第十五·世祖十二》、明將俞大猷的《正氣堂集》和《會剿廣東山寇鍾凌秀等功次殘稿》（收錄於前台大法學院院長周憲文主編的《台灣文獻叢刊》）等均有記載。

29——李輝、金力等，中國國家自然科學九五計畫重大項目，「客家人起源的遺傳學分析」，2003年9月。

30——《後漢書·志·第二十二·郡國四·揚州》。

31——房學嘉，《客家源流探奧》，廣東高等教育出版社，1994年，第31頁。

32——《資治通鑑·卷八十七》：「時海內大亂，獨江東差安，中國士民避亂者多南渡江。」

33——《資治通鑑·卷九十九》：「趙所徙青、雍、幽、荊四州人民及氐、羌、胡蠻數百萬口。……中原大亂。因以饑疫，人相食，無復耕者。」

34——《晉書·志·第五·地理下》。

35——據《宋書·志·卷三十八·州郡四》，義安郡只有戶數一千一百一十九，人口五千五百二十二。

36——同上。

37——據《隋書·志·卷三十一·地理下》，但宋的義安郡下設有綏安縣，至隋朝時已析出綏安縣，另設程鄉縣。

38——據《晉書·志·第五·地理下》，晉代豫章郡有十六縣，三萬五千戶；臨川郡有十縣，八千五百戶；鄱陽郡有八縣，六千一百戶；廬陵郡（今九江）有十縣，一萬二千二百戶。據《隋書·志·卷三十一·地理下》，隋代豫章郡有四縣，一萬二千二百十一戶；臨川郡有四縣，一萬九百戶；鄱

陽郡有三縣，一萬一百二戶；廬陵郡有四縣，二萬三千七百一十四戶。

39——王東引述葛劍雄《中國人口發展史》（1991年版）的資料指出，由於戶口隱瞞，《晉書地理志》中的戶口數與當時的實際戶口數相差甚遠，估計只有當時實際戶口數的一半。見王東，〈贛閩粵邊的民族源流及早期區域開發〉，2006年11月26日台灣中央大學客家學院演講稿。

40——玄宗天寶元年（公元七四二年）數字。至於唐朝初年，可能因為隋末戰亂的關係，當地人口曾一度從隋代的一萬一千多戶降到唐貞觀十三年（公元六三九年）的近九千戶（近四萬人）。見《舊唐書‧志‧卷‧四十‧志第二十‧地理三‧虔州中》。又如按戶數計算，這一時期當地的住戶則是從貞觀十三年（公元六三九年）的近九千戶，增加到天寶元年（公元七四二年）的三萬七千多戶，增長了三倍左右，與將近六倍的人口增長不成比例，這可能是因為許多土著人口棲身山嶺洞穴無法計戶所致。

41——據唐杜佑的《通典‧食貨七》，「大唐貞觀戶不滿三百萬」；到玄宗開元十四年（公元七二六年），「戶部奏，今歲戶七百六萬九千五百六十五，口四千一百四十一萬九千七百一十二」，即戶數增加了一倍多（據《資治通鑑‧卷二一三》）。因此贛南的住戶增長仍高於全國。

42——據估計，從苗瑤族注入的這一人口數達十七萬之多。見〈隋唐時期的贛閩粵邊〉。

43——《舊唐書‧志‧卷‧四十‧志第二十‧地理三‧汀州下》。另據《元和郡縣志》，當時汀州人口是福建長史唐循忠從潮州東北、粵東和福州西部找到的三千多戶逃避徭役（即無償勞役包括苦力、軍役等）的百姓組成的，因讓這些人棲身山洞，所以有開福州、撫州（江西）二州山洞之說。

44——《新唐書‧志‧卷四十三上‧志第三十三上‧地理上‧嶺南道》。

45——《客家形成發展史綱》，第44-45頁。

46——《資治通鑑‧卷二五五》。

47——同上，卷二五六。

48——據《元和郡縣志》和《新唐書地理志》記載，距安史之亂已經結束一甲子以上的元和年間，虔州（贛南）戶數為二萬六千多戶，較天寶年間減少了一萬戶以上，而汀州戶數為兩千六百多戶，比天寶年間減少兩千戶以上，因此可以推斷因為安史之亂，北方漢人大批南遷孕育客家先民的閩粵贛交界區的可能性很小。

49——這一古老的傳說稱，黃巢亂軍打到閩贛交界處的石壁村時，黃巢見到一名婦人帶著兩個男孩逃生，背上背的是大男孩，手拉著的是小男孩，於是好奇地問這名婦人為什麼大的背著，小的拉著。婦人回答說，大的是阿伯（丈夫哥哥）的，小的是自己的。小的死了，還可以再生，大的死了，無法向阿伯交代。黃巢聽了很感動，悄悄地叫這名婦人回去家門口掛上葛藤就不會有事，婦人照著去做，左右鄰居有樣學樣，最後整個村、整個縣家家戶戶門口都掛上了葛藤，安然無事地渡過了這場浩劫。寧化石壁村也因此被許多客家先民視為發源地，不管是真是假，在族譜上都要記上祖上曾經住過寧化或石壁村一筆。

50——《資治通鑑‧卷二七四》。

51——閩國這些南下軍民，留在漳州、泉州地區的就成為閩南人的先民，留在汀州地區的，就成為客家先民。

52——以上數據取自《客家形成發展史綱》，第45-46頁。

53——據《資治通鑑‧卷二五三》，公元八七八年「黃巢引兵渡江，攻陷虔、吉、饒、信等州。」

54——近年來，不少客家研究學者否定客家人是北方漢人起源說，從考古、語言、族譜和種族學研究等各方面，認定客家人是以南方少數民族或原始南方漢人為其主體。但這些論證仍無法完全解釋在客家人父系血液檢定中，含有高度北方漢人特徵，以及兩岸許多客家人的族譜記載並非全屬虛構的問題。此外，依據南方少數民族或原始南方漢人為其主體的說法，也難以解釋為何只有「客家人」能突出於其他南方少數民族，而徹底迅速漢化與增長人口的問題。

第二章

漳州設州置縣，畬族退縮閩粵贛邊

在唐朝末年，客家先民開始向贛南和閩西一帶遷徙的同時，閩西南與汀州為鄰的漳州也同樣接納了不少北方南下軍民。

漳州原為地曠人稀之地，直到唐睿宗捶拱二年（公元六八六年），「左玉鈐衛翊府左郎將陳元光平潮州寇，奏置州縣」，才有「敕割福州西南地置漳州」之舉。[1]

但即使是唐朝中葉的玄宗年間，人口也只有五千三百四十六戶、一萬七千九百四十人而已，比起同期建州、泉州人口動輒十幾萬人實不可同日而語。但其地區有寬闊的九龍江平原，有近海漁鹽之利，生存條件遠比汀州優越，無疑是最理想的移民場所。然而，因沼澤瘴癘，從唐朝末年到北宋初期的太平興國年間，其總戶數仍與汀州不相上下，只有兩萬三千多戶，其中主戶人口，即有地有產人家，有近兩萬戶之多，客戶，即無地無產的佃農或打雜勞動力，有四千二百多戶。[2]這些人口，主要與唐末隨淮南道（現劃歸河南省，在淮河之南的河南省東南角）光州固始縣人王潮、王審邽、王審知三兄弟南下的漢人軍民有相當的淵源。

●馬來西亞檳榔嶼祀奉閩王王審知的閩王廟。

一、王審知建立閩國

　　唐朝末年天下大亂，壽州（今安徽省六安市）一位叫王緒的屠夫聚眾五百，占有該地，接著又攻下光州，自稱將軍，有眾一萬多人，蔡州節度使秦宗權奏准封他為光州刺史。固始縣縣佐王潮得到他的信任，被封為軍正，審理盜糧案件。[3]

　　黃巢起兵作亂後，轉掠福建，閩北建州人陳岩號召數千人保護鄉里，因擊退造反進攻福州的泉州刺史李連有功，成為福建觀察使。

　　唐僖宗光啟元年（公元八八五年），秦宗權向王緒索取租賦不果，發兵攻打，王緒悉舉光州、壽州之兵五千人，裹脅吏民共同渡長江南逃，由江西虔州進入福建境內，陷汀州、漳州。到了漳州，王緒以道險糧少，下令軍中將士不得「以老弱自隨，犯者斬！」

　　王潮的母親董氏也在軍中，王緒召集王潮和他的弟弟諸人，迫令他們將母親誅殺，因將士請求才得獲免。到了泉州南安後，王潮心有不甘，以王緒殘暴，令部屬埋伏竹叢中，將他抓起，取而代之，全軍奉為將軍。

　　隨後王潮引兵將回到光州，但是走到閩北沙縣（今三明市境內）時，泉州士民以刺史廖彥若貪暴，請他引兵圍剿。王潮帶兵拔除了這名貪官，並遣使降服了在福州的陳岩，上表朝廷，請封為泉州刺史。[4]

　　昭宗大順二年（公元八九一年），陳岩重病，召王潮從泉州到福州，欲授以軍政，但他人還沒有到福州，陳岩就病逝了。陳岩的妻弟、都將范暉發兵相拒，自封留侯。王潮以從弟王彥復為都統，幼弟王審知為都監，將兵攻打福州，得到了「平湖洞[5]及濱海蠻夷」以兵船運餉相助。

　　但是王彥復、王審知久攻福州不下。范暉堅守五個月，城中食盡，遂棄城逃走，後為將士所殺。王潮入福州後，自稱留侯，並收降汀州、建州，平定了福建山海之間的群盜，不久被朝廷封為福建觀察使。

　　接著在昭宗乾寧元年（公元八九四年）發生了「黃連峒（在今寧化縣之南）蠻二萬圍汀州」的事件，王潮派部將解圍，福建大致底定。乾寧三年，朝廷加封王潮為威武節度使。但次年王潮即一病不起，由幼弟王審知繼承其節度使和留侯之職。[6]

　　唐朝滅亡後，中國進入五代十國時期。王審知被後梁太祖封為閩王（公元九〇九年），[7]福建稱為閩國。他在位十六年，到後唐莊宗同光三年（公元九二五年）才去世，由兒子王延翰繼立。在其統治下，「招來海中蠻夷商賈」，[8]將福建推往海洋貿易發展的方向。但是隨著閩地的加速開發及王氏家族成員之間權位爭鬥的頻頻發生，已經在閩地立足的畬族，與正在福建生根發展的北方漢人政權和移民之間的關係不斷惡化，[9]對於後續客家民系的萌芽有直接的關聯。

　　閩國只存在了三十六年，王審知之後的幾個繼位者貪腐暴戾，驕橫淫逸，福、建、泉、漳、汀各州之間時相攻伐。為了強化統治合法性，減少當地少數民族與漢人的反抗，閩國的幾位統治者除了軍事鎮壓之外，更借重佛教信仰來鞏固其政權。[10]到了宋代，在少數民族與漢人互爭生存空間的進一步壓力下，新的信仰座標應運而生，在唐高宗時曾經參與平定「潮州寇」並建議設州置縣的陳元光，遂成為這一時期在漳州凝聚漢人人口的代表性神化人物。

二、陳元光與漳州的設治

　　關於陳元光的出身與經歷，可供參考的真實歷史資料極為有限，難窺其人全貌，後人更以偽作宣揚其事蹟，致使他的身世更加撲溯迷離，疑點重重。尤其是清康熙《漳州府志》和嘉慶《雲霄廳志》的相關記載，或是乾隆朝大學士董誥等人編修的《全唐文》中的〈請建州縣表〉和〈漳州刺史謝表〉（傳說是陳元光所作），經福建學者謝重光考證，不是資料不實，就是假託偽造，[11]但卻屢經後人引用傳頌，民間並因此形成牢不可破的信仰，供奉陳元光的「開漳聖王廟」更因此遍布漳州、台灣、東南亞各地。

　　然而，由於漳州的開發與客家民系的形成有著密切的關係，因此有必要理清漳州早期開發史上這位重要人物的真實身世背景，及其生前的事蹟對後世的深遠影響。

　　綜合近年大陸學者的深入研究，大體上可以推斷，陳元光的先祖是「河東」人士，而不是民間傳說的光州固始人。「河東」在今山西一帶，據《北史・卷七十五・列傳六十三》，他的祖父陳茂是「河東猗氏人」（猗氏即今山西

西南端臨猗縣），為隋文帝的僚佐。他的父親陳政小時住在隋文帝宮中，十七歲時服侍太子，與參贊隋文帝軍事的李圓通的兒子李孝常相善。李孝常在唐初因反隋有功而被封為義安王（義安郡即今潮州，管轄了閩粵交界處，包括當時稱為綏安縣的漳州部分地界），陳政則是在後來投降唐朝後，在梁州（今陝西漢中一帶）總管任內為賊所害。

　　到了宋代，有關陳元光隨父南下泉、潮兩州之間平亂的故事，已在福建廣泛傳頌。最早的是北宋年間漳州籍進士吳輿在《漳州圖經序》中為其所作的撰述，其中提到：「左玉鈐衛翊府左郎將陳元光平潮州寇，奏置州縣，敕割福州西南地置漳州。」

　　其後，南宋寧宗慶元元年（公元一一九五年），進士王象之所編《輿地紀勝》中收錄的朱昱〈威惠廟記〉一文中記載：「陳元光，河東人，家於漳之溪口。唐儀鳳中，廣之崖山盜起，潮、泉響應，王（指陳元光）以布衣乞兵，遂平潮州，以泉之雲霄為漳州，命王為左郎將守之。後以戰歿，漳人哭之慟。立祠於徑山，有『紀功碑』、『靈應錄』見於廟云。」[12]

　　另南宋趙與泌、黃岩孫於理宗寶祐五年（公元一二五七年）成書的《仙溪志》中也有記載，福建仙遊縣楓亭之南、北，有紀念陳政兒子陳元光的兩座「威惠靈著王廟」，而漳浦的《威惠廟集》則提到陳政在武則天當政時期進兵福建，曾在溫陵（泉州古稱）之北（即仙遊）安家，取名楓亭，這兩座「威惠靈著王廟」就是陳元光的故居。[13]

　　從這些記載可以看出，到了南宋時期，陳元光不但已經在廟宇中得到民間供奉，而且其廟宇已在福建多處存在。[14]但將《北史・卷七十五・列傳六十三》有關陳茂、陳政父子的史料與上述記載對照，陳政是否曾經帶兵到福建平亂，仍可進一步推敲。不過，因為陳政與「義安王」李孝常的關係，陳元光在閩、粵之間平寇的可能性是存在的。

　　宋代以後，民間對「威惠廟」和「威惠王」陳元光的信仰綿延不絕，到清代和近世更隨著社會發展和政治的需要不斷被發揚光大，[15]至今陳元光在漳人心目中的保護神地位更是牢不可破。

　　至於為什麼陳元光信仰在與陳元光的年代相隔了五百多年的南宋時期開始

形成，其原因或許可從陳元光帶兵作戰的對象當中去找尋。

　　但是由於與陳元光平亂相關的早期史料中只有南宋朱昱「廣之崖山盜起，潮、泉響應，王（指陳元光）以布衣乞兵，遂平潮州」的聊聊數語，這是極為平凡的作戰資歷，因此，仍難推測陳元光死後封神的真實背景。

　　在缺乏更為翔實可信的資料的情況下，據稱先祖丁儒曾經輔佐陳政、陳元光父子的柳營江（今漳州下轄龍海市古稱）漳州丁氏家族的族譜《白石丁氏族譜・懿跡記》，因所載陳元光的作戰經歷與民間廣泛流傳的事蹟相近，被學者認為其中史實較為可靠，或可作為瞭解陳元光行軍作戰背景的參考。[16]

　　這本族譜稱，泉、潮之間原為「獠蠻之藪」，「兇頑雜處」。歷來戍守福建的官兵都是在九龍江下游東側插柳為營，隔江而駐。陳元光之父陳政到來後，偷偷帶兵在上游結筏渡河，襲擊「土黎」，「轄其地為唐化里」，並一直將勢力擴大到今漳浦縣梁山盤陀嶺下。這是唐朝對漳州沿海平原地帶的早期開發。

　　立足漳浦後，陳政又帶兵往西繼續進屯於梁山之外。這裡原為來自潮州方面的「兇頑」之徒的藏身之處，唐兵到達後，他們只好「引遁叢林邃（音「遂」，深遠之意）谷中」。為了防止他們的出沒，陳政又招募五十八姓之民移民到此，置雲霄縣。不久陳政病故，陳元光繼承父職，繼續從事開發實邊的工作。

　　適逢潮寇陳謙聯合「土蠻苗自成、雷再興等」攻打潮陽，陳元光予以討平之後，開山取道，通貿易，誘化土民，並在捶拱二年（公元六八六年）請求在漳浦置郡和派駐刺史，朝廷遂任命他為漳州刺史。到睿宗景雲二年（公元七一一年），潮寇與土蠻再度作亂，陳元光在戰場上捐軀。

　　從以上的記載大致可以得出結論，即陳元光生前主要是與「潮寇」和「土蠻」作戰。他所以受到後人紀念，甚至在後來登上神祇的地位，也主要是因為他的平寇和平蠻。

　　然而，受到陳元光打擊追剿的「寇」或「蠻」到底是何人？由於後世文獻每以「蠻獠」或「獠蠻」概括之，如上述族譜提到泉、潮之間為「獠蠻之藪」，康熙《漳州府志》也記載：「泉、潮間蠻獠嘯亂」，因此後人往往推測

是源於荊湘地區越過五嶺進入閩、粤交界處的畲族先民。[17]但是也有學者認為，由於史書所記載的唐初泉、潮間動亂只有兩次，一是由百越族的一支即「駱越」所發動，另一是呼應反武則天的政治性作亂，與部族作亂關係不大，因此陳元光所發動的平亂對象，不論是「潮寇」或「土蠻」，都屬於「越人」，不是來自荊湘地區的畲族先民。[18]

但不管陳元光所遭遇的是到唐初還殘留在閩西南的「越人」，還是已經進入閩地的「畲族」先民，一個唐朝初期因平息「蠻族」之亂而為朝廷捐軀的地方軍人，到了數百年後的大宋王朝，卻被推上了地位崇高萬民景仰的神壇，這顯然與宋初漳州漢人移民因人口增長，而想自畲族手中爭奪生存空間有關。

三、從北宋到宋室南渡漳、汀兩州人口的增長

緊繼五代十國混亂的局面，中國進入宋朝一統天下的時代後，到北宋中後期的神宗年間（公元一〇六八～一〇八五年），在短短將近一個世紀的時間裡，漳州的人口有了很大的增長，從兩萬三千多戶增長到十萬戶以上。汀州的人口戶數也已達八萬一千多戶，較宋太宗年間的兩萬三千多戶足足增加了兩倍多，這說明了到北宋中後期，閩西與閩西南人口增長的迅猛格局。[19]

必須指出，這種人口猛增的趨勢，並不是漳、汀兩州獨有的現象。同一期間，閩粤交界處的梅州從一千五百多戶增加到一萬二千多戶，潮州更從五千八百多戶增加到七萬四千多戶，幾乎增加了十二倍。

但是，閩粤贛交界處西側原來人口較多的虔州，變化反而相對較小，只從八萬五千多戶增加到九萬八千多戶，即使是按自然增長，也無法解釋為何一百年當中增加如此之少。這只能說明除了從北宋初到北宋中後期的承平時期，北方南下移民人口已經停止注入外，虔州還向外移出了部分人口。至於其移出地區，合理推斷應為與其相鄰的汀州，甚至包括漳州和潮州在內。

進入宋代以後，汀、漳、潮三州才真正進入開發期，因此，三州人口增長快速。但其人口增長速度遠高於虔州，因此絕不只是自然的增長，還應包含吸收了相當比例的移入人口。但是在宋代已逐漸移入閩粤贛結合區的畲族移民，因朝廷並不對他們徵稅，不在戶口統計之內，因此統計中的人口只含漢人人

口，其增長除自然增長外，可能包含了相當部分自虔州和外地移入的人口。

然而，在宋室南遷以前，約占福建四分之一地面的漳、汀兩州，實際上仍屬邊陲地帶，是經濟落後的瘴癘之地，驛站士卒即使三年一換，仍死亡大半，因此有所謂「福建路自泉至漳州、汀州，皆涉瘴癘，馬遞舖卒三年一易，死亡大半，亦有全家死者，深可傷憫，乞自今瘴煙地馬遞舖卒，一年一替」的記載。[20]但即使如此，顯然兩地相對落後的開發局面中，仍存在著有利人口增長或吸引新移民的因素，其中包括了外地人口增長的壓力，官員調任後就地繁衍家族以及漳、汀兩州未開發地對新增人口的吸引力等。

如汀州丁氏始祖十二郎在神宗時，自江西臨川奉派就任汀州上杭縣知縣，轄現在的上杭、永定二縣，任滿後就地定居，成為現散居福建、廣東、台灣、新加坡各地丁氏族裔的始祖。[21]又如吳氏始祖，自五代時從北方南渡徙居江西南豐後，因宋仁宗時遭逢不靖，居家焚火，因此率家人遷居汀州寧化，後又遷居龍岩，再遷永定，成為吳姓入閩始祖，子孫散居香港、台灣和新加坡等地。[22]

從這些事例可以看出，進入宋朝以後，閩粵贛結合區的漢人人口，尤其是福建一側的人口，已從唐末宋初北方南下軍民為主的組成，逐漸擴大為吸納不少閩粵贛結合區之外漢人移民人口的組成。也就是說，進入北宋朝以後，閩粵贛結合區的漢人移民人口的成分已經更加複雜化，包含了唐末北方各省州郡南逃漢人家庭歷經數代就地繁衍後再移居漳、汀兩地的後裔在內。

四、兩宋之交的第二波移民潮

到了兩宋之交，已經逐漸開發的閩粵贛結合區，又再度吸收了新一波的移民潮。

公元一一二六年，靖康事變發生，北方金人攻入汴梁，擄走北宋徽宗、欽宗二帝，北宋政權滅亡，徽宗九子趙構即位南京（今河南商丘），開南宋政權。兩年後，政權南移，定都杭州，浙、閩、贛、粵成為新政權經濟重心，閩粵贛結合區再度湧入隨新政權南下的大批北方漢人。

由於缺乏系統史料，兩宋交替之際這一地區的人口變化只能根據後人所撰地方志書的記載推算。據明嘉靖《贛州府志》，在南宋紹興年間（公元

一一三一～一一六二年），即高宗在位的主要期間，已從虔州改名贛州的贛南人口，已超過十二萬戶，比北宋中後期神宗元豐年間的九萬八千多戶增加了兩萬多戶。到繼任的孝宗淳熙年間（公元一一七四～一一八九年），更達十九萬三千多戶（近四十三萬人），再增加七萬多戶。[23]

　　至於閩西的汀州，據南宋《臨汀志》，寧宗慶元年間（公元一一九五～一二〇〇年）共有二十一萬八千多戶，比北宋元豐年間增加了十三萬戶以上，到開慶年間（公元一二五九年）其增速已減緩，只增加了五千戶左右，達二十二萬三千多戶。[24]而相鄰的漳州，據南宋初期孝宗淳熙五年（公元一一七八年）李綸的《臨漳志》，戶數為十一萬二千零十四戶，[25]比元豐年間的十萬戶左右[26]，僅增加一千多戶，增速十分緩慢。

　　然而，從以上統計數據，已大致可以得出結論，即閩粵贛結合區兩側的汀、贛二州，由於湧進大批新的北方移民，這些新移民結合唐末以來陸續移入和新添人口，在宋室南渡後，兩者相加人口數已經達到了相當的規模，可能達到一百萬人以上。這些在中國南方山區中聚居的人群，到此時，可以說已經達到了在封閉的地理環境中形成一個有著本身人文特色的新型民系所需的足夠人口數量，只要予以適當的催化，他們就可以向一個有別於周圍人群的新型民系轉化。正好宋室南渡後，地方政府和漢人經濟利益勢力為了擴大經濟空間，在漳州推行了聲勢浩大的「去畬」運動，已在當地安頓下來的漢化或半漢化畬族移民，被迫放棄了地理條件優越的漳州平原，選擇局促的閩粵贛結合區作為他們最後的落腳地。在結合區，他們與先後到來的漢人移民相互碰撞與融合，最後為客家民系的誕生，提供了必要的催化力量。

五、南宋時期的漳州畬漢勢力的消長及其影響

　　漳州設治後半個世紀，為了加強對福建與江西交界處山區的控制，唐王朝設立了汀州，自此完成了對福建的完整控制格局。此後，長達一個半世紀的過程中，正向畬族轉化的苗瑤族在此休養生息，其人口分布從贛南一直延伸到漳州與潮汕平原的廣大地區，包括了汀州與梅州的山區和丘陵地帶在內。雖然到唐朝末年，他們的人數比不上因戰亂湧入這一地帶的漢人流民，但是，估計已

不只數萬之數。

唐昭宗乾寧元年（公元八九四年）時，曾發生「黃連洞（峒）蠻二萬圍汀州（州府）」的事件，[27]這些「洞蠻」就是唐末時已被改稱為畬族的苗瑤族後人。他們有能力發動叛亂，說明其人口已達相當的數量。

到了宋代，以「畬」或其諧音稱呼閩粵贛結合處苗瑤族後人的習慣，似已開始普及。南宋理宗福州人許應龍（公元一一六九～一二四九年）擔任潮州知州時，就稱他們為「山斜」，近「畬」音：「距州六七十里曰山斜，峒獠所聚，丏耕土田不輸賦。禁兵與共，應龍平決之，其首感悅，率父老鳴罐擊筒，踴躍詣郡謝。去之日，闔郡遮道攀送。」[28]

也是南宋理宗時期，福建莆田文人劉克莊（公元一一八七～一二六九年）在其《漳州諭畬》的一篇碑文中，也提到漳州之畬民更已細分為「西畬」與「南畬」。

劉克莊的碑文記載：「自國家定鼎吳會，而閩號近里，漳尤閩之近里，民淳而事簡，樂土也。」[29]也就是說，自宋高宗建炎三年（公元一一二九年）遷都杭州以來，福建變成了北方南下軍民的近里，漳州尤其是福建的近里，因其地民風淳樸，故有樂土之稱。

碑文又載：「然炎紹以來，常駐軍於是，豈非以其壤接溪峒，茆葦極目，林菁深阻，省民、山越，往往錯居，先朝思患預防之意遠矣。」意思是說，話雖如此，但因漳州地區接近「溪峒」之民居住的地方，到處都是茆葦，林木茂密，有省民即一般漢人百姓和屬於越族的「山越」與這些人錯開居住，所以在南宋初期駐軍防亂的意義相當深遠。

碑文對「溪峒」之民作了分類：「凡溪峒種類不一：曰蠻、曰猺、曰黎、曰蜑，在漳者曰畬。」因此，在此已清楚指明，漳州的「畬」與鄰近分散居住的「蠻」、「猺」、「黎」、「蜑」一樣，都屬「溪峒」一類，只是因住地不同而有不同稱呼。而由這些稱呼推斷，「畬族」為「苗瑤族」的後人並不是沒有根據的。

碑文接下來說明了漳州畬民的分類與棲息狀況：「西畬隸龍溪，猶是龍溪人也。南畬隸漳浦，其地西通潮、梅，北通汀、贛，奸人亡命之所窟穴。畬長

技止於機弩矣。汀、贛賊入畬者，教以短兵接戰，故南畬之禍尤烈。二畬皆刀耕火耘，崖棲谷汲，如猱（音「撓」）升鼠伏，有國者以不治治之。」從這段說明可以看出，住在九龍江出海口一帶的西畬，到南宋時已經有相當部分融入在地漢人人口當中，被當成「龍溪人」看待。但是，往南從漳浦向西直通廣東潮州、梅州和向北通往汀州與贛州的廣大山區，則是畬民和無以為生與畬民混居的漢人「亡命」之徒棲息的場所。而不論西畬或南畬，都過著刀耕火種的生活，他們棲身山崖，深谷汲水，上上下下，像猱猴、老鼠一樣過日子，治國者只能對他們不聞不問。

　　然而，即使畬民是過著如此原始的生活，但因為他們有地有產，所以漢人豪強貪官仍想方設法步步進逼，榨取他們的土地產物：「畬民不悅（役），畬田不稅，其來久矣。厥後貴家辟產，稍侵其疆；豪幹誅貨，稍籠其利；官吏又徵求土物——蜜蠟、虎革、猿皮之類。畬人不堪，愬於郡，弗省，遂怙眾據險，剽略省地。」也就是說，本來畬民是不用服勞役繳稅的，但貴人之家為了

●漳州市薌城區威惠廟供奉的陳元光神像。

擴產，開始搶占他們的田地，豪強開始奪取他們的貨物，壟斷他們的利益，貪官污吏則強求他們的產物，諸如蜜蠟、老虎皮、猿猴皮等等。畬民不堪壓榨，到郡裡告訴，但無人理睬，不得已，畬民據險抗爭，襲擊漢人住地。

就此，碑文詳述了畬漢雙方關係激化後的反復對抗過程。從理宗景定三年（公元一二六二年）冬天開始，漳州幾任官員派兵進剿，但畬民反抗益烈，一度甚至離漳州城只有二十里，危及漳州城的安全。官方調集駐扎少數民族地區的寨兵和為了鎮壓土著而特別設立的「左翼軍」（總部在泉州）聯合圍剿後，才使畬民反抗勢頭稍挫。但畬民仍出沒自如，漳州城周圍數百里地區空無行人。

南宋皇帝接報後，派出了「著作郎兼左曹郎官」卓德慶前去平亂。這位新任大員到了漳州城一看，孤城一座，被畬民圍攻得「紅巾滿野，久戍不解」，思之再三，只好採取招安政策，貼出榜文通告說：畬民也是我的子民，現在前事一律不問，允許自新。其中有陷入畬民手中與其生活在一起的知書漢人和土人（即山越），如能挺身來歸，將區別對待；畬人首領如帥眾歸順，也會給予補貼。否則大軍一到，將搗其巢穴。

卓德慶還同時派出從泉州過來的左翼軍統領陳鑑到畬地招諭。令下五天後，果然產生功效。西畬畬長李德首先受撫，西九畬酋長也相繼受招。西畬安定後，官兵轉而全力對付南畬，且剿且招，雙管齊下，並有龍岩主簿龔鐙帶著進士張傑等四人一起進入畬區教諭，經過三次軍事大捷後，終於有南畬三十餘處酋長各籍戶口三十餘家出面投降，願被納入戶籍。自此漳州畬地才告初定，「漳民始知有土之樂。」也就是說，西畬和南畬平定後，漳州的漢人與山越才有了更多的生存空間。

《漳州諭畬》碑文，就是劉克莊根據卓德慶的平畬始末，所撰寫的一篇記事文章，為後人留下了一段無比珍貴的史料。

從這段史料可以清楚看出，到了宋代，漳州地區漢人與畬民之間的矛盾，不僅嚴重存在於唐宋以來陸續從北方移居到此的漢人與荊湘移殖過來的畬民之間，而且也存在於上層漢人與因為生活無著融入畬民村落的下層漢人之間。因此，在這一人口矛盾下，像陳元光這樣一位層級不高而且已經過世了數百年的

開漳武將，又重新被拉回到人們的視野之中，而且被抬昇到高高在上的神明地位，這絕不是偶然的現象，也顯然不是用民間迷信就可以單純解釋的。因為從宋朝統治者和漢人上層社會的角度，直到宋代，漳州地區漢人與少數民族對峙的局面仍舊沒有改變，因此陳元光作為漢人開漳驅逐少數民族的前驅，就還有他可被利用的地位。在這方面，他至少具有雙重的意義：

一是他為漢人在漳州的主流統治地位提供了正統合法性。

二是為漢人持續排擠和打壓想要在同一地域生存下來的畬民提供了正當合理性。

從北宋開國，結束了唐末和五代的戰亂局面後，中國社會恢復了常態，人口增長迅速，福建路也不例外。根據《太平寰宇記》對北宋初和《宋史・地理》對北宋末的人口統計，從宋初到北宋末期的徽宗崇寧年間，福建路的戶數增長率高達百分之一百二十七。就閩西和閩西南地區而言，汀州從兩萬四千戶增加到八萬一千多戶，增長率百分之二百四十；漳州更從兩萬四千戶增加到十萬戶左右，增長將近百分之三百二十，為福建整體的兩倍以上。

到了南宋，中國的政治、經濟重心南移，北方移民再度大量南遷，福建吸納了更多的漢人人口。與漳州相鄰的汀州，人口有了跳躍式的增長，即使是按許多學者認為數值偏低的明代《八閩通志》的記載，從北宋末期的崇寧年間到南宋初期的三十年左右的時間，戶數已從八萬一千多增加到十五萬多；如按南宋《臨汀志》，到理宗開慶年間，即劉克莊的年代，一個半世紀的時間內，汀州的戶數更已經達到了二十二萬三千多戶，人口達五十三萬多人，在福建全路，僅次於福州和紹武軍。但是，相對的，漳州的人口增長卻緩慢許多，按南宋孝宗淳熙五年（公元一一七八年）的《臨漳志》，從北宋末到這一時期的五十年間，漳州戶數僅增長一萬一千五百四十五戶而已。[30]

據福建學者徐曉望的解釋，北宋末到南宋中期，漳州戶口增長緩慢，是因這一時期「外省的畬族逐步進入漳州區域，占據了漳州多數山區，而宋朝不對他們徵稅，所以，漳州畬族人口不在統計範圍內」。也就是說，漳州的實際人口不只十六萬多人。[31]

必須一提的是，中國從秦代開始就建立了「編戶齊民」的制度，也就是將

人民百姓納入戶籍的制度，其目的除了方便統計人口外，還以之作為向人民徵稅與強迫他們無償服徭役當差的依據。但是在宋代，許多少數民族和流民，是不在「編氓」（即有戶籍的百姓）之列的，還有很多受不了官府壓榨的下層漢民，也千方百計要逃避這種剝削，所以有不少漢人「入畬」，即歸化為「畬」人。

然而，隨著人口的成長和朝廷對擴大福建農業生產與增加稅收需求的增長，需有更多的田地與勞力來彌補軍民食用的不足。到南宋時，福建的人口密度已大大超過南宋全國的平均數，[32]漳州擁有相鄰的汀州所缺乏的寬闊平原，這些沿海平原正好可以提供偏安東南的南宋朝廷所需的大量新耕地。畬民們雖一般居住在山區，但是仍經常出沒平原地帶，在許多可用於耕作的地區上活動，並有大批勞力可供役使，加上豪強官吏對其田地物產的貪得無厭，自然而然，除非他們願意被編入戶籍，成為漢人社會的一員，並俯首向朝廷納稅，為官府服勞役，向豪強獻上謀利貨物，否則就只有面臨被排擠，甚至被消滅的命運。

就是在這個背景下，象徵著漢人統治的正統性和排斥「蠻人」的正當性的陳元光信仰，到南宋時期被確立了其不可動搖的地位。從《漳州諭畬》中，龍岩主簿龔鎧請出社會地位極其崇高的四名進士來說服畬民投降一事，就可以看出，當時的漢人主流社會是如何動用一切社會資源，包括文化的軟性說服力來消除畬民對漢人擴張的阻力，因此，塑造陳元光信仰，也就自然不過了。

南宋朝漢人力量在漳州地區全面擴張的直接影響是，促成這一地區畬民勢力的急劇消退。面對著強勢的漢人及漢文化，一些人選擇融入當地的漢人社會，但更多的人則是退縮回到潮、梅粵東地帶和閩粵贛交界處山區，與汀州、贛南先期到來的其他苗瑤族後人結合，混居於唐末和兩宋之交的戰亂中大批南逃的漢人移民及其後人當中，經過長期的融和後，最後在這一封閉的山區地帶形成了一個新的民系，這就是後人所熟知的客家民系。

另一方面，泉州以其相鄰的地理優勢，隨著其人口的急速膨脹，[33]亞熱帶的漳州不僅成為其擴散農業人口的重要地區，它所代表的閩南方言和閩南文化也伴隨著這些農業人口，擴張到了漳州所覆蓋的閩西南一帶。

注釋

1——據清董誥等編校《全唐文》卷五一三所收入的北宋吳興〈漳州圖經序〉記載。

2——《太平寰宇記》記載的太平興國年間汀州與漳州戶數均為兩萬三千六百四十七戶，其中之一可能有誤，但因無其他參考數據，故均以此數為準推斷相關人口變化。關於「主戶」（又稱「稅戶」）和「客戶」（非指客家人）的解釋，則另見《宋會要輯稿·食貨》十四之二十四：「稅戶者，有常產之人也，客戶則無產而僑寓者也。」

3——《資治通鑑》卷第二五四。

4——《資治通鑑》卷第二五六。

5——據南宋胡三省考證，平湖洞在福建莆田界外。

6——《資治通鑑》卷第二五八至二六一。

7——《資治通鑑》卷第二六七。

8——《新五代史·世家》卷六十八〈閩世家〉第八／王審知。

9——例如後唐莊宗同光三年（公元九二五年）有「汀州民陳本聚眾三萬圍汀州」的事件發生。見《資治通鑑》卷第二七四。

10——例如王審知死後，兒子王延翰繼承不到一年，王位就為弟弟王延鈞篡奪。王延鈞一登上王位，即剃度閩人二萬為和尚。後來的閩王王延羲也剃度了一萬一千人。分見《資治通鑑》卷第二七六、二八二。

11——《客家形成發展史綱》，第79-84頁。

12——據徐曉望引用王象之《輿地紀勝》九十一內朱昱〈威惠廟記〉原文，見徐曉望主編《福建通史》，第二卷，〈隋唐五代〉，福建人民出版社，2006年，第27頁。

13——據徐曉望引《仙溪志》卷三原文，見《福建通史》，第二卷，第27頁。

14——漳州薌城區官園威惠廟收藏有南宋高宗建炎四年（公元1130年）的天公香爐一座，說明了該廟可能在南宋時期即已存在。

15——如清代漳州是天地會反清復明的重要活動基地之一，清朝當局提倡陳元光信仰，有利其收買漢人人心。至於在台灣與東南亞自發形成的陳元光信仰，則是在漢人移民社會凝聚漳州人的有力手段。

16——《福建通史》，第二卷，第29頁。

17——如上海華東師範大學客家研究中心的王東認為，在參與和發動這場「嘯亂」的「蠻獠」中，「有相當一部分與後來被稱之為畲民的苗瑤語族先民有關」，另一部分，即丁氏族譜中提到的「土黎」，則是「生活在粵東北到閩西南之間的俚人」，也就是後來被苗瑤族融和成畲族的百越族後裔。見王東，〈隋唐時期的贛閩粵邊〉。

18——見《客家形成發展史綱》，第81-82頁。

19——《元豐九域志》。

20——《續資治通鑑長編·卷二百七十四》。

21——福建上杭客家聯誼會，《客家姓氏源流匯考（增訂本）》，2004年，第2-3頁。

22——同上，第158頁。

23——《客家形成發展史綱》，第40頁統計表。

24——同上，第41頁統計表。

25——《福建通史》，第三卷，第196頁。

26——據林汀水，〈福建人口遷徙論考〉，《中國社會經濟史研究》，2003年，第2期。

27——《資治通鑑》卷第二五九。

28—— 見《宋史・列傳第一百七十八・陳韡》。

29—— 原文全文引自《後村先生大全集》，卷九十三，見謝重光，〈宋代畬族史的幾個關鍵問題——劉克莊「漳州諭畬」新解〉。

30—— 數字參照徐曉望主編，《福建通史》，第三卷，〈宋元〉，第185、187、196和198頁。

31——《福建通史》，第三卷，第197頁。

32—— 同上，第200頁。

33—— 從北宋初到北宋末，其人口增長達十萬戶以上，增長率超過百分之一百。

第三章
在武力抗爭中共同成長的漢畬山民

　　宋室南渡以後，宋朝的政治重心南移，原來被視為「荒翳險阻」的虔州和「椎埋、盜奪、鼓鑄之奸，視天下為多」的閩粵之地，[1]一下子湧入了大批北方軍民。同時作為北方漢人與畬族徙民主要遷居地帶的虔、汀兩州，因鄰近南宋朝的行政和軍事中樞，頓時成為宋朝皇室與官僚豪強從漢、畬百姓手中爭奪土地、生活資源與兵源的重要來源地。漢、畬兩個不同文明進化的族群，為了對抗他們的強取豪奪，攜手形成了共同對抗外來壓力和保衛生存權的戰鬥體，特別是以共同爭奪食鹽資源的戰鬥為起點，在經歷宋元明三朝數百年漫長的武力抗爭中，最後緊密結合成為命運一體的人群。

一、宋元兩朝閩贛交界處的私鹽販賣與武裝活動

　　自古以來，食鹽的生產、販售和分配一直是中國各個朝代難以解決的重大問題。民以食為天，而百姓也不可一日無鹽，由於其產地有限，自古就是重要國家資源。因此從春秋時期管仲治理齊國起，就主張實行國家控管經營，利用對食鹽徵稅的加價手段，充實國庫，擴展食鹽外貿，以利齊國爭霸。[2]

　　北宋立國以後，為了增加國家收入，對食鹽的產銷也一樣作出了嚴格的控制。在一些地方實行國家專賣，在另外的地方，由中間商人交付糧食或官方發行的鹽鈔換取在產鹽地領鹽販售的權利。國家以專收專賣食鹽（稱鹽權）的收入作為財政開銷。

　　唐末以來吸納了大量北方移民的虔、汀兩州，到北宋時期，仍舊是經濟不發達地區，尤其山區的地理環境，食鹽的取得，成為山區民眾日常生活中的重大困擾與挑戰。

　　為了確保各地區官鹽的收入，宋代規定，各州食鹽須由管轄該州的本路政府負責供應，即使是偏遠州縣，也必須由本路產地供銷，不得就近向鄰近非本路的產地取得，以免影響各路的財政收入。在食鹽的運銷上，虔州屬江南路（仁宗以後改江南西路）所管，所用官賣食鹽是由當時屬於同路的淮南產地逆贛江而上供應。[3]但是，虔州取得的淮南官鹽經常質量不純，潮濕帶有苦味，價錢又高，民間頗為厭惡。宋神宗時提點刑獄張頡上書指出：「虔州官鹽鹵濕雜惡，輕不及斤，而價至四十七錢，嶺南盜販入虔，以斤半當一斤，純白不雜，

賣錢二十，以故虔人盡食嶺南鹽。」[4]

汀州情況也相類似。該州不產鹽，福建路食鹽的供應來自福、泉、漳三州和興化軍生產的海鹽，但福建全路供應不足，汀州又路途遙遠，交通不便，因此北宋時，當地百姓也像虔州一樣，民間自行從嶺南走私。虔、汀兩州州民走私嶺南食鹽採武裝結夥方式，「每歲秋冬，田事既畢，往往數十百為群。持甲兵旗往來虔、汀、漳、潮、循、梅、惠、廣八州之地。所至劫人穀帛，掠人婦女，與巡捕吏卒鬥格，至殺傷吏卒，則起為盜，依阻險要。捕不能得，或赦其罪招之。」[5]這是宋朝初期，因經濟利益得不到照顧而出現的原始武裝抗爭。

受到兩州食鹽走私困擾的廣東轉運使，為求改變這種局面，上書請求在廣南東路（今廣東大部分地區）境內粵、贛交界處的南雄設轉運站，並提供了四百多萬斤廣州鹽存放南雄，方便供應虔、汀。但主管虔州的江南轉運使怕影響江南路收入，堅決不取用廣東食鹽，雖經朝廷調停，但最後仍不了了之。[6]

之後類似的爭議仍不時出現，但虔、汀二州的用鹽問題始終不得解決，民間繼續從廣東走私如故。汀州人每欲前往廣東販私鹽，即在山谷中擊鼓，號召山民擇日同往，往往可以召得數百人同行，[7]「所過輒殺官軍」。[8]

私鹽的泛濫，直接衝擊官鹽的收益，官方加緊了對私鹽販者的打擊。宋仁宗嘉祐七年（公元一〇六二年），江西刑獄蔡挺下令民間自首，繳納私藏兵械，並鼓勵凡販賣黃魚的魚籠中挾帶的食鹽不超過二十斤，隨從不超過五人，即不需交稅。[9]

二、南宋時期虔、汀武裝活動的升級

宋室南渡，人口的壓力，導致虔、汀兩州販賣私鹽人數與比例的上升以及活動的升級，甚至演變成公開的作亂：在福建，汀州、建寧府、南劍州和邵武軍等上四州軍，「地險山僻，民以私販為業者，十率五六」，[10]也就是說，一半以上的人口都在從事私鹽販運。而贛南虔州諸縣之民也不惶多讓，他們往來廣東，「一項犯南雄、英、韶等州，一項犯循、梅、惠等州，動以萬計，殘破諸縣，殺害平民，皆是虔州諸縣平時般（搬）販私鹽之人。」[11]

官鹽價高質次，導致私鹽盛行，私鹽多了，官鹽更賣不出去，兩者不斷惡

性循環。南宋初期,江山跼處,再加上金人連綿不斷的軍事壓力和南渡政權的不穩,對福建的財政依賴更深,加劇了官鹽與私鹽之間的矛盾,並促成一項強迫地方配售措施「抑配」的出籠。「福建上四州,惟鹽是利,守令克剝,於常賦之外,籍戶口以敷鹽,民被其擾。近者汀口亦基於此」,[12]「汀州民貧,而官鹽抑配視他州尤甚」,[13]也就是說,地方官員在平常稅賦之外,還強迫按戶口配銷官鹽,汀州戶口也要按此配鹽。而汀州百姓特別貧困,但被強迫配發的高價官鹽卻比他州更甚。

此外,食鹽運銷汀州,山路艱險崎嶇,一過了高山,又要「兩次易舟,方至本州界,再僱夫腳,始到(長汀)城下」,搬運腳程的費用更高於他處,因此民間寧可捨棄福建官鹽,改而「結集般販漳、潮私鹽前來貨賣」。[14]

為了鏟除私鹽,朝廷想盡了辦法,但私鹽益發泛濫,從事私鹽者也愈來愈多。原因是:一、官方向福建產地購買的官鹽數量龐大,其本錢卻常積壓不給,偶而支付,也不給足全數,因此生產食鹽的貧民下戶都不樂意供官,大半

●汀州首府長汀縣城今貌。

賣給私販。二、掌控官鹽運輸的，不是巨室就是官吏，他們卻利用官船載運私鹽。三、州縣官鹽買賣，多交付徭役，這些人在權秤上剋扣斤兩，攙雜泥沙，官員皆不聞問，而質量純淨的私鹽價格卻低於官鹽，連官員都吃私鹽。四、捕捉私鹽的巡捕胥吏虛應其事，每天每月向官員虛報查找私鹽情事。五、閩中一帶皆崇崗峻嶺，淺灘惡瀨，商旅興販流轉困難重重。[15]

南宋高宗建炎四年（公元一一三〇年）秋，閩北建州爆發了私鹽販家庭出身的范汝為的作亂，參與亂事的也多是私鹽販子。范汝為是建州（又稱建寧府，今閩北建甌）人士，參與其作亂的先後達十幾萬人，[16]嚴重衝擊了內憂外患中的南宋朝廷。

這場亂事雖然是發生在與汀州相鄰的建州，而且以失敗告終，但是開啟了南宋時期福建鹽販作亂的先河，而且宋朝是在動用了抗金名將韓世忠，耗費了抗金軍力後才將其平定，因此具有指標性作用。

尤其是在建州最後的攻防戰中，范汝為在韓世忠大軍行軍路上百里之外，即已伐木埋竹，布鐵蒺藜，挖陷馬坑，韓世忠不得不間道從建州城背面的鳳凰山進入城下圍城，最後是以天橋、對樓、雲梯和火砲全面攻城，用上六天時間，才攻下建州城。城內戰死者不下萬人，范汝為被迫自焚而亡。[17]

同年（紹興二年，公元一一三二年）冬十月，又有虔州秀才李敦仁和弟弟李世雄，因不滿南宋隆祐太后一行，為逃避金人追兵，在進駐虔州時搶掠全城，於是糾集鹽販大舉舉事。亂軍一度攻占了虔、汀交界處的石城縣，並進入汀州境內作戰。[18]叛軍最後為朝廷招降。

隆祐太后隨行官兵在江西的胡作非為也激起了另外多起民變，除了李敦仁兄弟的作亂外，還有陳顒「陷汀州武平縣，犯梅、循二州」，[19]另有彭友、李滿在虔州為亂，[20]神武副軍都統制岳飛奉命剿「虔賊」，以各個擊破方式，「日破一寨」，陳顒、彭友、李滿一起被殺害。在岳飛平亂過程中，高宗以太后在虔州城受驚的理由密令岳飛屠城，「飛請誅首惡而赦脅從，不許；請至三四，帝乃曲赦（即特赦）。」[21]

次年二月又有虔州周十隆犯循、梅、汀三州。[22]之前岳飛又曾出師破畬族首領鍾十四率領叛亂的十餘寨，[23]周十隆是鍾十四徒弟，是興國縣南木寨的寨主，[24]

在鍾十四亂事平定後，領導餘眾續叛，因此朝廷又命岳飛追捕。

　　周十隆在岳飛部將的追捕下，在紹興四年八月率一千六百人投降了官軍，可是因受降官軍搶奪他們的婦女，怒而再叛，犯汀、循兩州。紹興五年再度投降，幾個月後又重犯汀州。[25]

　　當周十隆聲勢正盛的時候，隨他作亂的畬民們穿紅著綠，殿中侍御史張致遠這樣形容他們：「廣東循、惠、韶、連數州，與郴、虔接壤，自鄰國（即金國）深入，殘破無餘。今則郴（州）寇未殘，韶（州）、連（州）疲於守禦，而廣州之觀音，惠州之河源，循州之興寧，千百為群，緋綠異服，橫行肆掠，以眾為強。」[26]

　　鍾十四、周十隆的叛亂，可以說是南宋初期一次較大規模的畬族叛亂，也代表漢化的畬民（鍾十四和周十隆均為漢名，因此可以說他們已經漢化或至少已半漢化），登上了漢人主導的中國歷史舞台。

　　據統計，僅高宗統治的二十餘年間，包括汀州在內的整個福建的亂事，多達四十四起，若包含相鄰的江西虔州，則達六十三起。[27]

　　紹興十五年（公元一一四五年）又爆發了另一場亂事，有巨盜「管天下」，活躍在贛閩粵交界處，攻掠縣鎮，遊手之徒紛紛加入其行列，因他們熟悉山路，如入無人之境，而「官軍不習山險，多染瘴癘，難以掩捕」。[28]

　　在造反群眾的刺激下，從紹興初年開始，原先站在官方立場反對私鹽活動的汀州土豪們，看到有利可圖，也紛紛加入鹽寇的行列，[29]「今汀郡之人千百成群，執持兵械，般運於漳泉潮梅諸郡者如故。」[30]同一時期，虔州之民也不遑多讓，私鹽活動規模更大，破壞性更強。[31]

　　南宋年間的私鹽販和民間作亂，說明了從建州到汀州的福建私鹽業者和生活不保的山民們帶給南宋政權的問題。從朝廷的角度，長期以來虔、汀山民，早就成為官府眼中的異類。在福建更有所謂「（武夷山區）建劍汀邵四州，習俗強悍，盜賊屢作」，（福建沿海）漳泉興福四州「其民怯弱，少有為盜者」的說法，[32]雖然這不一定接近事實，但在相當程度上已反映出汀、漳兩地之民雖出同源，均為同一時期南下的北方移民，但僅一個朝代的時間，就已因自然與人文環境的差異，呈現出各自不同的群體特質。

　　另一方面，也致使兩地漢、畬山民從此被長期貼上「盜」、「寇」的標籤。到了南宋，畬族漢化的程度加深，勢力有所增長，其對汀、虔北方移民及其後裔的影響更大，兩者已因共同面對南宋政權需索資源、土地與兵源，甚至是搶掠其婦女的壓力，強化了合力武裝起事及相互融合的進程。南宋末年劉克莊在《漳州諭畬》一文中提到「汀、贛賊入畬者，教以短兵接戰，故（漳州）南畬之禍尤烈」。也就是說，到南宋末，汀、虔兩州的漢人已有不少人「入畬」，可以想見一方面是漢民們為了逃避官府徵稅、補充兵源與強制勞役等種種壓力而躲進了不用繳稅、不計戶口的畬人當中。另一方面，宋朝軍隊也引進畬族等少數民族充實兵力。例如，「（神宗）熙寧七年（公元一〇七四年），詔籍虔、汀、漳三州鄉丁、槍手等，以制置盜賊，司言三州壤界嶺外，民喜販鹽且為盜，非土人不能制故也。」[33] 又「（高宗）建炎三年（公元一一二九年），命江西、福建諸處總領官籍定槍杖手、峒丁人數，以備調遣。」[34]

　　南宋理宗紹定元年（公元一二二八年）至端平元年（公元一二三四年），以汀州寧化私鹽販晏夢彪（又稱晏彪、晏頭陀）為首的暴亂，起事群眾以寧化潭飛磜（潭瓦磜）為根據地，汀州、建州、南劍州各地響應，聲勢及於福建路大部分地區，遠達江西撫州、贛州，人數最多時達兩萬人以上，[35] 僅連城一地即有七十二砦。[36] 這場亂事更得到了畬民的參與，「汀、贛、建昌蠻獠竊發」，[37] 朝廷急調福州人陳韡（音「偉」）平亂。陳韡以福建路招捕使身分，「籍土民丁壯為一軍」，[38] 即徵調畬族中的丁壯入籍成軍，並在虔州石城縣土豪陳敏以民間武裝自衛力量組織的左翼軍的配合下，才將這場南宋末期，發生在後來的客家人核心地區長達數年的亂事平定。

　　從這一事例可以發現，當時虔、汀兩州的私鹽販子和武裝作亂者，與地方土豪之間，雖然同屬逃離北方戰亂，在閩粵贛交界區安身立命下來的同一人群，但經濟利益的不同，使他們在對待統治者的立場上出現了分化。由於在這場分化中，經濟利益受到壓榨的底層人數占最多數，而從北宋末年到元朝初年兩百年的過程中，戰亂頻仍，社會不寧，下層百姓始終難以安穩過日，因此他們的武裝作亂就一直沒有間斷。不幸的是，夾在漢人統治階層與被統治階層的鬥爭當中的畬族少數民族，既有人投入了反抗的一方，也有人被迫向鎮壓的

一方賣命。然而，到了南宋晚年，在漢人抗元的民族戰爭的高潮中，生存條件比底層漢人更為惡劣的畬族百姓，終於奮身而起，主動掀起了多次武裝抗元行動，並在這些抗爭行動中與漢人消除了民族的界限，不斷加深漢化程度。

三、南宋末年文天祥的抗元行動

公元一二三四年，南宋理宗端平元年，成吉思汗建立的蒙古國消滅了女真族的金國後，開始銳意謀取南宋江山。

一二六〇年，忽必烈即蒙古大汗位，一二七一年（至元八年）改國號為大元。南宋度宗咸淳九年（元至元十年），元軍攻占漢水邊上的樊城、襄陽，開啟了直下長江大舉攻宋的門戶。這年年底，元軍抵達長江。

一二七五年（南宋恭宗德祐元年，元至元十二年）農曆二月，元軍主帥伯顏率大軍，自長江抵安徽蕪湖前方重鎮池州，宋宰相賈似道督宋軍十三萬精銳迎戰，兩千五百艘戰船橫亙江面，元軍戰艘突入，巨砲轟擊，宋軍不戰而潰，數萬之眾就殲，賈似道單舸走奔揚州。自此南宋大勢已去大半，都城臨安（今杭州）情勢危殆。

元軍東下長江後，江南西路吉州廬陵（今江西吉安）進士文天祥被任命為江西安撫副使，就贛州知州。抵贛州後接到勤王詔，涕泣不已，遂盡捐家資，召贛州豪傑，「並結溪峒山蠻」，[39]組成萬人義軍，開赴臨安。旋被封為浙西、江東制置使兼知平江府（今蘇州）。以通州四水鎮告急，被召入衛。不久，元兵再下常州，屠全城，獨松關（今杭州西北安吉縣獨松嶺上，為南京通往杭州要隘）告急，又奉詔入衛。獨松關破後，元兵於次年（至元十三年，公元一二七六年）正月下嘉興，臨安益急，文天祥奉命擔任臨安知府，旋又升任右丞相兼樞密使。因皇帝年幼，朝政由謝太皇太后獨攬，命其出城與元軍和談被扣。和談失敗後，太皇太后獻城投降，以病為由留在臨安，全太后及其兒子恭宗被擄北上，囚於元朝都城大都。

臨安城陷後，福建、江西等地猶有不少抗元力量。農曆五月，趙昰（音「是」）在福州登基，是為端宗。文天祥在被元軍押送北方途中於鎮江逃脫，輾轉投奔新皇，再度被任命為右丞相兼知樞密院事，派其部將赴江淮和溫州招

募兵士。

　　這年十月，文天祥率軍抵汀州，趙昰逃抵潮州。次年（至元十四年，公元
一二七七年）正月元軍抵汀關，「宋文天祥欲據城拒戰，汀守黃去疾聞宋主航
海，擁兵有異志，天祥乃移軍漳州。」[40]三月收復已經投降元軍的梅州，四月收
復江西興國縣，六月取庾都。七月遣部將圍贛州，八月因元軍援兵抵贛州，諸
部將兵潰，而元軍主帥李恒突至，文天祥兵敗興國，北逃至永豐縣空坑，兵盡
潰敗，「妻子及幕僚、客將皆被執」，[41]準備由粵贛交界處的南嶺前往廣東循
州。

　　十一月，元兵圍廣州，元帥劉深以舟師攻擊宋帝趙昰於淺灣（今香港新界
荃灣），宋將張世傑擁帝走秀山（今廣州虎門）。十二月君臣又逃抵井澳，[42]遇
颶風，趙昰落水幾乎溺死，但因此得病，逃往碙州（今香港國際機場所在地的
大嶼山）。

　　翌年（至元十五年，公元一二七八年）正月，元軍屠廣州城，二月破潮州
城。三月文天祥因母親和弟弟在惠州城，轉往該處，不久收兵進入海豐縣，駐
扎在麗江浦。四月趙昰病逝，宋大臣們在崖山（今江門市新會區）立其弟趙昺
（音「丙」）為帝，號稱衛王，時年八歲。十二月，文天祥敗走海豐，被元軍
在海豐縣北郊的五坡嶺執捕，士卒七千多人被斬。

　　至元十六年（公元一二七九年）正月，元軍抵崖山，雙方大軍交戰二十多
天，宋軍受困，無法突圍，左丞相陸秀夫恐小皇帝落入敵手，背負年僅九歲的
趙昺跳水而亡，宋軍大敗之餘，紛紛落水。七日後「宋軍浮屍出於海十餘萬
人」。[43]

　　文天祥抵大都（北京）後因拒不投降，被囚了三年多，於至元十九年（公
元一二八二年）年底被斬於柴市。

四、從宋到元閩粵贛邊漢畬山民的武裝抗爭

　　宋室的滅亡是一場空前的時代變局，在這場變局中，元軍鐵蹄所及之民，
都不可避免地捲入了戰爭的衝突。但是，文天祥和跟隨他生死戰鬥以身殉國的
義軍們，卻更為南宋朝的最後覆亡頻添了令人無比感傷的悲壯色彩。這些忠義

之士，除了響應號召挺身加入勤王義軍的吉州盧陵同鄉劉子俊和劉沐等人之外，[44]更多的是在他轉戰汀、贛、梅、潮、循諸州（也就是後來形成客家民系的搖籃地區）時與他一起抗元的漢畬山民們。

在出身於客家搖籃地區的宋末漢人勤王之師當中，史書記載的有贛州寧都人尹玉和他的五百名贛州部將。尹玉因捕盜有功，曾任贛州三砦巡檢。文天祥起兵駐扎平江時，因江蘇常州告急，奉命與麻士龍和朱華率三千人馳援。麻士龍不久戰歿，朱華的廣東部隊與元軍力戰竟日後撤出，元軍繞出山後與尹玉部決戰。但尹部力單，宋軍救援常州的主力部隊主帥張全，奉朝中和談派之命按兵不動，不發一矢，甚至下令砍斷想要攀上該部軍船的落水尹玉部軍士的手指，導致溺死者無數。尹玉鼓起餘勇，帶領殘卒五百人從晚上戰到天明，全身甲冑中箭如刺猬，最後被元軍以四槍架在脖子上，以亂棍打死。他屬下五百士兵則戰到只剩四人，無一投降。[45]

文天祥曾寫有《哭尹玉》一詩，哀悼這位壯烈捐軀沙場的部屬。

另有同樣捕盜出身的陳繼周，也是寧都人，曾為文天祥幕僚，在一次夜襲元軍的行動後，渴水而亡。[46]

再如南安縣（今江西上猶縣）人李梓發和黃賢，雖未與文天祥共同反元，但元軍進攻南安時，於縣尉降敵後繼續帶領縣民抗敵，前後守城五十天。雖然縣城只有彈丸之地，「城牆甫及肩」，但連元軍統帥都說：「城如碟子大，人心乃爾硬耶！」城破之時李梓發舉家四十七口自焚而死。[47]

另在廣東梅州，「松口卓姓有八百人勤王，兵敗後只存卓滿一人。」[48]

就是客家搖籃地區這些人物點點滴滴的事蹟加在一起，才為後人留下了永難忘懷的壯烈歷史場景。也正是因為有著這些抵抗異族入侵的事蹟，才會產生後世客家以「中原傳人」自我期許的精神信念。

與漢人的抗元行動相呼應的是，畬族山民也積極投入了抗元的行列。值得一提的是，宋朝為了化解畬民的抗爭，曾採取釜底抽薪的辦法，組織畬軍戍守他鄉。在與漢人接觸的過程中，這些畬民不僅接受了漢人的軍事訓練，也加快了漢化的腳步。到宋朝末年更成為反元的生力軍。

文天祥舉兵勤王，在贛州招募的第一批萬人勤王義兵當中，所招募的被稱

為「溪峒山蠻」的土著之民，應是指已經漢化或半漢化的畬族之民。這是他們與漢人首次攜手對抗外來侵略的一次重大行動。

這支勤王畬軍的命運如何，史缺記載，但此後一段時間內，隨著文天祥與流亡政府抗元軍事行動的升級，畬族自發的軍事抗爭也在閩粵贛結合區一帶開始出現。最早是至元十四年（公元一二七七年），南宋流亡政府主將張世傑欲發兵泉州，討伐投降元人的守將蒲壽庚，汀、漳諸路「巨盜陳吊眼及畬婦許夫人」所統畬族聯軍出兵配合。[49]許夫人又稱「許大娘」，是潮州鳳凰山的畬族婦女，[50]在各地畬民當中，享有非常崇高的地位。

但是在張世傑部進攻泉州南門時，因參與圍城的部分畬軍為蒲壽庚賄賂，守方得以派員間道求援，致使宋軍企圖收復泉州的行動功虧一簣。

至元十五年（公元一二七八年）十一月，許夫人又聯合閩北建寧人黃華再度抗擊元人：「建寧政和縣人黃華，集鹽夫，聯絡建寧、括蒼及畬民婦自稱許夫人為亂，詔調兵討之。」[51]其中黃華本人也屬畬族，但鹽夫則以漢人為主，因此，此次聯合行動是南宋政權顛覆前，又一次漢畬聯合的重大抗元行動。

●南宋滅亡後，宗室子弟在漳州漳浦建趙家堡，躲避元人追查。

南宋流亡政府覆滅後，漢人有組織的大規模軍事行動，在元朝政府的高壓政策下逐漸平息，但畲漢民間的抗爭在短時期內則有所升溫。至元十六年五月，世祖「詔諭漳、泉、汀、邵武等處暨八十四畲官吏軍民，若能舉眾來降，官吏例加遷賞，軍民按堵如故」，[52]這說明了畲民們抗爭升級的現象。八月，與許夫人一起造反的黃華已「聚黨三萬人擾建寧，號頭陀軍」，但是，在元軍主帥完者都大軍壓境後黃華很快納款投降。而在此同時，也是曾經與許夫人聯合進兵泉州的漳州陳吊眼又再度發難，「聚黨數萬，劫掠汀、漳諸路，七年未平。」為了打擊陳吊眼，完者都在降伏黃華後，以畲制畲，以其為前導，發兵南下。[53]

據福建客家學者謝重光的考證，陳吊眼的據點在漳州西南部大山區，與其一起造反的家人或族人，分散居住在今平和縣各鄉鎮與廣東饒平縣相鄰處。[54]他再度起事不久，他的叔叔陳桂龍也「據漳州反」，[55]「有眾數萬據高安寨，官軍討之，二年不能下。」在最後階段，雙方相持六日，畲民們「矢石殆盡」，被斬首者達兩萬之眾。陳桂龍兵敗遁入畲洞。[56]

嗣後，陳吊眼仍繼續率畲民抗元，「聚眾十萬，連五十餘寨」，[57]至元世祖至元十八年（公元一二八一年）才被平定。在這次戰役中，陳吊眼戰歿，父親陳文桂和叔父陳桂龍被執到京。第二年夏天，「叛賊陳吊眼叔陳桂龍」被流放到漠北「憨答孫之地」。[58]

至元十九年，已經降元的黃華「復叛，有眾十萬，……急攻建寧。」在遭元軍進剿後，赴火而死。[59]

陳吊眼、黃華的亂事，人數規模一次比一次擴大，表明抗元行動雖由畲族主導，但絕不只是畲族一族的鬥爭，還有漢人的大量加入，這種超越民族界線的共同抗爭，將兩族人民緊密凝聚在一起。

同時，這些亂事，也使元朝的元氣大傷，統治根基動搖。數年後福建閩海道提刑按察使王惲向元世祖進言：「福建所轄郡縣五十餘，連山距海，實為邊徼（音「教」）重地。而民情輕詭，由平定以來官吏貪殘，故山寇往往嘯聚，愚民因而蟻附，剽掠村落。」又上條陳稱：「福建歸附之民戶幾百萬，黃華一變，十去四五。」[60]數語道出了福建漢畲之民與元朝統治者之間的矛盾利害。實

際上也正是這種人為環境的變化，加速了兩個民族從共同抗爭中相互融合的關係。

到世祖統治晚期，對外大舉征討日本、緬甸、占城、爪哇，對內饑荒處處，災民、盜賊遍地。畬族之民因耕作條件的惡劣，受害更深，漢畬之民的聯合作亂已成為常態。至元二十二年（公元一二八五年）正月，有「潮、惠二州盜郭逢貴等四十五寨」被剿平，「降民萬餘戶，軍三千六百一十人」。[61]二十五年正月有「循州賊萬餘人掠梅州」；三月有「循州賊萬餘人寇漳浦，泉州賊二千人寇長泰、汀、贛，畬賊千餘人寇龍溪」；四月有「廣東賊董賢舉等七人皆稱大老，聚眾反，剽掠吉、贛、瑞、撫、龍興、南安、韶、雄、汀諸郡，連歲擊之不能平」，江西官員請求增兵。[62]

緊接著至元二十六年（公元一二八九年），從粵東到閩粵贛交界區又發生了有名的畬民鍾明亮之亂。

這年正月，「賊鍾明亮寇贛州，掠寧都，據秀嶺……畬民丘大老集眾千人，寇長泰縣」，但五月在江西、江淮、福建三省兵力聯合追剿下，「鍾明亮率眾萬八千五百七十三人來降」；閏十月，元兵主帥月的迷失抓獲丘應祥、董賢舉歸京師；但當月的迷失還在慶功，「廣東賊鍾明亮復反，以眾萬人寇梅州，江羅等以八千人寇漳州，又韶、雄諸賊二十餘處皆舉兵應之，聲勢張甚。」忽必略除急詔月的迷失復與福建、江西二省合兵討伐外，並訓誡稱：「鍾明亮既降，朕令汝遣之赴闕，而汝玩常不發，致有是變。自今降賊，其即遣之。」[63]

次年二月，鍾明亮等因為缺糧，再度投降，詔諭解送京師，但因江西行尚書省左丞管如德留人不遣，五月「鍾明亮復率眾寇贛州」。[64]此後，鍾明亮下落如何，無資料可尋，但在此期間，有江西華大老、黃大老等掠粵北樂昌郡，建昌（今江西南城縣）丘大老掠南豐郡。在短短一年多的時間，遭到鍾明亮等畬民之亂的郡縣，從廣東北部的樂昌一直延伸到梅、循、惠、潮、汀、漳、贛、撫諸州。「鍾明亮以循州叛，殺掠州縣，千里丘墟」，[65]其影響面不可謂不大。

但是，自鍾明亮之亂後，元朝陷入因皇位爭奪，不斷更換皇帝的階段，然而，閩粵贛三省的抗元力量卻似乎相對消沉下去，其原因除了史料不全和元朝

將畬民編為畬軍轉調外地外，[66]也可能與統治當局強化鎮壓反抗力量的力度有關。但是，整個元朝統治期間，閩粵贛結合區客家搖籃地帶饑荒災禍頻仍，人民的反抗力量一直存在，到了元朝後期更達到全面爆發階段。

例如順帝至元三年（公元一三三七年）春正月，有「廣州增城縣民朱光卿反，其黨石昆山、鍾大明率眾從之，偽稱大金國」；[67]至元四年五月，有「漳州路南勝縣（今南靖、平和縣境）民李志甫反，圍漳城，守將搠思監與戰，失利。詔江浙行省平章別不花，總浙閩、江西、廣東軍討之」；[68]又至正六年（公元一三四六年）六月，有「汀州連城縣民羅天麟、陳積萬叛，陷長汀縣，福建元帥府經歷真寶、萬戶廉和尚等討之」。[69]

從民系發展的角度來看，從宋末到元末在閩粵贛結合地區出現的這些重大社會動盪，也無疑對後來客家、閩南兩個不同特質民系的形成提供了直接的動力。一方面是山區漢畬之民從抗元與造反中，不斷加速融合，另一方面是泉州守將蒲壽庚投降元人後，因元世祖利用他延續發展宋朝以來的海外貿易事業，以及在泉、漳造船訓練對海外用兵的水師，促成了泉、漳兩地海洋經濟的逐漸整合。

從唐末、五代以來，雖然閩粵贛結合部山區與漳、泉平原區兩者人口結構中的漢人成分，大體都來自同一北方來源，但因宋元以來兩地的經濟型態不斷向陸地與海洋的不同方向轉化，致使兩者的社會人群從此更加速朝著不同型態與經濟思維的社會人群演化，最後更因明朝中葉福建地區融入全球貿易體系後，內陸山區與沿海貧富差距的急劇擴大，以及政府以武力保護沿海地區利益而對山區採取的多次重大軍事行動，我們今天所熟悉的客家與閩南民系的分野，遂逐漸成形。

五、宋末元初贛、汀人口的外移

宋末元初的戰亂及隨後社會多年的動盪，無疑再度帶來各地人口的流離。閩粵贛結合區是主要的抗元地帶，更是亂事頻發地區，因此，雖然可能仍有部分外地人口流入，但已不如以往那樣在朝代更替中成為主要人口吸納地區。相反，其主流是向外流出。至於其移民路線和移出地區，主要是從贛州等周邊州

郡及汀州北部的寧化等人口較集中地區，移向汀州境內上杭等人口仍相對稀少地區，以及粵東和漳州西南部多山地區，以便躲避戰亂。在客家人的族譜中，不乏有此類的記載。

例如，廣東大埔縣鄒氏，「南宋間，有鄒應龍公，號景初，原籍邵武軍泰寧縣（現三明市轄）之河南坊，……適值晏頭陀集眾作亂，犯邵武軍，破泰寧城，公之梓里遭其殘害，已成荒墟，因卜宅於長汀上堡鄉而居焉。」[70]

曾氏平和開基祖茂松公房系，祖上是在南宋寧宗時由汀州寧化遷徙上杭，他在元世祖年間從上杭遷往漳州平和。[71]

魏氏先祖原住贛州石城，宋末文天祥等起兵後，元軍追殺至贛州，兄弟四人商議外逃，行經寧化時分手，一人至惠州長樂（今五華縣），為一世開基祖，另一人至汀州上杭後遷惠州龍川縣。[72]

上杭林氏「西河郡」（今河南安陽市）一系，南宋年間祖上任汀州教諭，為西河林氏入汀之始，南宋末年三十八世祖林文德任汀州府寧化縣知縣。元世祖至元十四年（公元一二七七年）元軍入閩，文德將元配湯氏及所生五子遷入寧化石壁村，攜繼配黃氏及所生四子避入上杭縣，後卜居汀州河田。兩年後文德隨陸秀夫保駕遁逃廣東崖山，於陸秀夫背負宋帝趙昺跳海後，也獻身殉國。宋亡後，其九子中有六子分別從寧化和汀州河田移居上杭。其中第九子九郎，據稱是清代名臣林則徐一系的祖先。林則徐在為其家族所作《西河郡林氏族譜序》中記載：「我祖九郎公，自寧化縣遷居上杭縣東門外，……因世異以埋名，攜三子自上杭縣移居於漳平永福（今屬龍岩市），再徙於龍岩之東山佛子嶺而居焉。」[73]

宋末元初從汀、贛兩州向外移出的這波人口流動，是當地北方漢人子民開始向外擴延與接觸外面世界的起點，而他們的外移，也再度改變了閩粵贛交界區的人口結構。

據嘉靖《贛州府志》，南宋末期理宗寶慶年間（公元一二二五～一二二八年）的贛州人口為三十二萬一千多戶（主戶二十八萬七千八百八十戶，客戶三萬三千四百七十六戶），近六十四萬人（主戶五十四萬二十人，客戶九萬九千三百七十人），[74]到元朝時（公元一二七九年至一三六八年），《元史》所

載人口僅剩七萬一千多戶，或二十八萬五百多人。[75]戶數減少七八成，人數減少六成多。

相鄰的汀州，據《臨汀志》，理宗開慶元年（公元一二五九年）的人口為二十二萬三千四百多戶，五十三萬四千八百多人。到元朝時，《元史》所載的人口數減至四萬四千四百多戶，或二十三萬八千多人。分別減少八成以上和五成五以上。

漳州的人口減少更多。南宋初期孝宗淳熙五年（公元一一七八年）的戶數為十萬一千二百零四戶，人數為十六萬五百六十六人。[76]到元朝時，減少到《元史》所載的二萬一千六百九十五戶，或十萬一千三百零六人，分別減少將近八成或三成七。但是，因為元末至元三年發生南勝縣畬民李志甫作亂事件，漳州震動，元朝動用四省兵力，歷時四年才告平息，之後繼續發生了南勝縣畬民陳角車、李國祥和漳浦陳世民起兵造反事件，[77]因此至元末時，人口當進一步下降。

汀、漳兩州人口的大幅減少，說明了移入人口遠遠無法補充因戰爭而減少的人口。

同樣的，接納了贛、汀等地移民的粵東地區，其總體人口也是基於戰亂原因大幅呈現下降趨勢。

據《宋史》所載粵東人口數，即從宋代史料所能取得的最後人口統計數據，北宋元豐年間（公元一〇七八～一〇八五年），循州有戶四萬七千一百九十二，潮州七萬四千六百八十二戶，梅州一萬二千三百七十戶，惠州六萬一千一百二十一戶。[78]

而據《元史》，到元代時，同一地區的人口為循州有戶一千六百五十八，口八千二百九十；潮州戶六萬三千六百五十，口四十四萬五千五百五十；梅州戶二千四百七十八，口一萬四千八百六十五；惠州路戶一萬九千八百三，口九萬九千一十五。[79]

《元史》這些數字似乎偏低，因為在崖山之戰後，隨宋帝南逃的南宋軍民應有大批人就地留下或躲避山林之中，與畬民們混居，而且畬民人口也似乎沒有計算在內。

　　但鑒於宋元兩軍在這一帶戰鬥的慘烈程度和元軍攻下潮州後殘暴屠城，造成當地人口大幅減少，因此元代粵東地區相對來說仍是人煙稀少地區。尤其是在元軍襲取梅州之戰中，梅州人民大量遭到殺害，「所遺餘子只楊、古、卜三姓，地為之墟」，[80]從形成民系的角度來說，不具實質的意義。必須等到元末明初其人口再度得到汀州北部移民的大量補充，並與周圍方言人群產生互動後，客家民系才有條件真正開始進入全面形成時期。

●始建於唐朝的長汀城隍廟。

注釋

1── 王安石《虔州學記》稱：「虔於江南，地最曠，大山長谷，荒翳險阻，交、廣、閩、越，銅鹽之販，道所出入，椎埋、盜奪、鼓鑄之奸，視天下為多。」即是說在北宋仁宗和王安石時期的虔州乃是地曠險阻的荒蕪之地，而交州、廣州和福建及浙江地區，則為收容最多殺人越貨和盜鑄銅錢私鹽之徒的場所。

2──《管子‧第七十七‧地數》。

3──《宋史‧志第一百三十五‧食貨下四》：「熙寧初，……仍定歲運淮鹽十二綱至虔州。」

4──《宋史‧志第一百三十五‧食貨下四》。

5──《續資治通鑒長編‧卷第一百九十六》；《宋史‧志第一百三十五‧食貨下四》。

6── 同上。

7── 同上。

8── 引《葉適集‧水心文集》，卷二十三，〈朝議大夫秘書少監王公墓誌銘〉。載於姜錫東《宋代商人和商業資本》，中華書局，2002年，第201頁。

9──《續資治通鑒長編‧卷第一百九十六》。

10──《建炎以來系年要錄‧卷八十五》。

11── 引李綱（宋高宗時短暫為相，後遭流放），《梁溪集‧卷六十六‧乞措置招捕虔州鹽賊奏狀》。載於《宋代商人和商業資本》，第201頁。

12── 畢沅（清），《續資治通鑒‧宋紀第一百六十四》。

13──《宋史‧志第一百三十六‧食貨下五》。

14──《宋會要‧食貨二十六》。

15──《續資治通鑒‧宋紀第一百四十》。

16──《宋代商人和商業資本》，第201頁。

17──《續資治通鑒‧宋紀第一百一十》。

18──《宋史‧本紀第二十六‧高宗三》。

19──《宋史‧本紀第二十七‧高宗四》。

20──《續資治通鑒‧宋紀第一百一十二》。

21──《宋史‧卷三百六十五‧列傳第一百二十四‧岳飛 子雲》。

22──《宋史‧本紀第二十七‧高宗四》。

23──《續資治通鑒‧宋紀第一百一十三》。又畬族多取漢姓鍾、藍、雷為姓，而鍾十四以鍾為姓，且下領十餘寨，故推斷為畬族。

24── 推斷也是畬族，見《續資治通鑒‧卷第一百一十四》。

25──《宋史‧本紀第二十七‧高宗四》；《宋史‧本紀第二十八‧高宗五》。

26──《續資治通鑒‧宋紀第一百一十四》。

27── 黃寬重引王世宗，〈南宋高宗朝變亂之研究〉，台大文史叢刊之八十二，1987年月。見黃寬重，〈福建左翼軍──南宋地方軍演變的個案研究〉，《中央研究院歷史語言研究所集刊》。1997年6月，第371頁。

28──《續資治通鑒‧宋紀第一百二十七》。

29──《福建通史‧第三卷‧宋元》，第79頁。

30── 上書同頁引真德秀，《西山先生真文忠公文集》，卷十五。

31── 見《宋代商人和商業資本》，第202頁。

32──《建炎以來系年要錄‧卷五十六》。

33—— 《宋史‧志第一百四十四‧兵五（鄉兵二）》。

34—— 《宋史‧志第一百四十五‧兵六（鄉兵三）》。

35—— 見〈福建左翼軍——南宋地方軍演變的個案研究〉。

36—— 《宋史‧列傳第一百七十八‧陳韡》。

37—— 《宋史‧本紀第四十一‧理宗一》

38—— 《宋史‧列傳第一百七十八‧陳韡》。

39—— 《續資治通鑒‧宋紀第一百八十一》。

40—— 《續資治通鑒‧卷第一百八十三‧元紀一》。

41—— 同上。

42—— 今澳門南方路環島與珠海市南方橫琴島之間的海域，又稱十字門，已因澳門填海工程而消失中。

43—— 《宋史‧卷四十七‧本紀第四十七》。

44—— 劉子俊，少時與文天祥住同里，文天祥兵敗海豐五坡嶺時主動假冒其身分，欲替其死，被識破後遭烹煮而亡。劉沐，與文天祥同鄰曲，幼時常同奕。文天祥兵敗永豐縣空坑時，被執往豫章（今南昌），父子同日而死，其第二子死於亂軍中，幼子在文天祥軍中於嶺南遇難。見《宋史‧列傳第二百一十三‧忠義九》。

45—— 《續資治通鑒‧宋紀第一百八十一》；《宋史‧列傳第二百〇九‧忠義五‧尹玉》。

46—— 《宋史‧列傳第二百一十三‧忠義九‧陳繼周》。

47—— 《續資治通鑒‧卷第一百八十四‧元紀二》。

48—— 引光緒《嘉應州志》。載於劉佐泉，《客家歷史與傳統文化》，河南大學出版社，2005年，第64頁。

49—— 《續資治通鑒‧卷第一百八十三‧元紀一》。

50—— 王琳乾、黃萬德著，潮汕歷史文化研究中心編，《潮汕史事紀略》，花城出版社，1999年。

51—— 《元史‧卷十‧本紀第十‧世祖七》。

52—— 同上。

53—— 《元史‧卷第一百三十一‧列傳第十八‧完者都傳》。

54—— 謝重光據《元經世大典序錄》所引《國朝文類》卷四十一內容考證：「至元十七年八月，陳桂龍父子反漳州，據山寨，桂龍在九層磜畬，陳吊眼在漳浦峰山砦，陳三官水篆畬，羅半天梅瀧長窖，陳大婦客寮畬。」見《客家形成發展史綱》，第198頁。此外，據該書第212頁，謝重光還判斷陳大婦可能就是許夫人。

55—— 《元史‧卷十一‧本紀第十一‧世祖八》。

56—— 《元史‧卷第一百六十二‧列傳第四十九‧高興傳》；《元史‧卷十一‧本紀第十一‧世祖八》。

57—— 《元史‧卷第一百六十二‧列傳第四十九‧高興傳》。

58—— 《元史‧卷十二‧本紀第十二‧世祖九》。

59—— 《元史‧卷第一百六十二‧列傳第四十九‧高興傳》。

60—— 《元史‧卷一百六十七‧列傳第五十四‧王惲傳》。

61—— 《元史‧卷十三‧本紀第十三‧世祖十》。

62—— 《元史‧卷十五‧本紀第十五‧世祖十二》。

63—— 同上。

64—— 《元史‧卷十六‧本紀第十六‧世祖十三》。

65—— 《元史‧卷第一百六十五‧列傳第五十二‧管如德傳》。

66—— 《元史・卷十三・本紀十三・世祖十》：至元二十一年八月，「放福建畬軍，收其軍器，其部長於近處州郡民官遷轉。」；《元史・卷二十四・本紀傳第二十四・仁宗一》：「調汀、漳畬軍代亳州等翼漢軍於本處屯田。」

67—— 《元史・卷三十九・本紀第三十九・順帝二》。

68—— 《元史・卷四十・本紀第四十・順帝三》。

69—— 《元史・卷四十一・本紀第四十一・順帝四》。

70—— 陳志平，《客家源流新論——誰是客家人》，台原出版社，1998年，第76-77頁。

71—— 曾南湖，〈平和曾氏淵源探略〉，《平和客家與客家文化》，第9頁。

72—— 《客家歷史與傳統文化》，第63頁。

73—— 《客家姓氏源流匯考》（增訂本），第212-213頁。另據同書根據林則徐所撰《閩楚同源序》所作的推論，中共開國人物林彪是林文德第五子五郎遷上杭後入鄂（湖北）子孫的後人。

74—— 據《客家形成發展史綱》第40頁所引《嘉靖贛州府志》數字。

75—— 《元史・卷第六十二・志第十四・地理五》。

76—— 據《福建通史・第三卷・宋元》第196頁所引李綸《臨漳志》數字。但按此數字，當時漳州人口密度每戶僅有1.43人，與稍後時期汀州每戶平均2.39人相比，似乎偏低。同時，按作者徐曉望的解釋，這一數字並未計入畬族人口。

77—— 《福建通史・第三卷・宋元》，第154頁。

78—— 《宋史・.卷第九十・志第四十三・地理六》。

79—— 《元史・卷第六十二・志第十四・地理五》。

80—— 賴際熙、劉友梅等，《崇正同人系譜》，卷一，香港廣雅局，1925年版。見葛劍雄主編，吳松弟著，《中國移民史》，第四卷，第189頁。

第四章
明代潮漳兩州人口的流入與社會動亂

元朝國祚短促，在短短九十年的時間就改朝換代。

元世祖過世後，元朝進入了宮廷政變頻仍的階段，緊接著南方苗瑤族亂事蜂起。元朝最後一個皇帝元順帝統治期間雖然較長，但接連爆發了大規模的農民造反。才經歷宋元交替動亂不到一個世紀的汀、贛之民，再度被迫大批外移，這次的移民首選之地是與兩州交界的梅州。

地處粵東北的梅州，曾經是宋元決戰的戰場之一，文天祥曾在此擊敗元軍，宋朝滅亡後，一直人煙寥落。但是藏在山區深處的梅州，有梅江及其支流石窟河穿梭境內，青翠的丘陵與河谷盆地點綴其間，不失為亂世中的避難桃源。因此在元明之交汀、贛、閩北一帶淪為戰場之際，未遭到戰火肆虐的梅州，再度吸引著大批汀州移民，沿著宋末前人的遷移足跡，經上杭或武平，在廣東一側覓得適當落腳之地，開基立業。[1]

相對的，當時的漳州經歷戰爭的破壞後，土地乏人耕種，殘破不堪。元末漳州龍溪籍進士林弼，在其所著《林登州集》中對這種景象有過這樣的描述：「元政既衰，（長泰）令非其人，民不堪其虐，輒且挺而起。比寇平，則民已殘矣。既內附，鄧侯廉首來作縣，較其戶，則死而徙者，十有二三；視其民，則刀痕箭瘢，膚體弗完，不能業其業者又一二也。」[2]

這段文字說明了元末漳州長泰縣官逼民反，民間受到殘害。待元朝滅亡後，新縣令鄧侯查了戶口，十有二三不是死亡就是遷徙他鄉，又十有一二縣民體無完膚，身上都有刀痕箭疤，無法務本業。而長泰如此，整個漳州顯然也好不了多少。

然而明朝建立後，因戰爭破壞和人口流失而殘破不堪的中國大地需要迅速復原。為了恢復農業的生產，洪武二年（公元一三六九年），政權初立，明太祖即下詔：「天下大定，……流民復業者各就丁力耕種，毋以舊田為限。」因此在明太祖鼓勵流民擴大耕種無主荒地的政策下，漳州在明朝開國後，也成為汀州農民的另一移民選擇地。

一、元末明初汀州對梅州和潮州人口的外移

清光緒溫仲和主編的《嘉應州志》記載：「今之土著（即當地客家人）多來自元末明初，以余耳目所接之人，詢其所來自，大抵多由汀州之寧化，其間亦有由贛州來者。」[3]嘉應州是清雍正十一年（公元一七三三年）將北宋開始使用的梅州稱呼改名而來，這段記載說明了從元末一直到明朝初葉，汀州為主、贛州為次的移民流向梅州的實際情況。

在元朝梅州人口銳減至只剩兩千四百多戶（不到一萬五千人）的情況下，從元末開始，汀、贛兩州對梅州發送的移民，為明代中期之後在梅州（明朝開國後改名程鄉，屬潮州府，至清雍正十一年又改稱嘉應州）及其周邊地區形成的新型民系，也就是我們現在所知的客家民系，提供了必要數量的起動人口。其實際人數雖然難以估計，但是，應以萬計。

與中國歷史上各地的移民一樣，從汀、贛流向梅州的移民，往往是同姓同宗家族成員共同行動。在進入粵境之前，以上杭和武平為其重要中轉站。

上杭與武平在北宋太宗淳化五年（公元九九四年）開始設縣，在南宋和元末，成為其北面寧化和長汀兩縣南遷移民的必經通道，亦有不少氏家族在此定居下來。上杭因汀江水路流經其境之便，更有一百四十多個姓氏家族聚居於此。後世各姓客家家族，多可追溯到其先人曾經在上杭駐留後再轉進閩東南漳州各縣，或順汀江而下移居廣東大埔和饒平的歷史。另有不少南逃移民則自上杭西進，繞經武平縣十方鎮與岩前鎮間的開闊山區通道，南下進入焦嶺和梅州地區。

蕉嶺當時仍為偏遠之地，雖有梅江支流石窟河流經期間，但河谷平原腹地不大，吸引力顯然遠不如州治所在，地理條件更為優越的的程鄉，遲至崇禎九年（公元一六三六年）才開始設縣，稱鎮平縣（至民國三年因與河南鎮平縣同名，改稱蕉嶺縣）。

程鄉是梅州州治早期名稱，梅州設州，始於五代後晉開運二年（公元九四五年），將程鄉升為敬州，領程鄉縣。北宋太祖開寶四年（公元九七一年），因避祖父趙敬之諱，改為梅州。北宋神宗熙寧六年（公元一〇七三年），廢梅州復置程鄉縣，隸屬潮州。此後歷經南宋和元兩個朝代，視人口增

●群山環抱的程鄉地區。

減，時復時廢州的建制。到元成宗元貞元年（公元一二九五年），梅州隸屬潮
州路，元仁宗延祐五年（公元一三一八年），改直隸廣東道宣慰司。明朝開國
太祖洪武二年（公元一三六九年），又因人口太少廢梅州，復置程鄉縣，屬廣
東布政使司潮州府。清世宗雍正十一年（公元一七三三年），因人口的增長，
復升程鄉為嘉應州，統領興寧、長樂（民國三年改名五華）、平遠、鎮平四縣
和程鄉縣，統稱「嘉應五屬」。

　　所以，在整個明代，延續到清雍正十一年以前，人們習慣將程鄉及潮州所
轄各縣，包括海陽、潮陽、揭陽以及成化十三年（公元一四七七年）所設的饒
平縣，嘉靖三年（公元一五二四年）所設的惠來縣，嘉靖五年（公元一五二六
年）所設的大埔縣，嘉靖四十二年（公元一五六三年）所設的澄海縣、普寧
縣，嘉靖四十三年（公元一五六四年）所設的平遠縣，還有崇禎六年（公元
一六三三年）置設的鎮平縣（今蕉嶺縣）各縣之民，都統稱為潮州人。

　　梅州有韓江上游的梅江流經其間，河面寬闊，支流石窟河（在白渡鎮以下
河段稱白渡河）在此匯合，形成寬廣的河谷平原，是個理想的移殖地。但移民
移殖到此，不僅是定居在較寬闊的河谷盆地上，也散居在分布於全州高山深谷
之間的溪谷丘陵地上，以姓氏為單元形成各自的村落，慢慢繁衍下來。

　　許多客家家族的族譜，都有其開基祖在元末明初落戶粵東的記載。

　　涂氏，「四十八郎公，因元末世亂，偕兄十八郎，同遷潮州大埔縣清溪地
方，復遷三河許梓村，生鎮平開基祖四七郎公，……復遷程鄉縣……。」[4]

　　楊氏，「原籍福州汀州府寧化縣石壁村人，元明之交，兵燹（音「顯」）
騷然，寧民轉徙，公與所善戴姓，結伴攜家入粵」，定居程鄉陰那山側半徑
村。[5]

　　湯氏，「四十七郎在汀州為四世，……元末時公與長子飄遊異府十餘載而
不返，……祖妣湯何氏（攜）三子自汀州來鎮平，……再遷高思（村）榕樹
下，……。」[6]

　　明朝開國後，陸續有大批移民自各地流入梅州和廣東各地，大約明代中
期，客家先民居住區已擴散到潮州山區與平原交界區、惠州北部山區及韶州、
南雄等地。[7]清末駐東京和舊金山的梅縣籍客家外交家黃遵憲曾有詩云：「元時

古墓明朝屋，上覆榕蔭六百年」，[8]這正是當時嘉應州一帶客家開基祖地的寫照。

二、從汀州到漳州

陳元光開漳後定居下來的北方軍民，或是從五代王審知建立閩國時期在漳州建立家園的北方漢人，經過長期的戰亂，到元朝時只剩下十萬左右。到元末時可能減少更多。因此，明朝開國後，漳州空虛的人口亟待補充。但其人口補充來源，並不是使用相同閩南方言的泉州，而是北面的汀州。

據專門研究汀、漳譜牒的福建文史研究者林嘉書，對閩、台百家大姓中的六十三姓四百八十三種六百四十五冊族譜所作的分析（如陳姓有三十七種族譜；林姓有四十七種族譜；對前五十大姓中的潘、鍾、彭、詹、梁、柯、翁等姓未能找到其族譜，但這數姓在漳州的人口比例很低），得出的結論是：

（一）所謂唐代源自河南，隨陳元光開漳的姓氏家族，其實少之又少，無一族譜能確鑿證明肇始於陳元光時代。即使清代以後所編族譜提及，也都是編者在序言中的自我推斷，在內容中找不出與陳元光時代的相關線索。

（二）大多數漳州姓氏家族均開基於明代；其中又以在洪武開國初期開基的占相當比例。

（三）按所查族譜所作的統計，在漳州開基的諸姓家族，百分之八十來自汀州，汀州記載又往往是指寧化與上杭兩縣而言。其餘百分之八來自潮州（包括今梅州和大埔）；百分之五來自泉州；極少數來自福州、延平、贛州等。

（四）在宋末元初入漳的姓氏家族中，有較大比例是與宋室皇族在廣東覆滅後，一些勤王軍政遺裔隱居漳州有關，如漳浦趙家堡趙姓家族。

（五）進入清代以後，由外地遷入漳州的姓氏家族很少。[9]

結合梅州從元末開始大量吸收汀州移民的事實，這些結論更加印證了汀州之民外移的主要時期是在元末明初，也說明了現代說閩南話的漳州人（包括漳州移民台灣後人），主要是明朝立國前後汀州流向漳州移民（即客家先民）的

後人。

　　這項譜牒研究也著重指出，漳州百家大姓中的張、李、劉、邱、曾、賴、徐、周、江、呂、羅、蕭、朱、簡、鍾、游、沈、盧、魏、曹、石、董等二十二大姓，其家族幾全來自汀州，另有陳、林、黃、吳、楊、葉、蘇、方等八姓，多源於汀州。

　　這項研究也舉證了一些例子，說明各姓家族遷移到漳州的路線方向。

　　如陳氏，「陳儉派下傳下寧化石壁仲八郎，……（至）德智，住永定……生孟六郎、孟七郎。孟七郎子三，（成化元年）遷南靖五經寮。」

　　平和楊氏，「八十五世和邑九峰楊厝坪開基始祖念三公，原籍汀州寧化縣石壁村楊家坊人，在明朝洪武年間……從祖父流來公與父由汀入漳。」

　　龍海鍾氏各系，「祖宗源流圖書紀，福建汀州府流傳，……開基漳州海澄冠山始祖道器，妣林氏，生六子。」

　　張氏，化孫「傳十八子，或居閩之福、漳、龍岩、汀杭、寧化、武平、清流、南永，或據粵潮州嘉應程鄉鎮平大埔……傳下子孫移漳浦、漳平，移南靖水西，移平和小溪。」

　　這些事例，說明了明朝以後漳州人口以及明清遷台漳州移民，實主要係汀州客家來源地外移人口的後人，與粵東潮州府轄下的程鄉、大埔和饒平客家搖籃地居民，幾可說是完全同源。

　　因此，可以推斷，截至明朝開國初期，不論是粵東潮州府下的客家搖籃地帶，或是閩西南的漳州，兩地從人文文化特徵到方言的使用，都應當沒有太大差別。直到明朝中葉開始有了海上走私貿易，促成臨海的漳州平原經濟的全面轉型，而臨近平原的山區縣分，也從山區農業轉向與海上貿易有關的作坊生產，並不斷受到泉州閩南方言的影響，才導致潮州山區客家搖籃地帶與漳州平原之間經濟與人文差異的出現，並最後形成潮州山區的客家與漳州平原的閩南兩個民系同時並立的局面。至於兩者之間的潮州饒平與漳州詔安、平和、南靖等縣，則成為由客家方言向閩南方言（含潮州話）過渡的地帶。

三、明代初期與中期的閩粵贛邊亂事

明初的潮、漳兩州，仍多蠻荒之地，畲、漢之民雜處，汀州下來的新移民居住其間，開山墾荒，日子並不好過，一遇年成不好，官府欺壓，亂事即起。

如洪武十二年（公元一三七九年），「漳州府龍岩縣民江志賢作亂，聚眾數千人，據雷公、獅子、天柱等寨，福建都指揮使司發兵討之，斬獲幾三千人，餘黨遁入海。」[10]

洪武十四年，南靖、龍岩兩縣，再度先後發生縣民作亂，為官府討平。翌年龍岩再亂，又遭討平。[11]

潮州的程鄉及其鄰近地區也不平靜。洪武十四年，「程鄉縣群盜竊發，南雄侯趙庸遣潮州衛官軍擊敗其眾，擒賊首偽萬戶饒隆海等一百五十人，斬首四十餘級。」接著，趙庸趁勝追擊，捕獲同時在龍川、河源作亂的「李天帥」部眾五百七十人。[12]

到洪武二十一年（公元一三八八年），龍川、興寧、長樂（今五華）三縣亂事平定，俘斬「賊眾」一千九百七十餘人後，粵東地區的民間作亂才告相對沉寂下去。[13]

但是，進入明朝中期，閩粵贛結合區和粵東一帶，隨著人口的增長，又屢見不寧。英宗天順七年（公元一四六三年），上杭李宗政聚眾四千多人造反。憲宗成化二十一年（公元一四八五年），「汀州府武平縣賊首龔法非等，合廣東、江西界上群盜入萬安、興國、瑞金等縣境，劫掠富民。」弘治元年（公元一四八八年），「江西流賊二千餘人寇信豐、會昌、廣昌等縣」，旋遭剿平。弘治四年，「廣東增城縣賊流劫鄉堡」，遭剿後，被生擒部眾達四千一百人，遭斬首的達兩千二百二十七人，救還被擄男婦二百七人。同年，又有「漳州府強賊溫文進聚眾三百餘人，攻劫漳平縣治，開獄放囚，燒毀民居。復流劫安溪縣，聚眾至三千。後為福建守臣剿捕。」弘治八年，再發生流賊劫殺江西會昌居民情事，後轉掠贛南瑞金、興國等縣。[14]

這些亂事使官府疲於奔命，明憲宗成化十四年（公元一四七八年），在曹宗、鄧嵩等三百多人作亂後，析上杭縣地設永定縣，以加強治理。[15]武宗正德五年（公元一五一〇年），為了阻止「程鄉賊首林貴等嘯聚攻劫」，所發兵力竟

高達五萬之眾。[16]

但正德十一、十二年（公元一五一六、一七年），在閩粵贛邊又爆發更大的亂事。先是贛西南上猶畬民龔福全、謝志珊、藍廷鳳等作亂，有眾最多兩萬多人，與廣東龍川、樂昌、浰頭（今和平縣）的畬眾和苗民聲氣相通，從正德三年以來，即已不時外出劫掠。正德十一年又掠贛西南的大庾、南康，出劫廣東興寧縣，亂事蔓延至贛南的信豐、龍南，漳州南靖的詹師富率萬人響應，明朝政府急召王守仁（號陽明）平亂，動員江西、福建、廣東和湖廣（即湖南）四省兵力，全力進剿，才將長期為患的畬民作亂平定。[17]並因此在正德十四年析南靖、漳浦兩縣縣地，設平和縣，以加強對閩西南地區的控制。

大體來說，在明朝中前期經常發生的這些亂事，仍舊屬於傳統官逼民反、饑民造反的範疇，是當時隨時隨地，在中國各地發生的無數人民造反行動的一小部分而已。

但是，進入嘉靖朝後，來自海上的禍亂，開始衝擊著大明王朝的海防根基，處在東南前沿的閩、粵兩省，更是首當其衝。倭寇的打劫和歐洲人的海上走私貿易，吸引沿海之民紛紛投入他們的行列，閩粵贛結合區在相當時期內處在動蕩不安之中，漢、畬之民的交相作亂更加速了兩個族群的融合。

四、倭寇與私商

從明朝一開國，就有來自日本的倭寇之亂。洪武二年正月，有倭人入寇山東沿海郡縣，搶掠居民男女而去。八月又再犯淮安。次年六月從山東南下，再從浙江轉掠福建沿海。其後幾乎年年來寇，到洪武十三年，活動範圍已達到廣東海豐縣。

利之所在，洪武二十四年（公元一三九一年），開始有中國海盜勾引倭人入寇。浙江黃岩縣名叫張阿馬的海盜經常出入日本，引導其眾劫掠浙江沿海居民。張阿馬雖然最後被官軍斬除，但是惡例一開，福建海盜也開始猖獗起來。[18]部分出於防堵倭寇的原因，明太祖立國不久，即一反宋元以來鼓勵海上貿易的政策，全面禁止私人海上經商。在嚴格的海禁政策下，民間不許私造船隻下海，不許前往海外通商。對福建而言，這種政策徹底毀滅了曾經是中國最重要海外

通商口岸的泉州，也嚴重破壞了曾為遠洋船員主要來源地漳州的生計。但是，明代開國初期，因其人口銳減，補而代之的新移民，主要是尚需慢慢熟悉水性的汀州山區農民，因此在一定時期內，海禁禁令對漳州經濟的影響，顯然不如泉州顯著。

然而，從元世祖征爪哇失利之後，已有不少隨軍行船作戰的漳、泉軍民流落當地。明朝開國後，爪哇與三佛齊（今蘇門答臘巴林邦一帶），仍舊是廣東和福建人聚居和經商的地方。在爪哇，他們住在東爪哇泗水（今印尼第二大都市）一帶。在東蘇門答臘的舊港（即巴林邦），有廣東南海人梁道明「挈家住居，積有年歲，閩廣軍民棄鄉里為商從之者至數千人」，[19]永樂三年（公元一四〇五年），明成祖派遣人員將其召回。繼之又有廣東人陳祖義在洪武初攜家到此，控制了附近海域，手下多達五千多人。永樂五年，鄭和船隊到此，指他詐

●明嘉靖時期倭寇與海寇極為活躍的廣東饒平柘林鎮海域，最遠處背景為南澳島。

降打劫，將計就計將他擒獲，送到南京斬首。[20]

明朝政府在錯誤的政策下，斷送了兩個有影響力的華人領袖人物在海外的事業。但所幸閩、粵之人在海外的實在太多，而且經商有厚利可圖，因此，即使是受到嚴厲的海禁政策的限制，甘冒殺頭之險私下偷渡海外的人士仍不乏其人。

海外貿易的吸引力，連內陸之人都受到影響。如成化十三年（公元一四七七年），暹羅國王遣使群謝提素英和必美亞二人進貢，「美亞本福建汀州士人謝文彬也，昔年販鹽下海，為大風飄入暹羅，遂仕其國，官至岳坤，岳坤猶（中）華言學士之類。至南京，其從子瓚相遇識之，為織殊色花樣緞乇貿易蕃貨，事覺下吏，始吐實焉」。[21]

又如弘治十四年（公元一五○一年）「江西信豐縣民李招貼與邑人李廷芳，福建人周程等，私往海外諸番貿易，至爪哇，誘其國人哽亦宿等，齎（音「基」）番物來廣東市之。」[22]

汀贛兩州之人如此，沿海漳州的居民就更不用說了。洪武二十五年（公元一三九二年），明朝應琉球王之請，「賜閩人善操舟者三十六姓，以便往來」，[23]其實，明代中前期中琉之間航海舵工多由漳州人擔任，世宗嘉靖十三年（公元一五四三年），出任琉球使臣的陳侃在其《使事紀略》中記載：「舵工數人，乃漳人。漳人以海為生，童而習之，至老不休者，風濤中色乃不少動。」[24]這段記載完全說明了到明代中期，漳州人，也就是來自汀州的移民後人，已是無可辯駁的海上主人了。

在明朝中前期不到兩百年的時間中，以汀州山區移民及其後人為主的漳州人口，有相當一部分人從墾地開田的農民，逐漸轉變為踏波逐浪的航海者，這可以說是劃時代的大事。

除了替官船當舵工外，已經完全習於水性的這些漳州海員，也是明代中前期，受僱於經營東南亞貿易私商大戶或加入海盜集團從事海上劫掠的主要角色。

永樂、宣德年間，鄭和船隊海外外交活動告一段落以後，接續而來的就是漳州官民海外走私貿易的興起。宣宗宣德九年（公元一四三四年），漳州衛指

揮覃庸等被控「私通番國」。英宗正統三年（公元一四三八年），「龍溪縣民私往琉球販貨」。正統十四年，漳州人陳萬寧等因私下「下番」，在被捕解送京師途中逃脫。後自首特赦，獲准在龍溪縣隨軍殺賊和奉命招撫出海人犯。憲宗成化七年（公元一四七一年），龍溪民兵弘敏「私下泛海通番，至滿剌加（今麻六甲）及各國貿易，復至暹羅國，詐稱朝使，謁見番王」。成化八年，又有龍溪縣民二十九人「泛海通番」，被官軍捕獲下獄，誅殺十四人。[25]

　　這些事例所反映的「下海通番人物」，主要是九龍江出海處的龍溪縣縣民，也說明了這段時期漳州的海上私商據點，主要是在漳州平原地帶，這與後來倭寇與海寇出沒的場所主要是在閩粵交界處，形成了強烈的對比。

　　然而，即使到了這一時期，漳州的人口主體已是汀州移民及其後代，但這一帶傳統上占主導地位的閩南語，仍舊是強勢的通用語言，而不是汀州話（即宋元贛州話與畬族語言結合而成的早期客家話）。這也是後來的客家民系只存在於漳州西部山區，而不是平原地帶的原因。

五、葡萄牙人東來初期閩粵交界區的寇亂

　　從十五世紀開始，位於歐洲西南端的小國葡萄牙，即積極向外擴張。公元一五一一年，葡萄牙人的強勢艦隊擊敗麻六甲王國後，取得了前往中國的前進基地。在海外中國商人的指引下，第一艘尋求中國貿易的葡萄牙船在一五一三年（明武宗正德八年）抵達珠江口南頭島，[26]滿載貨物回到葡萄牙。

　　公元一五一七年，又有葡萄牙派赴中國首任使臣皮雷斯（Tom Pires）和負有「發現中國」任務的葡萄牙艦隊抵達南頭島。皮雷斯帶著從麻六甲隨行的華人翻譯火者亞三，於前往廣州後繼續前去南京，欲拜見正德皇帝，開拓中國貿易。但此行任務失敗，見不到正德皇帝，中葡未建立貿易關係。[27]

　　一五二二年（嘉靖元年），再有一支四艘葡艦和兩艘中式商船組成的葡萄牙艦隊航抵南頭島，與中國水師發生激戰，葡萄牙人損失了兩艘大艦和一艘中式商船後逃返麻六甲。

　　明朝經此一役，又再度緊縮海禁政策，「並禁各國海商亦不許通市。由是番船皆不至，競趨福建漳州，兩廣公私匱乏。」為此，嘉靖八年廣東巡撫都御

史林富急向皇帝請命：「自是安南、滿剌加諸番舶有司盡行阻絕，皆往福建漳州府海面地方，私自行商，於是利潤歸於閩，而廣之市井皆蕭然也」。[28]而且，當時廣東文武官員的月俸都是以葡萄牙貨品代發，[29]因而這項禁令於次年宣告廢除，但仍不准葡萄牙人往來廣州，他們只好混在東南亞各邦的船隻當中前去交易，可是由於長相高鼻白皙，很容易就被廣州人辨識出來。在給事中林希文力爭之下，過了一年又再遭禁絕，由是「番舶幾絕」。[30]

　　也是從嘉靖年間起，從浙江到廣東海面的海盜活動，在倭寇的刺激下慢慢興起，如嘉靖十年有「海賊洪週盛、林舉等聚眾數百人流劫福建沿海郡縣及廣之惠、潮，浙之台、溫。週盛死，舉代領其眾，與別部海賊洪體謨、王輔成等合，勢益熾盛。」[31]

　　嘉靖十八年（公元一五三九年），在福建海盜金子老的牽引下，葡萄牙人的船隻開始停泊在舟山群島的雙嶼港（在群島南方象山港正對的六橫島上），

●廣東大埔縣大東鎮的花萼樓客家圓樓建於明萬曆三十六年（公元一六〇八年），可能為原屋主海上活動致富所建，具防範倭寇和出寇襲擊功能。

在閩幫和徽幫海盜集團的交互支援下，駐留到嘉靖二十六年（公元一五四七年）為明朝水師趕走為止。

葡萄牙人逃離舟山後又再度來到漳州海面，停泊在九龍江出海處的浯嶼島上（屬今龍海縣港尾鎮）。「時漳、泉、月港（明朝漳州出海港）賈人輒往貿易。」官軍攻擊他們的船隻經常失利，撤退後，「通販愈盛」。經浙江巡撫朱紈強力掃蕩，「獲通販者九十餘人」，「就地斬之，番船乃去。」[32]

葡萄牙人幾經挫折後，再接再厲，終於在嘉靖三十二年（公元一五五三年），因幫助明朝政府掃蕩海盜有功，獲准登上澳門島，並獲租用權，以致長期占用。

但是，葡萄牙人離開漳州後，本地海寇與倭寇之禍卻接踵而來，且愈演愈烈。

嘉靖二十八年（公元一五四九年），有倭寇駕船直擊月港，在官軍回擊後逃遁而去，這是漳州有倭患的開始。[33]

嘉靖三十五年（公元一五五六年），「倭寇自漳浦六都登岸，屯住後江頭土城；流劫詔安，焚掠無數。」[34]

次年六月，「海寇許老、謝策等突至月港登岸，焚燒千有餘家，殺擄無數。」[35]

十二月，倭寇船隻停靠浯嶼，隨後從潮州、澄海交界處登岸，襲擊黃岡、土城，劫掠詔安。這是倭寇首次停泊浯嶼。[36]

此後，浯嶼成為本國海寇和日本倭寇經常靠泊的島嶼，潮州、詔安、月港、雲霄、漳浦、同安等地深受其害。

更嚴重的是，本國海寇引倭寇肆虐，嘉靖三十六年有漳州海賊洪迪珍與謝老與倭寇結合；三十九年又有另一漳州海賊謝萬貫從浯嶼引倭寇陷浯州（今金門）。[37]

在本國海寇與倭寇交相為亂之下，閩西南的這場禍患一直延續到嘉靖四十三年（公元一五六四年），在戚繼光於漳浦縣蔡陂嶺大敗倭寇斬首三百餘級之後，福建的猖狂倭患才最後平息。但是餘寇繼續流竄粵東，先襲潮州，後掠海豐，經都督俞大猷四面圍剿，斬賊三千多人後，才將殘寇消滅。[38]

　　然而，倭患雖平，本國山、海之寇難平。此後閩粵邊境又進入了另一波動盪時期。

六、閩粵交界區的山寇之亂

　　嘉靖年間，歐洲人的到來和交相而來的海上倭亂與寇亂，受到衝擊的顯然不只是閩粵交界區南段從漳州到潮州的沿海之民而已，交界區兩側與大海無緣的山區民眾也同樣遭到波及。

　　大概從這個時期起，伴隨著私商貿易的發展，以家族或鄉里為單元的私人資本經濟慢慢萌芽。在海禁禁令下，徽幫和閩幫除了背著官府偷偷進行海外貿易外，海上打劫也變成了他們積累原始資本的重要來源，[39]這些資本，又進入了當時正從封閉的地域性經濟逐漸向全國性統一市場轉化的國內市場體系，從事商品的生產或買賣。

　　從正德十四年（公元一五一九年）王陽明在平和設縣，其留下來的江西平亂軍士在當地生產瓷器一例，就可知道，事實上，早在沿海寇亂頻發之前，內需市場就已促成瓷器從景德鎮向外地擴大生產並帶動其他內陸地區的發展了。[40]因此，到了嘉靖年間，沿海地區的寇亂，一方面是造成社會的動盪不安，但是，與此同時，海寇和私商集團的財富，也透過各種方式，帶動了閩粵贛交界區山區人民投入中國國內新興的商品經濟活動中。

　　例如，嘉靖年間，河源、歸善（民國時期改惠陽縣，現屬惠州市惠陽區與惠東縣管轄地區）之間發現鐵礦後，[41]市場的需求帶動了鐵礦的開採，鐵礦的開採又需要大批礦工和冶煉工人，於是吸引了粵東居民的大批湧入，[42]這是粵東移民及其後人向珠江三角洲大批移動的先聲。但惡劣的工作條件，也時常引起礦工暴動。嘉靖三十八年（公元一五五九年）三月，「廣東蘇羅峒賊約結和平、龍川、河源各賊徒流劫惠州府歸善縣等處」。[43]嘉靖四十年（公元一五六一年）三月，「廣東惠、潮山賊黃啟薦等擁眾數千，流劫海豐、碣石、歸善等縣」。[44]由於亂事頻發，隆慶三年（公元一五六九年），朝廷將歸善和長樂（今五華縣）部分縣地劃出，設永安縣（今紫金縣）。

　　但時局不靖，又引發更多的暴亂，嘉靖三十八年五月「福建山賊突劫（福

建延平府）永安、泰寧、龍岩、歸化等縣」。[45]嘉靖四十年五月「總督浙、直、福建尚書胡宗憲及巡撫福建都御史劉燾言：『廣東饒平、大埔、程鄉三縣賊酋張璉、蕭雪峰、林朝曦等糾眾侵越汀、漳，為亂日久。乃賊巢在廣，兵至，則退入巢穴；兵退，則復肆虐剽掠。』」[46]

　　張璉等人為患數年，活動範圍在客家民系形成的重要地帶內。漢畬山民在這一地帶連續不斷的作亂，加速了兩個族群的融合，對於客家民系的形成有重要影響。

　　明朝政府被迫於穆宗隆慶元年（公元一五六七年）開放漳州月港海禁，准許民間從月港出海前往東南亞貿易，促成山區人民以砍伐木料造船、挖掘瓷土生產出口瓷，或加入海商集團等方式投入經濟循環中。由是，閩粵贛交界區的赤貧狀態有所緩解，山寇形式的社會動亂大為減少；但是，由於對東南亞貿易活動的增加，海寇活動也相應益發頻繁，並隨著一五七一年（隆慶五年）西班牙人在馬尼拉設立亞洲總部，進一步向海外經營轉化。這些著名的海寇和海外經營者有吳平、曾一本、諸良寶、林辛老、林道乾、林鳳等。

　　可是到思宗崇禎五年（公元一六三二年），因大明江山烽火四起，粵東漢畬之民又再度大規模作亂，福建巡撫熊文燦動用了海防將領鄭芝龍進入閩粵交界區作戰，才將亂事平定。

土樓防禦結構的出現

漳州沿海地區人民在對抗倭寇的過程中，大戶人家開始形成了以土樓作為防禦工事的設計。

據《台灣文獻叢刊》〈漳州府志選錄·寇亂〉，嘉靖三十七年（公元一五五八年）三月，「倭寇自潮州突至詔安，劫三都徑尾，五月，劫五都東坑口土樓，遂寇漳浦盤陀長橋。」這是漳州地區最早出現防禦倭寇土樓的記載。

嘉靖四十年，龍溪九都海寇張維與二十四人共造一條大船下海，接駁倭寇，經官軍剿捕，「各據土堡為巢，張維據九都城，吳川據八都草薈城，黃隆據港口城，旬月之間，附近傚尤，各立營壘，九都有草尾城，征頭寨，八都有謝倉城，六、七都有槐浦九寨，……」這些以城、寨為名的土堡，顯然是與土樓相同功能的防禦設施。

嘉靖四十一年三月，饒平寇張璉劫掠南靖，「散劫村堡」，說明當時土樓或類似的土堡結構，已不僅存在於漳州平原一帶，也已存在於一些村寨之內。以平和縣為例，這一時期其境內土堡即有上百座之多。

嘉靖四十二年，「海寇許朝光自銅山（即東山）登岸，攻詔安薩安堡，劫擄六百餘人。」進一步說明了類似的防禦設施，已龐大到足以容納六百多人，不啻是一個小城了。

這些土樓或土堡，有圓形或方形結構，圍牆以土磚砌成，結縫灌以米漿，結構堅固，整姓人家居住其中。

清初康熙元年（公元一六六二年），出於防範台灣鄭成功及切斷沿海居民與鄭氏政權接觸的考慮，康熙下令沿海遷界三十里，許多漳州沿海地區的土樓就此消失。目前存在於南靖、永定和廣東蕉嶺等地的客家土樓，多是清代以後的建築。

注釋

1——　元末贛州、汀州曾是反元陳友諒部與元軍作戰的重要戰場，後朱元璋部又曾在閩北建甌、南平一帶與元軍作戰，因此汀州直接受過戰爭的威脅。

2——　徐曉望引《登州集》卷十二。見《福建通史》，第四卷，第22頁。

3——　羅香林引《嘉應州志》，見羅香林，《客家源流考》，世界客屬總會秘書處印行。

4——　《客家歷史與傳統文化》，第68頁。

5——　同上。

6——　台灣《中山湯氏族譜》。

7——　葛劍雄主編，曹樹基著，《中國移民史》，第六卷，第375頁。

8——　《客家歷史與傳統文化》引黃遵憲《人境廬詩草箋註》（中）第813頁。

9——　林嘉書，〈漳州民間譜牒與民系來源調查〉，海峽兩岸台灣史學術研討會論文，2004年，廈門，第188-197頁。

10——　吳柏森編，《明實錄類纂‧軍事史料卷》，武漢出版社，1993年，第389頁，引《明太祖實錄》，卷一百二十六。

11——　《明實錄類纂‧軍事史料卷》，第390-392頁，引《明太祖實錄》，卷一百三十九、一百四十和一百四十二。

12——　《明實錄類纂‧軍事史料卷》，第390-391頁，引《明太祖實錄》，卷一百四十和一百四十一。

13——　《明實錄類纂‧軍事史料卷》，第397頁，引《明武宗實錄》，卷一百九十。

14——　《明實錄類纂‧軍事史料卷》，第483、526、529、530和532頁，引《明英宗實錄》，卷三十九和《明孝宗實錄》，卷九、四十八、五十三、五十五和一〇七。成化二十一年亂事，見《明實錄類纂‧福建台灣卷》，第444頁，引《明憲宗實錄》，卷二百六十七。

15——　《明實錄類纂‧福建台灣卷》，第444頁，引《明憲宗實錄》，卷一百七十六、一百七十九和一百八十五。

16——　《明實錄類纂‧軍事史料卷》，第552頁，引《明太祖實錄》，卷六十四。

17——　據上海古籍出版社，一九九二年，《王陽明全集》，卷九，別錄一，〈攻治‧盜賊‧二‧策疏〉，第311-316頁。

18——　《明實錄類纂‧軍事史料卷》，第324頁，引《明太祖實錄》，卷二百一十一。

19——　嚴從簡，《殊域周咨錄‧八卷‧爪哇》，中華書局，2000年，第293頁。

20——　同上，《八卷‧三佛齊》，第299頁。

21——　同上，《八卷‧暹羅》，第281頁。

22——　《明孝宗實錄》，卷一百七十二。

23——　引周煌，《琉球國志略》，卷三，〈封貢〉。見廖大珂，《福建海外交通史》，福建人民出版社，2005年，第187頁。

24——　《殊域周咨錄‧四卷‧琉球》，第143頁。

25——　《明實錄類纂‧福建台灣卷》，第512-514頁，引《明宣宗實錄》，卷一百〇九；《明英宗實錄》，卷四十七和一百八十；《明憲宗實錄》，卷九十七、一〇三。

26——　即今香港機場所在地的大嶼山。關於葡萄牙人最早抵達南頭島的地名考據，詳見施存龍，〈葡人入居澳門前侵佔我國「南頭」考實〉，《中國邊疆史地研究：澳門專號》，1999年第二期。

27——　關於葡萄牙人與中國的初期關係，見湯錦台，《閩南人的海上世紀》，第144-152頁。

28——　《殊域周咨錄‧九卷‧佛郎機》，第323-324頁。

29—— 《明史·卷三二五，列傳第二百十三·外國六·佛郎機》。

30—— 同上。

31—— 《明實錄類纂·軍事史料卷》，第619頁，引《明世宗實錄》，卷一百二十。

32—— 〈台灣方志·九十五·廈門志·卷十六舊事志·紀兵·明朝〉，《台灣文獻叢刊》。

33—— 〈漳州府志選錄·志事·寇亂〉，《台灣文獻叢刊》。

34—— 同上。

35—— 同上。

36—— 同上。另見〈台灣方志·九十五·廈門志·卷十六舊事志·紀兵·明朝〉，《台灣文獻叢刊》。

37—— 〈台灣方志·九十五·廈門志·卷十六舊事志·紀兵·明朝〉，《台灣文獻叢刊》。

38—— 《明實錄類纂·軍事史料卷》，第360-361頁，引《明世宗實錄》，卷五百三十和五百三十五。

39—— 這點與歐洲近代資本主義的興起並無不同。最早走上資本主義的國家荷蘭，與後來迎頭趕上的英國，都是依靠海上搶劫進入商品經濟的循環。

40—— 一九九四年，在平和縣南勝鎮花子樓村窯子山山坡發掘了一處明末古窯址，後經專家考據所掘出的瓷器殘片，證明該處生產的即是克拉克瓷。據史料記載，平和縣為明朝王陽明從江西南下福建平亂時所設。當時縣治即設在九峰鎮，隨著他南下的許多江西士兵就在當地定居了下來，其中不乏精於造瓷技藝之人，平和的製瓷業也因此誕生。九峰鎮與大埔縣為鄰，居民主要是客家人（或漢化畬民），出口的瓷器可沿流經該鎮水量豐沛的九峰溪直下韓江，再下大海，運往澳門，賣給葡萄牙人。見朱高健，〈平和古陶瓷的發掘與其世界影響〉，《平和客家與客家文化》，平和客家文化研究聯誼會出版，2002年，第87-91頁。

41—— 據廣東惠東縣政府網站（http://www.huidong.gov.cn/ReadNews6.asp?NewsID=1194），「嘉靖三十八年（公元一五五九年）歸善縣在今惠東境內，山區普遍生產鐵礦，地方開爐眾多，從原來二座增至二十三座。為籌集軍餉，布政司決定，每爐增銀五兩，並原餉共十五兩。」另據梁肇庭在*Migration and Ethnicity in Chinese History-Hakkas, Pengmin, and Their Neighbors*（《中國歷史上的遷徙和種族關係——客家、棚民及其鄰人》〔譯名〕）一書（史丹福大學出版社，一九九七年，第45頁）中稱，嘉靖三十三年（公元一五五四年）新發現了鐵礦，所以吸引了第一波的梅州移民到海豐和歸善。該書並稱，同一時期有汀、潮兩州移民移往泉州、福州和溫州，從上杭移往泉州府安溪的移民多已融入說閩南話的福佬人之中。同樣的，因市場對藍靛、蔗糖和木材需求的增加，汀江流域與漳州、泉州及延平的移民也被吸引到永福（今永泰縣）、莆田、仙游和福清等縣。此外，該書據萬曆四十年（公元一六一二年）的《永福縣志》稱，這些外地人被永福本地人稱為「客民」。但是，這一稱呼應是當時社會上對未設籍的外地人的流行稱謂，不是指後人所稱的「客家人」，也不限於汀江流域的移民。

42—— 何志成，〈明代惠州寇患〉引嘉靖《惠州府志》，卷十：「歸善、河源之境產礦，聚贛、汀、漳之逋逃而冶以為利焉。」據惠州市惠城區地方志辦公室網站：http://fzb.hcq.gov.cn/fzb/dq/ShowArticle.asp?ArticleID=175。

43—— 《明實錄類纂·軍事史料卷》，第642頁，引《明世宗實錄》，卷四百七十。

44—— 《明實錄類纂·軍事史料卷》，第644頁，引《明世宗實錄》，卷四百九十四。

45—— 《明實錄類纂·軍事史料卷》，第642頁，引《明世宗實錄》，卷四百七十二。

46—— 《明實錄類纂·軍事史料卷》，第644頁，引《明世宗實錄》，卷四百九十六。

第五章

一個「漢族」新民系的誕生

明朝嘉靖年間，中國東南沿海和內陸地區的外患內亂，雖然造成了社會的嚴重動蕩，但也帶動了閩粵贛交界區畬漢人口的加速交流與整合。

一、明朝中葉粵東畬族人口的增長

明代整個粵東地帶，包括後來台灣客家主要移民來源地的程鄉（梅州）地區，均屬潮州府管轄的範圍。從閩西沿西南方向延伸到廣東珠江三角洲的蓮花山脈橫貫全州，韓江自北而南貫穿這座崎嶇的山脈，在潮汕平原入海。明代潮州的山區，一直是畬族繁衍生息的地方。

明朝初年，因元末戰亂而人口有所減少的潮州，在吸收了汀州移民和經過一百多年的自然增長後，從洪武二十四年（公元一三九一年）的二十九萬多人（包括程鄉的六千九百多人），增加到嘉靖十一年（公元一五三二年）的五十萬人左右。[1]

同一時期，居住在閩粵贛結合區的畬族人口，也顯然有了相當的增長，從正德年間造反作亂的畬族之民動輒萬人，[2]就可以想知。

●明正德年間王陽明平畬亂後在漳州閩粵交界處設立的平和縣今貌。

　　但是，漢族人口的增長、朝廷官員的壓榨，以及為因應私商與海寇的造船需要及社會經濟發展的需求而增加的山林開採，在在都擠壓著畬族的生存空間。長期的貧困迫使他們只有造反求生，別無其他選擇。

　　事實上，從宋朝出現武裝私鹽團夥以來，在閩粵贛結合區山區，歷史上遺留下來的民風強悍動輒造反的問題，到了明代更變本加厲，不斷升級，例如「汀州府上杭縣溪南三圖之賊，則百餘年來無一年秋冬之間不嘯聚一二千人出外行劫。」[3]又有「廣東之程鄉、興寧，江西之安遠，福建之武平數縣之間，重山疊嶂，藏奸伏慝，賊首周三官等作亂於永樂之年，王霄讓等作亂於景泰之年，鍾世高等作亂於天順之年，高安等作亂於成化之年，陳玉良等作亂於正德之年。」[4]為此，程鄉的地方父老相傳，朝廷每六十年就要發動一次「大征」。[5]

　　到了正德年間，閩粵贛結合區山區的畬族已經形成了一定的武裝實力，但他們也已相當漢化，普遍使用了漢人姓名，散居在深山密林內，村寨處處。這些村寨既是他們的住處，也是他們的軍事基地。

　　這些畬民，因居住地的不同，有不同的名稱。在漳、潮地區被普遍稱為「畬」之外，在贛南大庾、南康、上猶一帶，被稱為「輋」（音與「畬」同），在粵北樂昌和江西東南與福建、廣東交界處的大帽山被稱為「苗」，在與梅州為鄰的龍川、和平兩縣以及在贛南與湖南交界處則稱為「瑤」。[6]但不論稱呼是什麼，都與畬族一樣，自稱是「盤皇子孫」，[7]即盤瓠的子孫。

　　當時江西的監生楊仲貴等對他們的情況有這樣的介紹：

　　「上猶等縣橫水、左溪、長流、桶岡、關田、雞湖等處，賊巢共計八十餘處，界乎三縣之中，東西南北相去三百餘里，號令不及，人跡罕到。其初輋賊，原系廣東流來。先年，奉巡撫都御史金澤行令安插於此，不過砍山耕活。年深日久，生長日蕃，羽翼漸多；居民受其殺戮，天地被其占據。又且潛引萬安、龍泉（今稱遂川）等縣避役逃民並百工技藝遊食之人雜處於內，分群聚黨，動以萬計。始漸擄掠鄉村，後乃攻劫郡縣。近年肆無忌憚，遂立總兵，僭擬王號。」[8]

從這段文字我們瞭解到，從這個時期開始，廣東地區的輋（畲）民流入江西贛州西邊的上猶縣山區，由於人口的增長，為了擴大生存空間，開始襲擊漢人，但又同時吸引了附近縣分許多逃避徭役的漢人與工匠與他們混居，成群結黨，一開始只是劫掠鄉村，後來則是攻城劫縣，甚至建立軍隊，打出王號。

為了應付這些輋（畲）民與加入他們行列的社會底層漢人的聯合造反，從正德十二（公元一五一七年）起到崇禎四年（公元一六三一年）的一百一十四年當中，明朝當局對閩粵贛結合地帶總共發動了三次重大的征剿行動：分別是王守仁的贛南平叛、俞大猷的潮州剿寇，和鄭芝龍的汀潮平亂。雖然這些重大的軍事行動最後都是以強制手段打破了畲族對外的隔絕或半封閉狀態，但也無疑加速了這一地帶的畲民與周圍漢民的結合與融合。這些征討行動，是促成閩粵贛交界區的漢畲結合群體形成新的「漢人」民系——也就是初期客家民系——的最後推動手段。

二、王守仁贛南平亂

武宗正德二年（公元一五〇七年），閩粵贛三省結合處的大帽山，爆發了明朝開國以來較大規模的造反事件，「汀州大帽山賊張時旺、黃鏞、劉隆、李四仔等聚眾稱王，攻剽城邑，延及江西、廣東之境，數年不靖，官軍討之輒敗。」[9] 正德七年（公元一五一二年）春，「大帽山交界江、閩、廣三省，賊首張番壇、李四仔、鍾聰、劉條、黃鏞等聚徒數千流劫，攻陷建寧、寧化、石城、萬安諸縣。」[10] 朝廷分從江西安遠、廣東程鄉和福建武平等三個縣派兵進剿，最後才予以平定。

正德十一年（公元一五一六年），「南中盜賊蜂起。謝志山（亦作謝志珊）據橫水、左溪、桶岡，池仲容（亦作池大鬢）據浰頭，皆稱王，與大庾陳曰能、樂昌高快馬、郴（音「陳」）」州龔福全等攻剽府縣。而福建大帽山賊詹師富等又起。」[11] 這是延續正德初年以來的大規模畲民作亂事件。橫水在江西西南部今崇義縣境內，桶岡在其西，左溪在其西南，[12] 謝志珊是當地輋（畲）民的領袖。他起兵之後，得到了桶岡同族首領藍天鳳等、粵北龍川一帶的瑤族（畲族）領袖池仲容、樂昌苗族頭領高快馬和福建大帽山畲族統領詹師

富的響應。起事之後，準備攻打南康城，聲勢浩蕩。

一時之間，閩粵贛三省交界處千里方圓皆躁動不安。

亂事起後，明兵部尚書王瓊急調王守仁以都察院左僉都御史兼南贛汀漳巡撫身分在次年一月前去江西平亂。這位明朝中期的偉大思想家文人帶兵，一到任即調閩粵兩省之兵打擊漳南道南靖縣詹師富的叛亂，他以十家牌法（連坐法）約束亂區人民，斷絕漢畬住民與作亂者的聯繫。又招募民兵、義民和擅長射箭技擊的弩手、打手，在三個月內，共擒斬七千六百多人，破四十餘村寨。

接著又於七月指向贛南，打擊贛、粵的崋、瑤、苗（均為當地畬族的別稱）聯合作亂，王守仁聚集湘贛粵三省之兵，坐鎮南康，於十月發兵，動用銃砲，費時兩個月，才將亂事平定。在這次作戰中，尤以分兵進攻謝志珊、藍天鳳最後根據地桶岡之戰最為艱鉅。

該處「四面青壁萬仞，中盤百餘里，連峰參天，深林絕谷，不睹日月，中所產旱穀、薯蕷之類，足餉凶歲。往者亦嘗夾攻，坐困數月，不能俘其一卒。」[13] 山勢的驚險與崋民的農作說明了其時畬族的生活環境與生存狀態。明軍採用逐村逐洞攻破的戰術，在懸崖中上下，崋民誓死抵抗，「其間岩谷溪壑之內，饑饉病疹顛仆死者，不可以數。」[14]

在這一戰中，明軍搗破崋民村寨八十餘處，擒斬謝志珊、藍天鳳等首領八十六名和從人首級三千一百多顆，俘獲家屬兩千三百多口。

經此一戰，贛西南的崋民人口幾乎被消滅殆盡。

從正德十三年正月起，王守仁乘勝追擊廣東龍川縣浰頭的池仲容，前後兩個月，擒斬主要頭領二十九名，跟隨者兩千多人。

戰後，為了安置俘獲畬民和防範畬民再度造反，請准割南靖縣地在河頭設平和縣；割上猶、南康和大庾縣地在橫水設崇義縣；割龍川及河源兩縣部分縣地設和平縣。至此，為患經年的畬民造反暫告平定。

在此前後，畬漢之民經歷了前所未有的接觸。先是各地畬民作亂期間，漢人居民遭到殺害，田地被其占據，導致大量逃亡。但也有許多男子婦女被抓到山寨，男的可能是當苦役，女的則可能遭畬族男人蹂躪。另一方面，官軍抓到畬族俘虜，有時也會將他們編入軍中，為官方效力。例如，在進軍浰頭時，池

仲容手下一些酋長投降，就將其部眾五百餘人納入軍籍，跟著大隊往征橫水。[15]

當戰事平息後，許多村寨已在戰火中遭到摧毀，許多被俘虜或收留起來的男女老少村民，就被送往新設之縣安置。如南靖之亂平定後，在擬設新縣的河頭等，待安置的新民有兩千多人。[16]

所謂新民，即「改過自新」之民，他們受撫投降後，王守仁用曉以大義的傳統教育方法，來處理其降而復叛的困擾。他向閩西南被招投的畬民發布告示說：「爾等各安生理，父老教訓子弟，頭目人等撫緝下人，俱要勤爾農業，……爾等務興禮儀之習，永為善良之人。」[17] 作為釜底抽薪之策，他在平和設立學校，從平和縣新民家庭「選取俊秀子弟入學，使其改心易慮，用圖自新。」[18] 這做法在粵東、贛南的亂事平定後，被擴大使用，例如，桶岡謝志珊就捕後，在人煙已經寥落的橫水一帶設立的崇義縣，就安置了六百名新撫畬民，與漢人移民混居一處。[19]

事實上，這也是從南宋漳州以大儒或官僚「喻畬」以來一直沿用的「教化」畬民的做法。這種讓畬民與漢人同處，並接受傳統漢人教育的做法加速了畬族的漢化，逐漸消弭了畬漢混居地區的民族界限，並促進了兩族人群的融合。一個新的畬漢融合體在曾經發生重大動亂的贛南、閩西和粵東地區開始出現，他們生活棲息在一起，接受同樣的漢文化教育，慢慢變成了一個新漢人人群。

這個新漢人人群使用的語言，是由贛州官話演變而成的汀州話在粵東、閩西地區與畬話語相互摻揉後所形成的地區方言。

然而，儘管族群的融合在深入，但地區與族群之間的經濟差異，尤其是在郊野和大山深谷尚未深度漢化的畬族聚居地區，或是下層畬民與漢民混居地區，人民生活仍舊極度貧困，在適當時機，或外在因素的刺激下，仍將不斷爆發大規模的造反行動。

嘉靖三十八年（公元一五五九年）廣東蘇羅峒畬族聯合和平、龍川、河源等縣鐵礦礦工起事的事件，和嘉靖四十年（公元一五六一年）廣東惠、潮山民黃啟薦率眾數千襲擊惠州的動亂，就是其例（見上一章第六節）。

三、俞大猷漳潮剿寇與閩粵贛邊區漢畬界限的消失

就在粵東地區山民作亂頻發之際，飽受倭寇、海寇之亂的漳、潮交界區出現了以山寇、海寇兩種身分同時作亂的漢畬亂民。

大體上，這段時期，雖然倭寇與海寇的作亂都是在沿海地區發生，但由於兩股海上勢力對人力的龐大需求，兩州交界處詔安、饒平、大埔等山區居民也紛紛加入了倭、寇的行列。例如，曾經掃蕩舟山雙嶼港的浙江巡撫朱紈，在嘉靖二十五年（公元一五四六年）擔任南贛巡撫時，時任汀漳守備的俞大猷就曾上書給他，指出：「詔安縣之白葉峒也（今詔安太平鎮鎮西白葉村），去縣七十餘里，環以險峻之山，惟東一小徑出本縣，西一小徑出潮州府饒平縣，首惡陳榮玉，徒從約百餘人，三年之前率然逸出，流劫漳、泉地方，官兵追捕則退據其巢。……或時有海寇登岸，亦調其眾為用。」[20]

這一時期，近鄰的一些山區發生了震動東南的張璉造反事件。

張璉是三饒縣（明朝時饒平縣俗稱，其縣地以原海陽縣上、中、下三饒地組成，故稱三饒）烏石坑人，烏石坑是閩粵交界處山區的南緣，在今上饒鎮。他的出身不詳，但台灣饒平張姓客家子孫很多，推斷應屬同宗。「以毆死族長懼誅，亡命入窖賊鄭八、蕭雪峰黨。後鄭八死，與雪峰分部其眾，而璉為最強。……與雪峰兵合，縱掠汀、漳、延、建及江西之寧都、連城、瑞金等處，攻陷雲霄、鎮海衛、南靖等城，三省騷動。」[21]

其時張璉聲勢浩大，有眾四萬多人。[22]嘉靖四十年（公元一五六一年）七月，「詔移大猷南贛，合閩廣兵討之。」[23]為了剿滅這場亂事，朝廷發動「漢土官兵十七、八萬」，準備了一年。[24]「漢土官兵」是漢人士兵與廣西、湖南的土著部隊組成的聯合作戰部隊，明朝在進剿倭寇和閩粵贛交界山區的亂事時，經常使用這類部隊。

當時俞大猷的頂頭上司閩浙總督胡宗憲也同時節制江西，逢張璉遠征，胡宗憲獲知後，急令他追剿。但俞大猷出其不意，反指兵張璉烏石大本營，「疾引萬五千人登（平和縣）柏嵩嶺，俯瞰賊巢。璉果還救，大猷連破之，斬首千二百餘級。賊懼，不出。用間誘璉出戰，從陣後執之，並執賊魁蕭雪峰。廣人（即廣東部隊）攘其功，大猷不與較。散餘黨二萬，不戮一人。」[25]

但是，這一戰中，與張璉、蕭雪峰等共同為亂的林朝曦率部眾從小路逃脫，北向投奔程鄉梁寧、徐東洲等人。三人合流後，僅程鄉一縣作亂人數已達二、三萬人，再加上大埔、饒平等縣，共達七萬人以上。[26]

俞大猷奉命乘勝追擊，他駐扎在與程鄉為鄰的福建武平地方，踏遍了饒平、大埔、程鄉等縣的山山水水，派嚮導各一、二十人為一組，偵查各個漢畬村寨情況，瞭解村民中誰是良民，誰非良民，又良民村有多少，分布何處等等，拼湊成大作戰地圖。

當時參與作戰的除了有「漢土官兵」外，還有程鄉一帶歸順官兵的漢畬村民組成的「巢兵」[27]，用以對付作亂之民。至於所謂的「土兵」（即湘西土家族士兵）人數雖達十萬之多。但是，由於作亂的村寨之民太多，而且明軍作戰多賴「土兵」，漢兵人數嚴重不足，俞大猷的戰術以撫為主。

梁寧的據點在石窟松源地方（今梅縣東北部近福建上杭與永定兩縣交界處的松源鎮），「此地方處處皆賊，盈二萬餘。」俞大猷利用夜間偷襲，梁寧趁黑逃遁；徐東洲與官軍相遇於武平，遭伏就擒；林朝曦被窮追至陰那山（在今梅縣東部雁洋鎮與大埔縣交界處），與其弟林朝啟在嘉靖四十一年十月同時被捕。自此為患數年的潮州寇患才告平息。[28]

這次的潮寇之亂與王守仁時代的閩粵贛交界區畬亂相對照，最大的不同是作亂的人數大大增加了，從一、兩萬人的規模增加到七萬多人。這是饒平到程鄉一帶，人口大幅增長的結果。從正德到嘉靖年間，差不多半個世紀的時間，雖然閩粵沿海倭寇與海寇作亂頻仍，基本的社會經濟結構未出現重大調整，但整體經濟仍舊繼續發展。尤其是「潮州府饒平縣之三饒地方去縣治不遠，南濱海邊大路，其中田地豐饒」，「程鄉、興寧、安遠、武平四縣，雖山嶂重疊，實有許多寬廣平地，膏腴田土」，[29] 其農業生產足以支撐大量人口的增長或移入，因此才有那麼多可以參加造反的人力。

其次是到嘉靖年間，漢畬的融合顯然已經達到了相當的程度。在王守仁平亂時期，閩粵贛交界區的造反主力，主要是畬族，他們的村寨主要座落在山壁陡峭的深山地區。亂事平定後，這些畬族村寨基本上都被摧毀或遺棄不用，大批畬民被搬遷到漢人居住地帶，以「新民」（即被允許「改過自新」之民）身

分和「良民」（即普通漢民）混居。嘉靖二十一年（公元一五四二年）俞大猷任廣東都司時，曾告誡新興、恩平兩縣峒民成為「新民」後不得再外逃為亂，也告誡當地漢人「良民」應善待「新民」，「新民與良民雜處，但有買賣錢債田土婚姻之類鬥爭，許各指明告官，聽拘斷理，良民不許集眾用強以激變，新民亦不許集眾用強以擾害平民。」[30]

　　從俞大猷在新興、恩平的經驗可以推斷，在廣東地區，各地少數民族造反後被迫與漢人混居的情況已經相當普遍，不同人群混居後，日常生活中經常出現的詐欺、買賣、錢財糾紛、土地歸屬和婚姻爭執之類的問題也就不時發生。但有了婚姻關係，不同族群之間的融合也不斷加強。正是這種帶有強制性質的族群融合，才會有人口的迅速增長。

　　因此，大致到嘉靖年間，作為元末明初汀州移民及其後代主要繁衍地區的粵東一帶，雖然還有一些畬族峒民存在，如後來造反的藍松三、伍端、溫七、

●嘉靖四十一年（一五六二年）俞大猷平定程鄉（今梅州）漢畬山民之亂不久，當地郭姓家族在離作亂源地不遠的南礤鎮石寨村建蓋的防禦性方樓。

葉丹等，但其人口數量已經大幅減少。從明代歷史文獻的記載，這些作亂者，無論是饒平的張璉、蕭雪峰、林朝曦，或是梁寧、徐東洲，到底誰是漢人，誰是畬人，實難以分清，只能說他們已是漢畬融合群體，甚至是只能作為漢人看待了。從俞大猷平定張璉的烏石根據地後，讓其居民兩萬多人繼續留在當地生活，不戮一人，也不將他們作為「新民」集體搬遷他處，更可以看出，到此時，作亂群眾，已經被看待成「編戶齊民」，比王守仁時期的那些畬民更「高一等」了。

當時的另一個特點是經濟差距的加速擴大。「漳詔安縣之梅嶺也，此村有林、田、傅三大姓共一千餘家，男不耕作而食必粱肉，女不蠶桑而衣皆錦綺，莫非自通番接濟為盜行劫中得之？歷年官府竟莫之奈何。」[31]

這種生活，自是在山區的民眾所望塵莫及。因此，即使倭寇之亂已經平定，往東南亞的民間海外貿易也逐漸放鬆，到隆慶元年（公元一五六七年），甚至開放漳州月港的東南亞貿易禁令，但是到明朝滅亡為止，山區民眾作亂仍無法平息下來。

嘉靖四十二年（公元一五六三年），「潮州倭二萬與大盜吳平相犄角，而諸峒藍松三、伍端、溫七、葉丹樓輩日掠惠、潮間。閩則程紹錄亂延平，梁道輝擾汀州。」[32] 次年七月，「南贛軍討程鄉等處藍松山、余大春、范繼祖，擒之。松山、大春皆廣東大埔人也。初松山起兵屯三河溪口，大春屯古野，各有眾數百。」這場亂事，因作亂人數不多，很快平息下去。[33] 也是在這一年，朝廷為了統治的方便，析程鄉與興寧部分縣地合設平遠縣，仍隸潮州。

此後，到崇禎元年（公元一六二八年）的六十多年當中，是漳、潮、泉沿海商民大規模投入葡萄牙人與西班牙人建構的全球貿易大循環時期，閩南與潮州地區迎來了經濟蓬勃發展的黃金年代，閩粵贛結合區的山民也水漲船高地受惠於這波經濟擴張的浪潮。除了萬曆元年（公元一五七三年）在潮、惠兩州有藍一清、徐仁器及其一萬兩千多名部眾的作亂外，[34] 大體上山區都沒有再出現重大的動亂。

四、進入全球貿易大循環時期的閩粵贛結合區

神宗嘉靖三十二年（公元一五五三年）澳門的開埠和穆宗隆慶五年（公元一五七一年）馬尼拉的開港，打開了中國東南沿海商民進入世界貿易大循環的大門。

由於嘉靖元年（公元一五二二年）葡萄牙人被趕出珠江口後曾逗留漳州海域；嘉靖二十六年（公元一五四七年）被浙江巡撫朱紈逐出舟山雙嶼港後，又曾再度游蕩於漳州浯嶼附近，因此與漳州私商們建立了良好的關係。嘉靖三十六年（公元一五五七年），葡萄牙人獲准定居澳門後，閩粵交界處的漳、潮私商和私梟們就順理成章地成為他們的主要貿易夥伴。

葡萄牙人立足澳門後，在大力經營中國與印度和歐洲間貿易的同時，也努力拓展向日本供應中國商品的貿易。貿易量的擴大，使得這個珠江口上的港埠，很快就吸引了更多漳、潮商民前來開展商業機會。到萬曆中期，在此承攬葡萄牙人進出口業務的中國人商舖已發展到三十六家。[35] 另外，澳門還吸引著大批閩粵貧困百姓到此謀生，填補其勞力需要。所謂「漳、潮無籍，蟻附而蠅集」，[36] 顯然，這些「無籍」者中，也包含了許多閩粵贛結合區山區離家謀生

●澳門媽祖廟旁的石刻帆船圖案展現了閩粵之民進入大貿易循環的象徵意義。

的窮人

這種情況與今天許多粵東客家人到珠江三角洲謀生並沒有什麼不同。他們與許多外地到澳門的人一樣，都是首次接觸到歐洲人，但也是首次接觸到不同方言人群，如說廣府話的或閩南話的。與不同方言人群的接觸，是體會到與其他方言人群有所不同的開始；也是其他方言人群發現來自粵東與閩西的不同方言人群的開始。不同的方言人群在共同生存的城市中所產生的這種初步體驗，是日後閩粵三大方言人群，即閩南、廣府、客家話人群建立相互集體認知的開始。

除了提供直接的就業外，澳門的開埠，也為周邊地區創造了為其商業貿易提供原料、物資、糧食、生產和運輸服務等經濟活動的機會。閩粵贛結合區直接或間接受惠於這些經濟活動的出現。例如，作為澳門生命線的航海船隻所需的大木料，必須取自高山深谷，「船則大桅，高至十丈，皆採自深山。每一舟料，價費至四、五百金 。」[37] 這些巨大木料須在粵東、閩西深山採集砍伐，再從汀江或梅江結成木排，匯流韓江而下，直到沿海地區。從木材商人到伐木和撐排工人的背後勢力均蒙其利。

如萬曆年間潮州大埔縣雙坑商人何少松，年輕時潛入山林，以伐木、抄紙（即傳統紙張製作）和開碳窯起家，他將木材販售到潮州，「不數年廣置田莊，稱饒裕焉。」有一年發大水，他的木排纜繩鬆脫，大木料撞擊到年久失修的韓江湘子橋（傳說是唐代韓愈被貶潮州時由他的侄孫韓湘所造，也有一說是八仙之一的韓湘子所造），毀壞了這座古橋的第十四座橋墩。事後他完全獨資予以修復。[38]

再如葡萄牙人所需的瓷器商品，諸多的考證已證實今平和縣南勝和五寨古窯址是葡萄牙外銷「克拉克瓷」的生產源頭；緊鄰的大埔縣境內盛產瓷土，也是這類外銷瓷的重要生產地。再從古沉船上挖掘出來的大量古陶缸顯示，葡萄牙人的船上用來運載食物和商品的大陶缸，是閩西和粵東地區隨處可見的產品，可是在外銷的需求下，也變成了占據著葡萄牙人大量船艙空間的壓艙物，陶缸與瓷器一樣，都成為生產人家的重要收入來源。

一五七一年，西班牙人在馬尼拉開港後，漳、潮兩州之民蜂擁而至。他們

除了南下與西班牙人貿易外，還留在當地從事食品叫賣、種菜、養雞養鴨、聖經印刷、天主教聖像製作雕刻之類的行業。這些被西班牙人稱為「生理人」的漳、潮商民，向西班牙人供應的商品有食糖、小麥、麵粉、果仁、葡萄乾、梨子、橘子、絲綢、瓷器、鐵器等等，琳瑯滿目。[39] 這些商民和僑民為閩粵交界處沿海地區帶進了大量的白銀外匯和僑匯，數量的龐大，使得西班牙人從墨西哥運到馬尼拉的白銀在中國大為流通。據估計，從西班牙人在馬尼拉開港的第二年起，至公元一五八五年（神宗萬曆十三年），每年經馬尼拉流進中國（主要是經由漳州月港）的白銀平均有二十萬兩，以後逐年遞增，到清朝取代明朝為止（公元一六四四年），已增加到平均每年一百五十萬兩，合計七千九百三十萬兩。[40]

這麼龐大數量的白銀外匯在流通，除了以稅款方式繳納給朝廷和官僚享用的部分外，也在民間富戶和商民當中大量流用，用於購買各種商品和田地房產。明代中期以後出現的土樓，除了防範倭寇和海寇的侵襲外，顯然也有貯藏大量白銀財富的功能。這些白銀的溢出效應，對山區的開發與發展應大有助益，也造成當地社會財富的重新分配，即傳統的地主，已由賺取海外白銀的新富戶取代其社會地位。

五、明末程鄉的動亂與鄭芝龍粵東平亂

隨著澳門與馬尼拉貿易的開闢，東南海域的海盜活動也不斷加劇。

嘉靖四十二年十月，詔安海寇吳平與襲擊潮州的兩萬倭寇相互聲援，俞大猷發兵剿倭時予以招降，將他安頓在詔安梅嶺鎮裡，但不久復叛，造戰艦數百，據眾萬餘，行劫惠、潮及詔安和漳浦等處。在戚繼光的掃蕩下，吳平將其輜重全數移入舟中，逃到潮州南澳島，經常率領四百多艘船隻，出入浯嶼和南澳之間。嘉靖四十四年十月，在俞大猷與戚繼光的水陸夾擊下，從南澳逃到了饒平鳳凰山，俞大猷部將追擊不力，吳平再度逃亡海上，俞大猷因此遭到革職處分。但吳平最後還是在俞大猷部屬湯克寬的追剿下，在大敗之餘，遠遁他鄉。[41] 後為戚繼光、俞大猷部在越南殲滅。

吳平遁逃後，餘黨曾一本突入海豐和惠州為亂，經湯克寬招撫，定居潮

陽，其黨徒一千五百人被編入軍籍。但是這些被編入軍籍的海寇，「入則廩食於官，出則肆掠海上，又令鹽艘商貨報收納稅，居民苦之。」[42]湯克寬令其部參與平亂，他趁機再叛，於隆慶二年七月（公元一五六八年）突至福建，被官軍擒斬七百人，死於海上大火者萬人。[43]十月，曾一本率餘眾犯南澳；次年三月勾引倭寇犯廣東，破碣石、甲子等衛所（均在陸豐縣），官軍禦之無功，再調俞大猷帶兵會閩、粵之兵夾擊，曾一本走投無路，八月與一起戰鬥的尾叔同被梟首示眾。[44]

萬曆二年（公元一五七四年），因廣東海寇諸良寶被殲，其同黨饒平人林鳳「擁其黨萬人東走」。[45]一度曾與另一海寇林道乾火拼，奪走了他五十五艘船隻，經福建總兵胡守仁率一百三十艘船隻和四萬官兵追剿後，自澎湖逃往台灣修整。[46]次年又再襲閩、粵沿海，為胡守仁再追至台灣淡水，隨後逃亡菲律賓。

在台灣整修期間，他搶到了兩艘從馬尼拉回中國的商船，獲悉了西班牙人在馬尼拉防守空虛的情況，決定突襲西班牙人的這個新根據地。然而，他雖然發動了四百名部下進攻，且其中兩百人持有新式火銃，但是攻擊失利，只好退守馬尼拉西北部班詩蘭河河口（Pangasinan，今班詩蘭省所在地），在當地建築防禦工事，最後為西班牙人趕走。在此期間，福建把總王望高曾為林鳳之事前去馬尼拉面見西班牙總督，並帶回西班牙教士拉達（Martin de Herrada 或Martin de Rada）等訪問福建。[47]

拉達回去馬尼拉後，他所提供的林鳳等人的情況，被編入了另一神父Father Juan Gonzalez de Mendoza所編的《中華帝國史》（*History of the Great Kingdom of China*）一書內，其中林鳳的姓名被拚為Limahon（林阿鳳），林道乾為Vintoquiam，王望高為Omoncon。前兩人都是潮州人，但從該書的姓名發音看來，與閩南話發音相近，也與客家話發音相近，很難判斷是潮州福佬人還是潮州客家人。但王望高的姓名發音則為閩南話的發音，因此，似可確定是閩南人。

林鳳從菲律賓的班詩蘭逃出後，不知所終（《中華帝國史》稱，他從班詩蘭逃到了Tocaotican島）。

　　到了熹宗天啟二年（公元一六二二年），閩、廣之間又有林辛老等「嘯聚萬計，屯據東番（台灣）之地。」[48]而此時荷蘭人的勢力也進入了台灣海峽水域，海寇活動益發頻繁。

　　從嘉靖末期到天啟朝的海寇活動，參與人數動輒萬計，顯然加入者不只是漳、潮沿海居民而已，山區人眾，即客家民系搖籃地區的居民，主動投入海寇集團的也必不在少數。當時的兵部尚書馮嘉會有一段最生動的總結：「閩昔患夷，今乃患寇，昔患賊與賊合，今患賊與民合，且與兵合。何以言之？內地奸宄，窟海為生，始而勾引，既而接濟，甚至代為傳輸。所謂賊與民合者故也。」[49]

　　然而，從天啟四年泉州人鄭芝龍的勢力在台灣海峽崛起後，沿海的形勢出現了重大轉變。思宗崇禎元年（公元一六二八年），因受到招撫而離開台灣回到福建的鄭芝龍，與他的弟弟鄭芝虎，在福建巡撫熊文燦的大力支持下，力量不斷擴張。他次第掃平了日本大華商李旦在廈門的代理人許心素和爭奪泉州人海上領導權的李魁奇、鍾斌等人的勢力，[50]成為閩、粵沿海間不可低估的海上力量。鄭芝龍勢力的崛起，意味著過去獨攬沿海經濟利益的漳、潮海上勢力，面臨了來自泉州的新對手的挑戰。

　　也是在崇禎元年，閩粵贛結合區又再度爆發久未發生的作亂事件，「山賊蘇峻、龔義、鍾岳等聚眾大密起事，糾合劉勾鼻、鍾掣天等攻破（平遠縣）石窟鎮，賊勢大張，……復攻程鄉及會昌、定南等縣，三省震動。……明年，與賊首陳蠟梨、花腰蜂等糾合為亂，因攻劫武平、上杭等縣。」經官軍剿捕後，「員子山、梅子　四十餘寨，望風披靡，殺戮幾盡。」[51]

　　崇禎三年（公元一六三〇年），因災荒嚴重，官府加租逼稅，崇禎元年山賊之亂中，逃脫官軍剿殺的九連山（在粵贛交界處）陳萬與石窟鎮的鍾凌秀糾集餘黨，流劫會昌、武平等縣。[52]福建巡撫熊文燦向兵部奏報：「看得粵東山寇，　界連三省；奸集五方，其倚負則層巒疊嶂，其號召則蟻聚蜂屯。自祖宗朝來，屢見告警，朝廷亦頻加撻伐；載典故中，斑斑可考。即如崇禎四年正月內，渠魁陳萬據九連山以立寨，逆首鍾凌秀據銅鼓嶂（今梅州市豐順縣最高峰）以為巢，一時聲勢，互相倚角，黨羽數萬，成群叛亂之狀，不可向邇，賊

姓且達於聖明，廟謨尚煩其處置。」[53]

為了剿平這兩股山寇，朝廷動用三省兵力會剿，鄭芝龍部也奉命進剿。鄭芝龍與他的弟弟鄭芝虎和貼身部將陳鵬等，駐扎在大埔縣汀江、梅江與梅潭河三河會合流入韓江的三河壩，並組織了當時明軍少有的精銳銃隊，專門對付這些山區畬漢亂眾。他以程鄉讀書人及地方自衛勢力的教練頭子為嚮導，「以三百官兵，制強賊千餘」，「大小銃忽爾峰發，賊不能支」。鄭部趁勢追擊，三天內奔馳三百餘里，大破鍾凌秀的銅鼓嶂大本營。鍾凌秀率餘眾五千多人逃回石窟，欲與陳萬部會合。鄭芝龍部緊追不捨，坐船沿梅江、石窟河而上，鍾凌秀力窮勢迫，被迫「自縛乞降」，陳萬在閩、粵兩省士兵會剿下也宣告投降，後來被送京正法。明朝末年粵東的這場客地亂事至此結束。

事後，地方鄉賢賴其肖在崇禎六年（公元一六三三年），上書請置鎮平縣。時任兩廣東總督的熊文燦採納呈文，作《建城疏》，奏准析平遠之石窟都和程鄉之松源、龜漿二都土地，設置鎮平縣，隸屬潮州府。

●鄭芝龍平定閩粵交界處漢畬之民作亂後，在泉州南安為其戰歿親信將士九十人親立的衣冠塚。

六、一個「漢族」新民系的誕生

明朝中後期，閩粵贛交界山區連續不斷的大規模作亂，雖然最後是以鍾凌秀、陳萬的失敗劃下了句點，但是分布在廣大山區的畬族之民與漢人移民後代，在將近一個半世紀的反復「造反」與「掃蕩」行動中，也不斷從大大小小的戰鬥中緊緊地串連在一起，凝聚成為具有強烈求生、抗壓特性的強悍山民群體，同時也在這段共同譜寫的反抗歷史過程中，主動或被動地打破了族群的界限，強化了彼此的融合。

一方面是在流動的戰鬥過程中，有大批投身戰鬥的男女加入了彼此的戰鬥行列，或住進了彼此的村寨，加速了兩個族群之間的自然融合。另一方面，尚未漢化或漢化不深的畬民，經過官軍多次血洗式的清剿後，已如乾隆《嘉應州志》所記載的，被「殺戮幾盡」。而能夠僥幸存活下來的漢化與半漢化畬民，不是由於加深漢化的結果，已經與漢人相差無幾，成為世家大族（如藍姓），就是早已在一次又一次的抗爭過後的安置「新民」過程中，被融入了新設縣地的漢人社會之中。

經過這樣的融合，到了明代後期，一個融入了漢化畬族血統的「漢族」新民系已經發展成熟。這個新民系的居民中心地帶主要分布在閩粵贛結合區的粵東、閩西和閩西南山區，即經歷了多次大規模作亂的汀州漢人移民後代較為集中的縣分，包括粵東潮州府的程鄉（今天的梅縣與梅州市）、平遠、興寧、鎮平（今蕉嶺）、長樂（今五華）、大埔、饒平、豐順等縣，漳州府的南靖、平和、詔安等縣和汀州府的武平、上杭、永定等縣。

新民系使用的語言是從贛州官話演變而來的汀州話，在進入粵東和閩西南山區後，結合了畬族用語所形成的地方發音和語言。一些常用稱呼，如茄子，在廣東蕉嶺和台灣一些客家人當中都稱為「吊菜」，空心菜稱為「甕菜」，下雨稱為「落雨」等等，說明了清初粵東程鄉（蕉嶺在明代屬程鄉）一帶的客家人移民台灣後，自元末明初汀州漢人移民遷徙到程鄉後所使用的這些詞語，一直都沒什麼改變。康熙《程鄉縣志》記載：「程人土音近於汀、贛」。嘉慶十四年（公元一八〇九年）出版的《嶺南逸史》所記載的當地方言中，也處處可見今天台灣的客家人所常用的詞匯，如「打疊」（即整理）、「茶寮」、

「崩坎」（即懸崖）、「吃粥」、「仔細」（即感謝）、「大喇喇」、「拈藥」（即抓藥）等等。[54]

　　但是，到明末為止，「客家人」或「客家話」的自稱或他稱都尚未出現，在對外的接觸當中，人們是以地域性的潮民或粵民稱呼他們。福佬人、閩南人或閩南話的稱呼也可能還未出現，在西洋當時的史籍中，明代的泉州人與漳州人都是以福建人或是具體以其來源地，即以泉州人或漳州人稱呼。

　　因此，嚴格來說，到明末為止，粵東地區或閩西地區的漢族新民系人群，還談不上真正意義的客家人，「客家人」的稱呼，是進入清代他們大量外移與廣府系人群接觸後才開始形成的。但是，這一時期的粵東、閩西居民已經無異於道道地地的客家人，為了有所區別和行文的方便，在本書後半部的章節中，將以「客民」來稱呼從明朝中後期到清代「客家」共同稱謂形成之前的閩粵贛結合區漢族新民系人群。

注釋

1——《潮汕史事紀略》，第32頁引順治吳穎修纂《潮州府志》。

2——《王陽明全集》，卷九·別錄一，〈閩廣捷音疏〉，第306頁：「參照閩廣賊首詹師富、溫火燒等恃險從逆已將十年，黨惡聚徒，動以萬計。」

3——俞大猷，〈議建州〉，《正氣堂集》，清道光版，卷之十三，廈門博物館與集美圖書館重印，1991年，第208頁。

4——《正氣堂集》，卷之十三，第204頁。

5——《台灣文獻叢刊》第一百五十七種：《鄭氏史料初編·卷一·會勦廣東山寇鍾凌秀等功次殘稿》,第33頁。

6——據《王陽明全集》各卷。另據劉佐泉〈客家淵源論綱〉（《客家文化研究通訊》，2000年7月第三期）引祝枝山正德《興寧志》稿本第四卷〈雜記〉，對峯猺有詳細解釋：「猺人之屬頗多，大抵聚處山林，斫（音「濁」）樹為峯（峯，按字數部本冬遠三反，車上蓬也。今廣人以山林結作木樟寢居息而峯，音若社），刀耕火種，採山獵原，嗜欲不類，言語不通，土人與之鄰者不敢往來，不為婚姻。本縣猺民亦眾，隨山散處，歲輸山糧七石。正統中，六都人能招拊猺獞（音「壯」），人伏之。

7——《王陽明全集》，卷十·別錄二，〈橫水通岡捷音疏〉，第342頁。

8——《王陽明全集》，卷十·別錄二，〈立崇義縣治疏〉，第350頁。

9——《明史·卷一八七·列傳第七十五·周南傳》。

10——《明史紀事本末·卷四十八·平南贛盜》。

11——《明史·卷一百九十五·列傳第八十三·王守仁傳》。

12——《明史·卷四十三·志第十九·地理四》：「崇義府北，正德十四年三月以上猶縣之崇義里置，析大庾、南康二縣地益之。……西有桶岡。又有章江，自湖廣宜章縣流入，又有橫水，經縣南，又西南有左溪，下流俱合章江。……」

13——《王陽明全集》，卷十·別錄二，〈橫水通岡捷音疏〉，第346頁。

14——《王陽明全集》，卷十·別錄二，〈橫水通岡捷音疏〉，第348頁。

15——《王陽明全集》，卷十一·別錄三，〈浰頭捷音疏〉，第360頁。

16——《王陽明全集》，卷九·別錄一，〈添設清平縣治疏〉，第321頁。

17——《王陽明全集》，卷十六·別錄八，〈告諭新民〉，第538頁。

18——《王陽明全集》，卷十一·別錄三，〈再議平和縣治疏〉，第382頁。

19——《王陽明全集》，卷十一·別錄三，〈再議崇義縣治疏〉，第379頁。

20——《正氣堂集》，卷之二，〈條議汀漳山海事宜〉，第61頁。

21——其籍貫據《正氣堂集》，卷之十三，〈議建州〉，第204頁和〈與金松澗又書〉，215頁。其起家經過見《明實錄類纂·軍事史料卷》，第646頁，引《明世宗實錄》，卷五百〇六。

22——《正氣堂集》，卷之十三，〈請迫張璉巢以致其歸〉，第210頁：「廣東原議賊數只萬餘，今觀前之流出漳縣者稱七、八千。近流出永定者稱七、八千，在巢者何啻二萬，合而觀之，何啻四萬。」

23——《明史·卷二百一十二·列傳第一百·俞大猷傳》。

24——《正氣堂集》，卷之十五，〈興化滅倭議〉，第223頁：「漢土官兵十七八萬，糧米十五萬，銀二十餘萬，整備於一年之間，圍攻兩月，而後成完全之功。」

25——《明史·卷二百一十二·列傳第一百·俞大猷傳》

26——本節有關程鄉、饒平、大埔各縣亂事敘述主要據《正氣堂集》卷之十三各篇，見第198-207頁。

27—— 俞大猷從官方立場稱亂事發生地區的村寨為「賊巢」,「巢兵」即歸順的漢畬村民組成的士兵。

28—— 《明實錄類纂・軍事史料卷》,第647頁,引《明世宗實錄》,卷五百一十四。

29—— 《正氣堂集》,卷之十三,〈議建州〉,第204頁。

30—— 《正氣堂集》,卷之三,〈論新興恩平賊・又諭〉,第67頁

31—— 《正氣堂集》,卷之二,〈條議汀漳山海事宜〉,第62頁。

32—— 見《明史・卷二百一十二・列傳第一百・俞大猷傳》。

33—— 《明實錄類纂・軍事史料卷》,第649頁,引《明世宗實錄》,卷五百四十一。

34—— 《明實錄類纂・軍事史料卷》,第660頁,引《明神宗實錄》,卷十二。

35—— 李隆生據聶德寧轉引彭澤益資料,見李隆生,《晚明海外貿易數量研究——兼論江南絲綢產業與白銀流入的影響》,秀威資訊出版社,2005年,第28頁。

36—— (明)王臨亨,《粵劍篇》,卷三,〈志外夷〉。

37—— 《台灣文獻叢刊》第一百五十七種:《鄭氏史料初編・卷二・海寇劉香殘稿一》,第122頁。

38—— 據蕭文評,「明末清初粵東北的山林開發與環境保護——以大埔縣〈湖寮田山記〉為中心」。引自乾隆《大埔縣誌》卷一《水利・引用明末張爕任志》。2003年12月19-21日,嘉應大學客家研究所「客家文化與全球化國際學術研討會」論文。

39—— 據Emma Helen Blair和James Alexander Robertson合編,*The Phillippines Islands,1493-1898*, 1903年,Celveland。見湯錦台,〈西班牙人佔菲初期文書中的閩南生理人〉,廈門《第二屆閩南文化討論會論文選編》,2003年,第216頁。

40—— 《晚明海外貿易數量研究——兼論江南絲綢產業與白銀流入的影響》,第144頁。

41—— 《明史・卷二百一十二・列傳第一百・俞大猷傳》;《明實錄類纂・福建台灣卷》,第492-493頁,引《明世宗實錄》,卷五百四十五、五百四十九、五百五十四和五百五十七。

42—— 《明實錄類纂・軍事史料卷》,第653頁,引《明穆宗實錄》,卷十四。

43—— 《明實錄類纂・福建台灣卷》,第494頁,引《明穆宗實錄》,卷二十八。

44—— 《明實錄類纂・福建台灣卷》,第493-495頁,引《明穆宗實錄》,卷二十五和三十六。

45—— 《明實錄類纂・福建台灣卷》,第495頁,據《明神宗實錄》,卷二十六。

46—— 據*The Phillippines Islands,1493-1898*, 第六卷內載Juan Gonzalez de Mendoza神父所編《中華帝國史》,1586年,Pedro Madrigal出版。

47—— 同上。

48—— 《明實錄類纂・福建台灣卷》,第498頁,據《明熹宗實錄》,卷二十。

49—— 《明實錄類纂・福建台灣卷》,第499頁,據《明熹宗實錄》,卷七十八。

50—— 見湯錦台,《開啟台灣第一人鄭芝龍》,果實出版社,2002年,第132-148頁。

51—— 見劉佐泉,〈客家淵源論綱〉,《客家文化研究通訊》,2000年7月,第三期,第24頁,引乾隆《嘉應州志》卷八〈雜紀部・寇變〉部分。

52—— 同上。

53—— 《台灣文獻叢刊》一百五十七種:《鄭氏史料初編・卷一・會剿廣東山寇鍾凌秀等功次殘稿》,第26-27頁。

54—— 引自劉佐泉,〈客家史料擷英〉,《客家文化研究通訊》,2001年12月,第四期,第128-129頁。

第六章

破繭而出

公元一六四四年，李自成率領的農民軍攻克北京城，崇禎皇帝自盡，清軍大舉入關。只兩年的時間，已經席捲了明朝大部分江山。福建守將鄭芝龍投降清軍，被擄北上。他在日本出生的兒子鄭成功，時年二十二歲，當時駐軍浯州（今金門），聞訊後回到其父創業基地安平（今晉江市安海鎮），以招討大將軍的名義，舉兵勤王，至南澳召集他父親的殘部，飄游於泉州安平，廈門鼓浪嶼和漳州海澄、鎮海衛（在今龍海市）一帶。

清順治四年（公元一六四七年）正月，清軍攻克安平，殺害了鄭成功的母親田川氏。鄭成功飛師反撲，奪回安平，並於八月底進攻泉州，以圖取得陸上反清基地。此後在長達數年與清軍的拉鋸戰中，潮、漳沿海一帶成為殺戮戰場，閩粵贛結合區漢畬之民又被大批捲入了改朝換代的殘酷戰爭之中。

順治八年（公元一六五一年）農曆十二月，鄭成功部破漳州外圍漳浦縣城，次年正月下長泰縣城。四月，開始圍攻漳州城，至八月，城內糧食耗盡，出現吃人慘況。九月清救兵入城解圍，煮粥賑濟，但餓死者已十有其三；而就賑者粥水一入咽喉即死者，十有其七，街衢閭巷，屍骸枕籍，「發收骸骨計有七十三萬餘眾。」[1]

這一戰，不論攻守雙方，都有鄰近各縣大批軍民加入戰鬥，死者當中包括了閩南和客家兩個方言區的無數平民百姓。

順治十一年（公元一六五四年）十一月，因清漳州兵將協樓總劉國軒，私通鄭成功，為其內應，漳州城陷。次年，清、鄭和議失敗，清軍大兵南下，六月，鄭成功毀安平居第，夷平惠安、同安縣城，摧毀漳州府城，退守金門、廈門。但順治十三年六月，因攻揭陽不利一案，斬蘇茂，罰黃梧。黃梧雖未被斬，但心中不平，乘被撥守海澄之際，私獻守地。海澄是鄭成功儲糧之所，為金、廈門戶，一失守，鄭成功部直接受到威脅，但更嚴重的是，黃梧為了報復，也造成了沿海億萬人民生靈塗炭，顛沛流離。

一、清初遷界，人民流離

黃梧是漳州平和縣高坑霄嶺（今國強鄉乾嶺）人，[2]為王守仁平亂後新設縣地之民，先祖由汀州寧化遷往上杭縣奧杳，一支於明洪武年間遷居平和縣霄嶺

開基。[3]他原是平和衙門的差役，順治三年投奔鄭成功，降清後被封為海澄公，做了兩件對後世影響重大的事情。一是極力推薦清朝當局重用也是降清的原鄭成功部將施琅，為康熙日後平台提供了一個最得力的將帥。

再就是在順治十八年（公元一六六一年）鄭成功主力東進台灣後獻平海之策，請求清廷將山東、江南（今江蘇、安徽）、浙江、福建、廣東等省之民「盡徙入內地，設立邊界」，[4]以斷絕他們對鄭成功部隊的接濟。這個殘害百姓的荒謬計策，曠古罕見，雖有大臣反對，但得到了施琅的附和，[5]為負責清朝大政的鰲拜等輔政大臣的接納（新登基的康熙帝當時只有七歲）。經廷議後，決定派兵部尚書蘇納海到閩勘遷。蘇納海抵達福建後，會見了黃梧，下令捕捉大商賈，毀鄭成功的祖墳，並迫人民遷離海島。[6]

在清廷嚴厲的遷界令下，沿海居民被迫在限期內後徹三十至五十里，界內所有設施悉遭摧毀，農田任令荒蕪，百姓流離失所，在內遷過程中輾轉溝壑，死者不計其數。康熙七年（公元一六六八年），廣東巡撫王來任巡視海邊，見流民顛沛，想上疏為民請命，但又找不到敢表達同樣想法的官員。直到病危時，才提出遺疏稱：

「……粵東邊界急宜展也。粵負山面海，疆土原不甚廣，今概於邊海之地一邊再遷，流離數十萬之民，每年拋棄地丁錢糧三十餘萬兩。地遷矣，又在在設重兵以守其界內之地。立界之所築墩台，樹椿柵，每年每月又用人夫土木整修，動用不貲。不費公家絲毫，皆出之民力，未遷之民，日苦派答，流離人民各無樓址，死喪頻聞，欲民不困苦，其可得乎？……」[7]

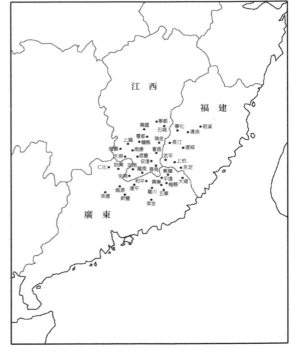

●閩粵贛三省主要客家縣分布圖

康熙閱後，差大臣與兩廣總督周有德會勘。周有德勘後即具疏請命，請求允許在勘過的地方安設兵將，讓人民復遷復業，康熙允其所請。[8]但復遷之舉似乎視地方而定。康熙十七年（公元一六七八年），因與鄭成功兒子鄭經議和失敗，福建總督姚啟聖「查甲辰（康熙三年，公元一六六四年）前例，遷徙人民於內地，仍築界牆守望，與親王、吳興祚合疏題請，十二月，奉旨依議。惟廣東平南親王尚之信力爭不必遷移，粵東無恙。」

因此，康熙十八年正月，「福建上自福寧，下至詔安，趕逐百姓重入內地，或十里，或二十里。」[9]但次年二月底鄭經撤守經營多年的金門、廈門，東渡台灣，姚啟聖又上疏請准「展界諸島」，「自福寧至詔安，盡許百姓復業」。[10]

遷界令到康熙二十二年（公元一六八三年）鄭成功孫子鄭克塽降清後，經姚啟聖請復五省遷界，始全面廢除。[11]

二、從粵東山區向外擴散

鄭克塽的降清，象徵了將近四十年大規模抗清活動的結束，清朝步入了南方百業待復的時期，首先是農業必須恢復，已無人墾耕的曠地須重新開墾。

傳統上粵東客民地區本來就山多田少，也聚居了大量最窮困的人口。僅嘉應州（雍正十一年由程鄉升格後改稱）一州就擁有長樂、興寧和豐順三個廣東最窮的縣分。據派赴中國發展基督教巴色傳道會（Basel Mission，或稱巴色差會，為客家崇真教會的前身）的西方傳教士在十九世紀中後期的描述，長樂縣由於過度的開發，周圍的山峰已是一片光禿，景象淒涼；這裡的居民衣衫襤褸，骯髒不堪，住的是破爛的泥巴土房，但夾雜著幾戶地主和經商或開當鋪的石砌大戶人家。大部分人的主食是紅薯，難得吃上米飯，主要依靠種植煙草、藍草、大麻和油桐為生。[12]

為此，廣東地方官員積極推動人口已經大量增長的粵東潮、惠兩州向外輸出過剩人口，由此造成粵東農民沿著東江流域大批湧向珠江三角洲及其以西的廣大地帶，甚至更遠的地區。這是明嘉靖年間以來粵東移民向西移民的第二波高潮。

　　在第四章第六節已經提過，嘉靖晚期的一五五〇和一五六〇年代，由於河源、歸善間東江中游一帶發現鐵礦，引起大批粵東客民前往這一帶開礦，並造成礦工與畬民的多次暴亂。到了萬曆十七年（公元一五八九年），因永安（今紫金縣）和歸善兩縣漢畬人民發生衝突，造成雙方人口大量死亡，因此有不少興寧和長樂的居民趁機移民該兩個縣分，形成「山谷中多良田，流民雜居」的景象。[13]萬曆三十六、三十七年（公元一六〇八、一六〇九年），另有興寧、長樂兩縣客民也移入了博羅縣，時常與當地居民發生摩擦。[14]這是當時粵東農民向珠江三角洲方向移民的極致。但另一方面，從潮州南面經海路外出從商的商民，則已經到達了葡萄牙人所在的澳門。

　　康熙二十二年（公元一六八三年）遷界令的廢除，為粵東山區貧苦客民的大規模外移，提供了難得的歷史機遇。

　　雖然廣東受到遷界影響的時間並不長，大體在康熙七年（公元一六六八年）兩廣總督周有德上疏後，即已放寬禁令，允許符合資格的農民復業，但是各地執行寬嚴不一，且到康熙平台為止，沿海地區仍常受到戰亂影響，因此到遷界令正式廢除之前，沿海地區仍多曠地。待遷界令一旦廢除，隨著舊有業主

●清初沿海遷界令解除後，廣東東江東側至沿海的地區，到處都是等待恢復開墾的曠地。

在遷界流亡初期的大量死亡，許多荒地已無人認領，因而禁令一開，不少農民從粵東或粵東北向豐腴的珠江三角洲湧至。到康熙三十五年（公元一六九六年）已進入珠江口周邊隸屬廣州府的增城、花縣（今廣州市花都區）、清遠、新安（今深圳市和香港）、東莞和隸屬肇慶府的鶴山等縣。[15]

其中花縣是康熙二十四年（公元一六八五年）析番禺、南海二縣之地而設，初期人口稀少，首任知縣王永名「招四方流民，授廬墾田」。[16]據推算，從康熙二十四年建縣至乾隆四十一年（公元一七七六年）的九十年中，當地土著人口（即原住居民）增長率為百分之七，有一萬戶住戶，五萬人口，從粵東等地移入的客民及其後人人口則占全縣人口的四分之一，有一萬兩千人左右。[17]

增城縣的客民，初期來自廣州北緣山區的英德（時屬韶關府）和長寧（今新豐縣，時屬惠州府）兩縣，稍後遷入的是惠州永安和龍川縣農民，最後遷入的才是嘉應州山民。清代前期全部客民移民人口只占全縣人口的百分之十左右，乾隆四十一年約為一萬人。按同樣的推算，番禺縣粵東移民達三萬兩千人；花縣東北的佛岡縣（原屬清遠縣）粵北和粵東移民達四萬人；新安縣粵東移民四萬五千人；東莞全縣移民人口可能達到五萬七千人；新寧縣（今台山市，時屬廣州府）粵東移民更高達十七萬五千人。合計清代前期廣州府接納的粵東潮、惠、嘉應州移民共約三十七萬人。[18]

但是，清代前期更多的粵東山區客民移民是向珠江三角洲以西遷徙。據曹樹基的推算，到乾隆四十一年，粵東山區為主的農業人口向廣東各地遷徙的人數（含他們的後人）大致是往珠江三角洲以西各地的人數最多：乾隆四十一年珠江口西側肇慶府開平縣粵東移民達一萬二千人左右，鶴山縣有八千人左右，恩平縣一萬上下；粵西的羅定州山區達五萬人；高州信宜縣達六萬左右；粵西南雷州半島尖端的徐聞縣約達七萬人；清代仍屬廣東管轄的廉州府（最西到今日的廣西欽州、防城一帶）高達十一萬人左右。[19]

除了廣東境內的遷移外，還有相當人數的粵東客民進入廣西。主要是遷往廣西東部與廣東接壤或相鄰的州府。同樣是根據曹樹基的推算，至乾隆四十一年，平樂府約有大部分來自廣東的移民十一萬；潯州府的惠、潮移民約十萬；鬱林州（今玉林市）的粵北和其他廣東移民約二十三萬；梧州府有廣東徙民大

約五萬人。[20]

　　當然，這一時期粵東客民人口的外流，並不局限於廣東、廣西兩省，曾經為汀州和嘉應州輸送了大量移民的贛州，也同樣吸收了不少回流客民。

　　從明代王守仁南贛平亂以來，當地的人口即鮮有增長，因此，到清代初期社會進入成長期後，閩西和粵東的客民即陸續流回這個人口仍然稀疏的祖先來源地。曹樹基根據同一推算方法得出的數據是，乾隆四十一年瑞金縣的閩、粵籍移民及其後人有一萬人左右；興國縣在康熙初年安插了一些鄭成功的舊部及其家口，但其移民主要為來自汀州與嘉應州的興寧、平遠和長樂等縣以及贛東南各縣客民，估計約九萬人；贛縣的移民來源與興國相同，約六萬人；庾都的閩、粵移民約八萬。

　　至於曾為王守仁平亂要地的贛西南南安府南康、大庾、上猶、崇義等縣，因直到明朝末年仍有隨鍾凌秀等作亂的程鄉流民留在當地，加上其他閩、粵移民，估計到乾隆中後期，其後人人口共達二十二萬六千人。其餘贛中地區的吉安府，在乾隆年間也有閩、粵移民二十萬人左右，但主要集中在與湖南為鄰的龍泉縣（今遂川縣和井岡山市）一帶，有十七萬人。[21]

　　此外，江西西北部和東北部，以及湘東和浙南地區，也都不同程度接納了閩、粵和江西客民。[22]

●江西贛南是清初除廣東、廣西外，粵東和閩西客民外遷的最主要地區。圖為贛南主要客家縣之一的贛縣縣城。

四川也是粵東客民的移入區，是為了填補四川在張獻忠之亂、乾旱和瘟疫中大量死亡的人口而進川的，與其他省分是屬於遷界令廢除後的移民情況不一樣，初期在以湖南移民為主的眾多移民群當中，這些粵東客民所占的比例不高。康熙二十年（公元一六八一年）三藩之亂平定後，三十年間，湖廣省寶慶（今邵陽）、武岡和沅陽（今湖北荊州）三府「託名開荒攜家入蜀者，不下數十萬」。[23]

但是粵東客民直到乾隆年間才開始移民四川。到乾隆十八至二十年（公元一七五三～一七五五年）的乾隆中期，即四川地方政府開始限制外來人口移入之前，從外省入川的六千三百多戶中，廣東客民只占一千兩百多戶，即五分之一不到，主要集中在川西地區。[24] 其中又以成都向東偏北，被稱為「東山」的一片淺丘陵地最為密集。但是這個涵蓋了二十五個鄉鎮與七十萬左右人口的成都近郊地區，目前卻集中居住有說客家方言的四十六萬七千多名居民（據二〇〇三年統計），[25] 顯示了兩個半世紀的時間裡，上述入川開發的粵東嘉、惠、潮客民後代在四川大量繁衍的情況。

在粵東移民從陸地向四方遷徙的同時，另有數量不少的客民沿著韓江而下，跨海到台，成為今天台灣客家人的開台始祖，他們的情況，將在下章論述。

三、「土、客」摩擦

自康熙年間起，從粵東和鄰近地區陸續外移的這些客民遷徙，是康雍乾三朝超過一百年的承平年代中，史上罕見的一波大規模移民運動。這波運動，不僅將成千上萬困居粵東山區說著同一方言的漢族新民系子弟，帶到了充滿著挑戰與未知數的新天地之中，也給他們帶來了此前與刀耕火種的畬族共同生活過程中很少經歷過的經驗，即是在與周圍不同方言人群的互動中，遭遇以武力爭鬥形式表現出來的負面衝擊。

在粵東客民不斷向外擴散的過程中，首先要面對的就是新移民與舊居民之間的摩擦。新移民就是後來被稱為客家的粵東客民，舊居民就是以講廣府話為主的本地人（即不同時期移居珠江三角洲的北方漢人移民的後代），官方文書

中常被稱為「土著」，所以新移民與舊居民之間的關係也被習稱為「土、客」關係。

　　新移民每到一地，不論是一家一姓，首先是選擇合適的無人空地搭棚安頓，墾地開荒，或是向當地人承租土地當佃農，假以時日，漸漸聚眾成村。[26]但是移民人口愈來愈多之後，因語言和生活習慣的不同或水源利用、地權疆界等糾紛而產生的種種矛盾也就愈來愈多。[27]一旦形成表面的衝突之後，事態就難以收拾，最後成為層出不窮的公開武力抗爭。這就是羅香林在其《客家研究導論》中所說的，「粵省廣、惠二屬的客家，又以人口日增，勢力日擴，語言習俗不與其它鄰近的民系相同，致引起鄰居民系的惡感，漸有鬥案發生，且以惡言相詈（音「立」）。」

　　從十九世紀中期的一份牧師報告，可以瞭解當時新安縣的移民趨勢和新舊居民的關係。德國萊茵教會（Rhenish Missionary Society）的克朗牧師（Rudolph Krone），在一八五八年對皇家亞洲協會香港分會發表的有關新安縣的一份報告稱：[28]

　　「新安的居民有本地和客家兩種，只有少數人說北方官話（Mandarin）和福佬話（Hak-Lo，在此福佬話是指潮州話），但是，有些福佬人是受僱於皇家鹽田。」

　　「四十年前有一份新安村子的清單，當時的數目已經達到八百五十四個，其中五百七十九個是本地人（即說廣府話的）村子，兩百七十五個是客家人村子。現在這份清單中提到的許多村子不是人都走光了，就是被毀掉了，但是也出現了不少新的村子，公平地說，村子的數目是增加了，不是減少了。」

　　「客家人的村子住的人往往較少，而本地人的村子有時多達一萬到三萬人。客家人住在縣城東邊的山區和更內陸的地區，本地人叫他們『崖佬』或『山裡人』，莆隔是最重要的客家人區；值得一提的是，在客家人區西邊的烏石岩陽台山山腳下有個墟市。」

　　「縣裡的治安很不好。不但要擔心土匪和海盜，還要擔心村子與村子間的自相殘殺；雖然這些械鬥往往都是雞毛蒜皮的小事引起的，但卻沒完沒了，而

且常常是血淋淋的。」

「也因為這樣，縣裡到處是形狀各異的土圍子（土樓），一般是方形的多；圍牆高大而堅固，有時有角樓，周圍經常有很寬很深的壕溝圍著。往往只有一道堅固的鐵門可以出入；危險一來，附近村莊的婦人、小孩和金銀財寶就藏到有時由老人或較年輕的人看守的圍內，由年富力強的在圍外防守，太危險的話才退進圍內。我在全縣看到過大約四十座這種土圍子，強固的程度大致可以抗得住到處肆虐和搶掠村莊與過路人的大隊強盜。」

除了本地與外來者之間的不斷摩擦，克朗牧師的報告也指出了當地存在的兩個根本社會問題：一是有事私下解決，絕不見官；再就是土地高度集中在極少數家族手中。

報告稱，有一位父母官在其七年任內只審理過一件官司，地方居民即使有訟案，或是彼此有什麼重大糾紛，也是寧可私下解決。當地有兩個村莊，已經相互纏鬥了五年，各自拉攏了鄰近一些小村子壯大聲勢。新安知縣動用了一千名兵力，想讓雙方言和，也無濟於事，最後是威脅不讓雙方的子弟前去廣州參加科考，才使得爭鬥停了下來。

更嚴重的是家族土地壟斷。例如，在新橋的平原地帶，幾乎全是文、麥、曾、陳四姓人家的天下，這四大姓是講廣府話的本地人，包括講客家話在內的他姓居民不是被迫搬遷，就是改姓其中一姓。[29]

但是，到後來，由於客家人口的增長速度快過本地人，開始出現本地大姓人家因家族繁衍不夠快速，淪為少數，最後被客家人逼走，土地全部流入客家人手中的情形，原來的麥姓人家就是如此。[30] 據另一位基督教傳教士對這種情況作出的觀察，他發現只要有一家客家人住進本地人的村子，本地人就會從這個村子完全消失掉，雖然這多半是因為客家人比較勤奮節儉的緣故，但有時也難說他們沒有使用巧取（按：如引誘本地人子弟賭博）豪奪的手段。[31]

由於珠江三角洲居民的這些特殊社會結構與性質，加上官府的無能與無奈，在同屬北方移民後代的不同方言群體之間，發生大的動亂也只是遲早之事而已。

就是在珠江三角洲一帶這種醞釀「土、客」風暴的過程中，作為漢族新民系的外來粵東客民及其後人逐漸被本地人區隔成異類的群體，將他們冠上了「崖佬」或「客家人」等各種稱呼，最後是在發生了大規模的「土、客」鬥爭之後，終於把「客家人」變成了對捲入這場風暴中的粵東人群的統一普及稱號。

四、「客家」與「客家人」稱呼的出現

最早以「客」提到閩粵贛邊外移移民的大概要屬康熙十二年（公元一六七三年）的江西《南安府志》。該書卷八〈禮樂紀〉中記載：「僅崇義（縣）粵、閩界聯，乃多僑客。」[32]

但是「客家」名稱最早大概出現於康熙初期沿海復界之後。康熙十五年（公元一六七六年），當時的贛州興國知縣黃惟桂謂：「興邑地處山阪，民多固陋，兼有閩、廣流氓僑居境內，客家異籍，禮義罔聞。」[33]

這段話的背景涉及明朝開國初期，贛南地曠人稀，但到中期以後，閩、粵流民開始不斷湧入，至清初達於高峰。當時的興國知縣認為縣民固然頑固粗陋，而閩、粵籍的移民，也一樣粗鄙無禮，因此說了上述的話。

然而，不論是《南安府志》中「僑客」，或是黃惟桂口中的「客家」，應是泛指相對於當地居民的外來者而言，並不是針對這些與江西為鄰的閩、粵兩省移民所用的專門稱呼。

中國歷代有關「客」的用法極為普遍，最早是用於對來訪者的客氣稱呼，《禮記‧曲禮下》稱：「主人敬客，則先拜客」；後延伸為旅居他鄉，杜甫《去蜀》詩云：「五載客蜀郡，一年居梓州」；又被用於受到主人尊聘的謀士如「客卿」，或寄食於貴族豪門之人如「門客」；再用於為他人奔走活動的人，如「說客」、「捐客」；也用於與「主」相對而言，如「客觀」，或非專業的，如「客串」。但是在用於外來者時，常帶無平起平坐地位的含意，因此唐代身分較婢女略高的婦女稱為「客女」；漢魏以來大批逃亡在外的流民，常依附於官僚地主或門閥豪族等「主戶」，成為其佃農，稱為「客戶」，後來宋朝的人口統計即按此區分；到了明清，即將寄居本地的外地人稱為「客籍」，

以相對於「土著」。[34] 歷代用兵，則往往使用外省「客兵」或少數民族的「狼兵」和「土兵」，[35] 以有別於本地的「鄉兵」。[36]

但是，在「客」的稱謂被廣泛使用的同時，直到明代，卻未見任何文獻提到「客家」或「客家話」的稱呼。即使王守仁、俞大猷和鄭芝龍的三次平叛行動都是集中在後人所稱的客家搖籃地帶，但相關的的歷史文獻，不論是王守仁的喻民告示，俞大猷的文書往來，或是鄭芝龍等將領平亂後的官府報功奏疏，都不見任何提到「客家」甚至是「客民」的文字。即使是明朝滅亡之後，也還有鄭成功在漳、潮一代的客家地區發動過猛烈的軍事行動，均未見任何奏疏或地方文獻以「客家」或「客家人」稱呼受到軍事爭奪衝擊的地與人等。因此，可以判定，到明朝覆亡，甚至到清初鄭克塽在台政權滅亡為止，「客家」的稱謂都還未出現。

康熙復界以後，廣東各地湧入了大批粵東移民。這些外來者，如江西興國的閩、粵移民一樣，被冠上了相對於土著或本地人的「客」的稱呼。這種稱呼，顯然並不是當作「客人」的尊稱，而是有如「客女」或「客戶」等帶有貶義的稱呼。嘉慶《增城縣志》開宗明義提到：「客民者，來增佃耕之民也。」[37] 這個定義與漢魏以來稱無土無地佃農為「客戶」的傳統意義相同。

到了清初，圍繞著這些佃「客」，首度出現了「客」字之後加上「家字」，即「客家」的稱呼。康熙二十六年（公元一六八七年），知縣張進籙修、屈大均纂《永安縣志》（永安縣即今紫金縣）卷一〈地理五‧風俗〉內載：「琴江（地名，在該縣東南琴江發源地）好虛禮，頗事文學，民多貧，散役逋賦，縣中雅多秀氓，其高曾祖父多自江、閩、潮、惠諸縣遷徙而至，名曰客家。」[38] 就是說，琴江一帶之民稱為「客家」，甚為貧困，常常逃避徭役和稅賦，先人多是好幾代前（即約明朝嘉靖年間發現鐵礦時期）自江西、福建和潮、惠兩州遷徙而來。

但是，這時的「客家」稱呼顯然還不普及，且並非是對粵東一帶移民及其後人的唯一稱謂。事實上，康熙年間在台灣的一批粵東移民，就被封上「客子」、「山客」、「客仔」、「客民」和「客」等各種稱呼，但此時「客家」之名尚未在台灣出現。

　　據當時的文獻記載，「廣東饒平、程鄉、大埔、平遠等縣之人，赴台僱傭佃田，謂之客子。」³⁹「（諸羅縣，即今嘉義縣）各莊佃（原文作「佣」）丁，山客十居七、八，靡有家室；漳、泉人稱之曰客仔。」⁴⁰「（諸羅縣大埔莊在康熙六十年朱一貴亂後）有居民七十九家，計有二五七人，多潮籍（按：當時尚未立嘉應州，潮民是泛指饒平、程鄉、大埔、平遠等縣之人），無土著，……其田共三十二甲，……招客民墾之也。」⁴¹「佃田者，多內地依山之獷悍無賴下貧觸法亡命之徒，潮人尤多，厥名曰客。」⁴²

　　從這些記載可以看出，康熙年間官府或較早到台的漳、泉之民，對於租佃其田地的粵東移民，仍因襲傳統對佃農的稱呼，以「客」的相關貶義稱謂來稱之。嚴格而言，到這時為止，即使是在台灣，也未出現對整體粵東移民的完整「客家」概念，因此就沒有「客家人」或「客家話」的說法。作為對粵東移民的籠統概念，頂多是把他們所住的村莊統稱為「客莊」，並冠以從粵東延伸至台灣的負面印象而已，所謂「自淡水溪以南，番漢雜居，客莊尤夥，好事輕生，健訟樂鬥，所從來舊矣」，即是這種傳統的負面描述。⁴³

　　在此同時，各地對移居當地的「客」民，也不一定就以與「客」相關的用詞稱呼。如前述克朗牧師對新安縣地區的描述，當地居民也有以「崖佬」或「山裡人」稱呼他們的（「佬」字是廣東話的「獠」字演化而來）。「崖佬」是諷刺粵東移民以「崖」（或「𠊎」的發音〔ngai〕）稱呼自己。另據康熙二十八年（公元一六八九年）的《東莞縣志》，本地人（即說廣府話的廣府人）當時就已稱呼粵東移民為「崖佬」，到康熙五十九年（公元一七二〇年）版本的同一縣志，更進一步改稱為「流崖」（即崖人流民），甚至將「崖」字加上「犭」字偏旁，以示對粵東移民的輕蔑。⁴⁴

　　除了上述稱呼外，不同地方對粵東移民還使用了「棚民」和「來人」等稱呼。棚民是因移民搭棚而居，故以名之，主要是贛西南、贛北、湘東、浙江和皖南一帶對閩、粵客民移民的稱呼；「來人」則是廣西貴縣（今貴港市）僮族和循州（今河源、龍川）一帶對粵東客民的稱呼。⁴⁵珠江三角洲一帶也喜歡把客家方言稱為「麻介」話，因為客家話中把「什麼」稱為「麻介」（ma-gai），聽在本地人耳中，感覺刺耳，故以「麻介」話反諷之。

然而，「客家」的稱呼最後還是占了上風，並且得到了客家人本身的認同。同樣是據康熙五十九年的《東莞縣志》，到這個時期，住在東莞的粵東客民已開始自稱「客家」，這是他們自認為「客家人」的開始；也是客家人從「客」、「客戶」、「客民」、「棚民」、「崖佬」等各種外在稱呼逐漸向統一的「客家」外稱和自稱轉型的開始。

五、從紅巾作亂到土、客械鬥

　　咸同年間在廣東發生的「土客械鬥」，將粵東客民移民及其後人與本地人之間的矛盾推向了高峰，也將前此隱藏在社會下層的「神祕」客家人正式推到了世人的面前，並促成了客家意識的抬頭。

　　激發這一進程的背後直接因素是鴉片戰爭的爆發和太平天國的起事。

　　進入嘉慶朝後，中國的內外情勢急轉直下。對內，延續了乾隆朝以來貪污橫行、國力日衰的趨勢，對外，有英國東印度公司不斷前來扣關，希望打開通商的大門，而珠江口一帶首當其衝。

　　先是乾隆五十一年（公元一七八六年），漳州平和縣小溪農民林爽文幼年隨父遷台，[46] 後加入天地會，因清廷抓捕會黨，率眾舉事，失敗後，其同黨之人很多逃回大陸，繼續投入天地會反清活動。其成員多為下層農民和販夫走卒，很快就在粵東客家人[47]地區和兩廣的本地人與客家移民當中擴張勢力，並相繼展開了各種抗清活動。如仁宗嘉慶七年（公元一八○二年)），有永安天地會頭領官粵隴和白蓮教頭目賴東保，在青溪帶領天字嶂組織與農民數千人揭竿起義。[48]

　　在台山則有林爽文餘部發展出五色幫，其中又以紅色幫的勢力最大，頭領叫鄭乙。嘉慶十二年（公元一八○七年）鄭乙病逝後，由他的妻子鄭乙嫂（姓石）繼續領導幫眾，但後來為新會漁民張保仔取代，以新寧（今台山）外海的上川島為主要基地，活動於珠江口一帶海面，直到到嘉慶十五年投降清軍為止。[49]

　　因為會黨活動四起，嘉慶十年（公元一八○五年），廣東陽山縣進士鄭士超上疏云：「粵東離海較遠之區，奸徒結盟拜會，所在皆然，多者數百人，少

者亦數十人，乃閩中天地會之餘氣，……日益蔓延，而廣州、南雄、韶州尤甚。」[50]

在內有天地會作亂的同時，更令清廷困擾的是英國鴉片的大量輸入。清初領有台灣後，開放了廣州、漳州（後轉移至廈門）、寧波和雲台山（鎮江）為對外貿易港口，但是到了乾隆二十二年（公元一七五七年），只剩廣州獲准對歐洲人貿易。大量歐洲人的白銀流入廣州，購買絲綢等商品，但也導致珠江三角洲大批稻田轉種養蠶的桑樹，以致從稻米過剩區變成不足區，稻米價格的上漲加劇了民生的凋敝。[51] 可是，隨著後來鴉片的源源輸入和白銀外匯的不斷流出，造成了國庫的空虛，社會的敗像更進一步加重了下層百姓的動蕩不安。

宣宗道光二十二年（公元一八四二年）鴉片戰爭失敗後，清廷簽訂《南京條約》，增開廈門、福州、寧波、上海為通商口岸，廣州喪失了壟斷貿易地位，這意味著廣州港口數以千計依賴搬運為生的腳夫和船工工作機會的外移。[52] 這些苦力、船工和失業的洋行職員成為三合會（天地會在廣東一般被稱為三合會）吸收的對象。[53]

鴉片戰爭結束後不到八年，又爆發了震驚中外的太平天國造反事件。廣東花縣（今廣州花都區）一位客家移民的後代洪秀全，參照天地會的祕密結社方式，結合對鴉片戰爭後急於傳入客家移民區的基督教的一知半解，創立了拜上帝會，很快就吸收了上萬飽受凋敝的經濟打擊的貧困客家農民為其會眾，並於文宗咸豐元年（公元一八五一年）在桂縣金田村（今屬廣西），以太平天國名義舉事。雖然由於領導層所具有的各種性格缺陷，太平天國僅存在了十八年，但其最盛時期，兵員超過百萬，占據了半壁江山，徹底動搖了清王朝的統治根基。

太平軍的起事，更暴露了清王朝的弱點，刺激了各處天地會的紛紛造反。咸豐二年（公元一八五二年），廣州發生大水災，許多村莊顆粒無收，次年再度發大水，刺激了更多的農民加入天地會，引起當局的加力防範。咸豐四年（公元一八五四年），東莞石龍迂洪義堂在頭領何六的領導下，舉起了反旗，陷東莞縣城。各地會眾瞬即響應，從四面八方湧向廣州城，城內頓時一片慌亂。由於舉事會眾頭戴紅巾或手綁紅帶，所以又被稱為「紅巾賊」或「紅頭

賊」，也被稱為「紅兵」或「洪兵」。參與圍攻廣州的會眾，據估計不下於二十萬人。[54]

面對紅兵排山倒海的圍困，僅有一萬五千防守力量的廣州城，堅持了幾個月，在此期間，花縣、清遠、增城、從化、龍門、開建（今封開縣）和英德等縣城紛紛落入洪兵手中。[55] 最多時，廣州、肇慶兩府共失二十七座縣城。[56] 最後是因久攻不下，洪兵才撤軍解除廣州城之圍。

在這場亂事中，洪兵既是官逼民反的產物，也是散漫難以駕馭的亂民。在攻城掠地的同時，他們到處劫掠尋常農民百姓，各地村莊紛紛募鄉勇或組團練自保。此舉得到了為保衛廣州城而焦頭爛額的兩廣總督葉名琛和清政府的的鼓勵，但沒有想到的是，民間武裝力量的出現雖然緩解了清軍力量不足的壓力，卻激發了另一場更大的變亂。在當中扮演了關鍵角色的，就是遍布珠江三角洲的客家人。

這場變亂源於紅巾之亂發生後，原本就時生摩擦的客家與本地關係進一步惡化，許多本地人佃農加入了洪兵，而客家農民雖然也有人加入作亂一方的，但更多的人站在政府的一邊。待洪兵亂事蔓延開來，客家村莊常受報復。因

●一八六五年太平天國康王王海洋在廣東鎮平縣城指揮部舊址，於此指揮對抗左宗棠部。

此，官府和地主號召組織鄉勇後，客家農民紛紛加入，伺機公報私仇，一方面全力剿賊，一方面擴大打擊面，占據本地人的田土。即使在紅巾亂事消除後，也未停止。由此造成土、客相互鬥狠廝殺，愈演愈烈，垂六、七年之久，雖經官府調停，也無濟於事。受害者各數十萬人。就中又以鶴山土、客相鬥時間最久。[57]

最早點燃土客械鬥戰火的是鶴山縣（另說是起於恩平），咸豐四年（陽曆）十月，洪兵突襲鶴山，遭一位客家地主招募的客勇協助清軍擊退，客家鄉勇們趁勢隨清軍在各村搜捕洪兵，並洗劫財物，鶴山的本地人地主大戶們心有不甘，呼籲本地人起來報復。不久客勇又協助清軍擊退洪兵對恩平的進攻，聲勢愈漲，當地客家佃農拒絕向本地人地主交租，土、客衝突擴大到恩平和開平。

這場禍患前後延續了十三年，由鶴山、恩平、開平開始，爭鬥的核心地區蔓延至高明、高要、新寧、新會等共十七縣，最遠及於粵西的信宜、茂名和電白等縣。直到穆宗同治六年（公元一八六七年），猶在爭鬥的新寧縣土、客雙方在官方的強力介入下言和後，這場不幸的亂事才告結束。據民國《赤溪縣志》，在土客爭鬥發生之前，新寧縣有客民三十萬人，爭鬥結束後，僅剩三萬。[58]

亂後，大批客家人被當成「豬仔」，運載到澳門，再賣到秘魯、古巴等地充當苦力。另有大批禍亂地區的客家農民被迫遷徙到珠江三角洲以外的地區安置，主要是送往粵西南高州、廉州（今屬廣西省）、雷州和瓊州（海南島），及今廣西東部和東南部各縣，也有的被遷回粵東原籍。至此珠江三角洲西側開平、恩平及新寧等各縣「無復有客民足跡矣。而客屬村居田產概為土人（即說廣府話的本地人）占有矣。」[59]

據長期居住香港的英國學者艾德爾（Ernest.J.Eitel），於土、客械鬥結束同一年（一八六七年）五月在香港《中國評論》（*The China Review*）雜誌第一卷第五號發表的〈客家人種誌略〉（Ethnographical Sketches of the Hak-Ka Chinese）第一篇指出，到此時為止，廣州府十四縣中，只剩從化和花縣兩縣是完全的客家人縣；江門、肇慶、番禺、新安、香山（今中山、珠海和澳門）和

新寧是客家、福佬（按：該文作者所指的福佬人，是指從潮州到珠江三角洲沿海一帶說潮州話的潮州人，許多是住在船上的船民）與本地人混居縣，其中客家人占相當比例；其餘各縣，除福佬人（潮州人）占上風的東莞縣外，人口均以本地人為主。而珠江三角洲西南方向各府，除沿海地區散居一些福佬人（潮州人）外，無任何客家人據點。

這段說明，點出了土、客械鬥後廣東人口的變化趨勢。

六、客家稱呼的普及與客家覺醒運動的出現

經歷了這場與另一方言群體史無前例的慘痛操戈殺伐後，更多的客家人有識之士開始為客家人的權益發出不平之鳴，並為社會上對客家人的偏見、歧視與污蔑發動了輿論論戰。

首任台北知府林達泉是廣東大埔縣客家人，[60] 他在亂事結束後不久，特撰寫〈客說〉，針對當時社會上流傳的詆毀客家人的言論，駁斥廣東地方當局稱客家人是「客匪」，並指稱：「客家多中原衣冠之遺，或避漢末之亂，或隨東晉、南宋渡江而來，凡膏腴之地，先為土著所占，故客家所居之地多磽瘠。其語言多合中原之音韻，其說皆有所考據。」[61]

事實上，從粵東客民進入珠江三角洲一帶之始，因土客摩擦，地方上對客家人的偏見言論即已不停出現。隨著矛盾的升級，謾罵詆毀的強度也有所增加。如道光二十年（公元一八四〇年）的《新會縣志》，即將客家人稱為「獠」[62]。 為了破解這種歧見，惠州和平縣進士徐旭曾早在嘉慶十三年（公元一八〇八年），就撰寫《豐湖雜記》，倡先提出了中原論，指出：「今日之客人，其先乃宋之衣冠舊族，忠義之後也。」

從時間先後看，雖然康熙二十六年（公元一六八七年）的《永安縣志》已有「客家」的記載，但截至徐旭曾的時期，即到十九世紀初期為止，「客家人」的稱謂顯然猶未普及，所以仍以「客人」或其他稱呼稱之。

例如，道光二十八年（公元一八四八年），廣西貴縣（今貴港市）「土客械鬥，殺戮相尋者五年，百姓流離顛沛，多遭擄掠。」[63] 至道光三十年（公元一八五〇年），數個村莊曾發生多起來人（即客民）與土人（即本地人）械鬥

事件，「來土鬥打，死人極多，尸橫山野，瘟疫流行，無醫無藥，一夜之間，一條小村便拖出幾具死尸。」[64] 其中的「客」或「來人」，都仍是「客家」以外的稱呼。

　　但至遲到十九世紀四〇年代，受到各地層出不窮的土、客衝突的影響，社會上已不能不正視客民的存在及其在不友善的逆境中奮起抗爭的客觀現實，找出一個統一稱謂以代表這個漢族民系的時機已經成熟，「客家」的名稱就是在這種時代背景下，開始成為客民與非客民共同接受的稱呼。繼承了徐旭曾中原理論的客籍進士林達泉，或是其他文人學士，顯然也就是在同樣的思路下，以「客家」之名把「中原衣冠之遺」的客民包裝起來。

　　然而，除了文人學者的倡導使用外，「客家」稱呼的普及與西方傳教士的出現也密切相關。由於香港島割讓英國以前，廣州是對外的唯一口岸，因此歐美傳教士來得最早，同時隨著鴉片戰爭的結束，到香港的更多。

　　美國浸信會（Baptist Churches）的羅浩（他的教徒給他取的姓名Lo How的譯音，本名Issachar Jacox Roberts）牧師，是較早到中國傳教的基督教傳教士之一，他於一八四二年（道光二十二年）從任職的澳門教區轉赴香港，找到一位周姓（Chow）客家教師擔任他的翻譯兼助手，並為他販售聖經，曾影響到洪秀全改信耶穌。他在同年十月十五日的的日記中提到周姓翻譯說的是hakah dialect（客家方言，原文中未將hakah開頭字母h大寫），這大概是西方文字中，根據客家話的「客家」發音拼寫出來的最早的「客家」稱謂翻譯。一八四四年七月五日，周姓助手的日記中，也提過他到Hoklo（福佬人，即說潮州話的居民）的船上送聖經。次年羅浩牧師在總結他在廣州的傳教活動時，曾提到他的傳教對象是客家人（hakahs）、福佬人（hoklos）和本地人（puntes，即廣府人）。從這些記載可以知道，到一八四〇年代初期時，客家、福佬和本地的稱呼已經在香港、廣州一帶確定了下來。[65]

　　巴色教會的瑞典籍韓山明（Rev. Theodore Hamberg）和德國籍黎力基牧師（Rev. Rudolph Lechler），也是較早從歐洲到香港傳播基督教的歐洲人傳教士。兩人於一八四六年抵達香港，以當地客家人為傳教對象，並很快進入新安縣，利用客家助手進軍五華縣。

韓山明牧師於一八四九年開始有系統的學習客家話，並著手編輯《德語-客家對照字典》（*Kleines Deutsch Hakka Wörtuerbuch*）。韓山明於一八五四年過世後，由黎力基牧師繼續其未竟的工作。這本字典於同年出版。一版出版後，黎力基牧師再接再厲，從事第二版的詞彙補充，還附加福佬話的詞彙。在從事這些工作時，前後兩人都將「客家」稱為haka，「福佬」稱為hoklo，[66]更可以確定，「客家」一詞已經完全在西方人士當中普及開來。

除了巴色會的瑞典和德國牧師外，稍晚來到中國的該教會英國牧師皮頓（Charles Piton）和英國學者艾德爾，則積極投入了對客家的研究。在經歷了太平天國的衝擊之後，西方對客家人的興趣大大增加了，經由他們的詮釋後，英文的Hakka一詞，更已牢牢確立了在外文詞彙中的地位。[67]到一八七四年皮頓在香港英文《中國評論》（*China Review*）雜誌上發表〈客家的源起與歷史〉（On the Origin and History of the Hakkas）一文，其中將Hakka的中文原文「客家」兩字一起刊出，由此更可確定到此時為止，「客家」已成為無可取代的正式稱謂，並已完全普及了。

但是客家人稱呼的定位，並不代表本地人（廣府人）對客家人的歧視不再存在。客家文人學者與本地人的論戰戰火仍在持續燃燒。

最著名的有甲午戰後，從台灣回嘉應州鎮平（今蕉嶺）祖家的文人丘逢甲、光緒十年（公元一八八九年）與他同登進士的梅縣松口學者溫仲和、梅縣外交家黃遵憲以及大埔縣報人溫廷敬等人。

其中丘逢甲在台灣客家人當中享有崇高的聲望，他在大陸上的活動有助於維繫兩地客家士子學者共同的客家認同，對日據時期台灣客家民眾堅持客家理念和保持對客家祖地的感情產生了很大的作用。光緒二十七年（公元一九〇一年），他與溫仲和及溫廷敬等人共同在汕頭開辦了嶺東同文學堂，倡導新學，後來又回到鎮平（蕉嶺），創辦鎮平初級師範傳習所，教育客家子弟。[68]

溫仲和曾主持編纂《嘉應州志》，其中的《方言》一卷是他親自撰寫，對客家語言的整理有重要貢獻，學者認為，這是提出「客家話研究與漢語中古音系統有密切關係的濫觴。」[69]

黃遵憲是清末著名的外交家，曾駐日、美、英、新加坡等國，曾任駐舊金

山總領事和出使日本大臣。光緒二十四年（公元一八九八年）戊戌政變後罷官回鄉，積極鼓吹客家意識。光緒二十九年（公元一九〇三年）創辦「嘉應勸學所」。光緒三十一年（公元一九〇五年），因順德人黃節的《廣東鄉土歷史》教科書稱「廣東種族有曰客家、福老二族，非粵種，亦非漢種」，一些客家人士對此大表不滿，聯絡廣東各府客家士人發起了「客家源流研究會」；「嘉應勸學所」組織「客族源流調查會」，呼籲各地客家人追溯研究客家的漢族源流，[70] 黃遵憲並在住地「人境廬」與丘逢甲成立「客家研究會」。

　　溫廷敬曾短暫擔任《嶺東日報》主筆，曾任《大埔縣志》、《廣東通志》總纂，著有〈客族非漢族駁辯〉等文。

　　這些學者文士對社會歧視與誤解的反擊，可以說是一場客家覺醒運動，但是，在外在環境的強大偏見下，少數客家文人學者的挺身而出，仍改變不了社會上對客家人的種種誤導或污衊言論。一批客家人士於一九二一年在香港成立「崇正工商總會」，並出版《崇正同人系譜》十五卷，說明客家源流。一九三〇年七月，廣東省政府《建設週報》再度出現污衊客家的文章，稱粵省客人，「不甚開化」，各地客家團體交相指責。在這種社會氣氛的刺激下，客家學者加速了客家研究。[71] 籍貫興寧的客家學者羅香林成為這一時期的代表人物，其代表作《客家研究導論》和《客家源流考》，奠定了一代客家人的中原傳人認同，在相當時期內主導了客家研究的方向，並透過中原意識凝聚了台灣以至海外無數客家人群的客家意識。

●甲午戰爭後從台灣返回廣東鎮平祖家的邱逢甲是客家意識的倡導人。圖為其在祖家所建故居。

注釋

1—— 清江日昇撰，劉文泰等點校，《台灣外誌》（又稱《台灣外記》），齊魯書社，2004年，第102頁。

2—— 據2005年12月19日《廈門晚報》報導：「歷史公案妨礙了古蹟保護」（http://www.csnn.com.cn/2006/ca424407.htm）。

3—— 黃乙目，〈平和江夏黃氏世系淵源與拓展〉，載於平和縣客家文化研究聯誼會編，《平和客家與客家文化》，2002年，第20頁。

4—— 同上，第170頁。

5—— 《台灣文獻叢刊》二百二十種：《廣陽雜記選・黃梧平海五策》，第32-33頁。

6—— 《台灣外誌》，第173頁。

7—— 同上，第212-213頁。

8—— 同上，第214-215頁。

9—— 同上，第308頁。

10—— 同上，第329頁。

11—— 廈門大學台灣研究所與中國第一歷史檔案館編輯部合編，《康熙統一台灣檔案史料選輯》，福建人民出版社，1983年，第293頁。

12—— Jessie G. Lutz和Rolland Ray Lutz，*Hakka Chinese Confront Protestant Christianity, 1850-1900, with the Autobiographies of Eight Hakka Christians, and Commentary*（《1850-1900年客家人與基督教以及八個客家基督徒的故事和評論》，M. E. Sharpe出版社，1998年，第145-150頁。

13—— 《中國移民史》第六卷，第375頁，引萬曆《惠州府志》第二卷。

14—— 《客家歷史與傳統文化》第76頁，引萬曆《惠州府志》、崇禎《博羅縣志》和光緒《惠州府志》。

15—— 《客家歷史與傳統文化》第76頁，據乾隆各縣縣志。

16—— 《中國移民史》第六卷，第381頁，引道光《廣東通志》，第二百五十七卷，〈王永名傳〉。

17—— 同上，第381頁。

18—— 同上，第381-389頁。

19—— 同上，第389-395頁。

20—— 同上，第404-407頁。

21—— 同上，第174-206頁。

22—— 同上，第269-頁。

23—— 曹樹基引《康熙朝漢文朱批奏折》第五冊，第336頁。見上書，第82頁。

24—— 同上書，第84頁和101頁表3.7。

25—— 謝桃坊，《成都東山的客家人》，巴蜀書社，2004年，第7頁。

26—— 一九八〇年代中國大陸改革開放初期，深圳成為最早的開放城市，大批外地人湧入，向當地農民承租農地，種植各種作物和經營養殖業，這些外地人一家老小，也都是在田間搭起簡單棚子，作為臨時棲息之地。

27—— 梁肇庭在其《中國歷史上的遷徙和種族關係——客家、棚民及其鄰人》一書（第61頁）中指出，如粵東山區移民婦女不纏足，在田間與男人一起耕作，或是在市場上拋頭露面，不迴避男人，都是被本地人視為禁忌的習俗。

28—— 據Rev. Mr. Krone，〈新安縣〉（A Notice of the Sanon District），1967年*Journal of the Hong Kong Branch of the Royal Asiatic Society*（《皇家亞洲協會香港分會期刊》）重印論文，第113頁。

29── 同上，第124-126頁。

30── Jaeyoon Kim博士論文，*The Red Turban Rebellions and the Emergence of Ethnic Conciousness of the Hakkas in nineteenth-century China*（《紅巾作亂和十九世紀中國客家種族意識的抬頭》），ProQuest Information and Learning Co.印刷，2006年，第206頁註423引蕭國健，《深圳地區家族發展》，香港新潮書社，1992年。

31── 據同上第206頁註424引自Milton T. Stauffer所編*Christian Occupation of China*（《基督教佔領中國》）一書（1908年上海出版）所載D. Ochler的文章內容。

32── 曹樹基，〈贛閩粵區三省毗鄰地區的社會變動與客家形成〉，《歷史地理》，第十四輯，上海人民出版社，1998年，第135頁，引《南安府志》。

33── 黃志繁，〈地域社會變革與租佃鬥爭──以16~18世紀贛南山區為中心〉，《江西師範大學歷史系學術論文集》，引康熙五十年（公元一七七一年）張尚瑗纂修《請禁時弊詳文》，康熙《瀲水志林》卷十三，《國朝申文》。

34── 據上海辭書出版社，《辭海》，1980年縮印本，第1021頁。

35── 據《正氣堂集》。

36── 巧的是，畲族語言中「山哈」（即住在山上的人）的發音也與客家話發音中的「客」（ha）相同，台灣學者羅肇錦的研究認為，「客」是從「哈」衍生而來，不具有漢字中的「客」即外來者的意思。因此，他認為客家話是源於南方，客家人前身就是山哈，即住在南方山上的人，不是北方移民過來的人。參見羅肇錦，〈客語源起南方的語言論證〉，載於中研院語言學研究所，《語言暨語言學》，第七卷第二期（2006年〔2〕），第548頁。

37── 引自〈客家史料擷英〉。

38── 見劉麗川，〈客家稱謂年代考〉，《北京大學學報（哲學社會科學版）》，2001年第二期。

39── 李文良引藍鼎元，《平台紀略》，見〈清初台灣方志的「客家」書寫與社會相〉，《台大歷史學報》，2003年6月，第三十一期，第146頁註。

40── 同上，第146頁，引康熙五十六年《諸羅縣志》。

41── 同上，第147頁，引藍鼎元，《東征集》。

42── 同上，第147頁，引《諸羅縣志》。

43── 同上，第145頁，引康熙五十九年《鳳山縣志》。

44── 據《中國歷史上的遷徙和種族關係──客家、棚民及其鄰人》，第65頁。

45── 同上，第66-67頁。

46── 林爽文自幼隨父親林勸到台灣。據《欽定平台紀略》卷五十四（台灣中央研究院網站刊登《台灣文獻叢刊》第一○二種）第864頁：林爽文之亂後，林勸在對平亂大臣福康安的供詞中稱，「原住平和縣小溪火燒樓地方。」因平和縣原為王守仁安置閩粵贛邊作亂後受撫漢、畲之民而設，故其先世應為客民家庭，後成為福佬客。

47── 康熙末期，東莞粵東移民及其後代已自稱「客家人」，本書行文也將把之後的所有相關人群開始正式稱為「客家人」。

48── 據紫金政府網站資料：http://www.gdzijin.gov.cn/zjzj/zjxz/2004/1105/2044_2.htm。

49── 據台山政府網「台山歷史與文明的窗口」網站〈紅色幫威震南海〉文章：http://www.tsinfo.com.cn/tsls/13.htm。

50── 劉平，《被遺忘的戰爭──咸豐同治年間廣東土客大械鬥研究》，北京商務印書館，2003年，第71頁引民國《清遠縣志》卷三〈縣紀念下〉。

51── 《紅巾作亂和十九世紀中國客家種族意識的抬頭》，第75-77頁。

52── 同上，第82頁。

53—— 《被遺忘的戰爭——咸豐同治年間廣東土客大械鬥研究》，第74頁。

54—— 同上，第75頁。

55—— 《紅巾作亂和十九世紀中國客家種族意識的抬頭》，第108頁，

56—— 《被遺忘的戰爭——咸豐同治年間廣東土客大械鬥研究》，第78頁據陳坤，〈粵東剿匪紀略〉，《紅巾軍起義資料輯》（二）。

57—— 同上，第80頁引郭嵩燾，〈肇慶各屬土客一案派員往辦理情形疏〉，和第81頁註3引郭嵩燾，〈前後辦理土客一案緣由疏〉。

58—— 據《被遺忘的戰爭——咸豐同治年間廣東土客打械鬥研究》，第345頁引民國《赤溪縣志》和該書所估計鬥禍結束後的人口數。

59—— 同上，第343頁引民國《赤溪縣志》，卷八，〈赤溪開縣事紀〉。

60—— 據《清史稿·卷四七九·列傳二六六·林達泉傳》，林達泉，廣東大埔人，光緒四年（公元一八七八年），因獲船政大臣沈葆楨推薦，獲任首任台北知府，就任之初，整飭軍防，招民墾荒，但同年因積勞成疾，病故於任內。他曾在同治三年在家鄉練團練，使大埔未受土客械鬥亂事波及。

61—— 據《紅巾作亂和十九世紀中國客家種族意識的抬頭》第242頁，引溫廷敬主編《茶陽（即大埔）三家文鈔》內載〈客說〉一文，和《被遺忘的戰爭——咸豐同治年間廣東土客大械鬥研究》第15頁引光緒《嘉應州志》，卷七，〈方言〉。

62—— 據〈客家淵源論綱〉。

63—— 《客家歷史與傳統文化》，第169頁引光緒《貴縣志》。

64—— 同上，第169-170頁引擎霄，〈近三百年來中國南部之民間械鬥（續）〉，《建國月刊》，第十四卷第五期。

65—— 據 *The Baptist Missionary Magazine*（《浸信會雜誌》），1843年11月號，第280頁；*Periodical Paper of the American and Foreign Society*（《美國和外交協會定期論文》），1845年1月，第22號，第6頁；*The Baptist Missionary Magazine*（《浸信會雜誌》），1845年11月號，第592頁。

66—— 據《1850-1900年，客家人與基督教以及八個客家基督徒的故事和評論》，第58頁及第69頁註16。

67—— E. J. Eitel, *An Outline History of the Hakkas*, The China Review, Vol.2, No.3, Nov. 1873; E. J. Eitel,, Notes and Queries, *The China Review*, Vol.20, No.4, 1893; Charles Piton, *On the Origin of the Hakkas*, Vol. 2, No.4, Feb. 1874（該刊也是從一八七四年起將必要的中文詞語列入）。

68—— 徐博東、黃志平著，《丘逢甲傳》（修訂版），時事出版社，1996年，第155、166頁。

69—— 鍾榮富，《台灣客家語音導論》，五南圖書出版公司，2004年，第31頁。

70—— 《客家歷史與傳統文化》，第12-13頁。

71—— 同上，第15-16頁。

江西贛州的宋代佛教慈雲塔

唐朝末年，佛教在中國的傳播由盛而衰，但是，北宋立國後，再度受到朝廷保護，各地普建佛塔。江西贛南地區也不例外，隨著北方客家先民的大量移入，在宋代陸續建造了這種傳自印度並予以中國化的一些高塔式建築。其中最著名的有贛南首府贛州慈雲塔、信豐縣大聖寺塔、石城縣寶福院塔和安遠縣無為塔等。這些客家縣的高塔，顯示了贛南客家先民受到佛教文化影響的程度。

慈雲塔建於十一世紀二〇年代北宋仁宗時期，為典型中國閣樓式塔型青磚結構。其下原為慈雲寺，現已不存在。塔身共九層，高四十二公尺。清光緒年間廊簷木結構被焚毀，於二〇〇四年修復。它是見證了贛南客家先民及其後人在贛南幾乎全段發展歷程的重要歷史遺產。

江西石城進入福建寧化的遷徙通道景觀

客家人常稱福建西部與江西交界處的寧化縣石壁鄉是其祖地。唐末發生黃巢之亂後，至五代為止，一百年左右的時間戰亂頻仍，北方荊襄大地和江淮、黃淮平原至關中地區的大批流民從江西北部過長江南下流亡，進入贛南和閩西地區。他們就是形成客家先民的北方人群。

進入福建的流民，主要是沿石城與寧化之間的武夷山自然通道東進，而後擴散到寧化縣以東和以南各縣，也有部分是從江西瑞金縣古城鎮與福建長汀縣間的山道流入。他們與唐末河南光州固始縣追隨王潮、王審知兄弟南下自贛南進入福州建立了閩國的軍民，同屬北方漢人，其後被派駐汀州的這些北方軍民，也成為客家先民的組成部分。

古城長汀

位於閩西的古城長汀，汀江流經其間，是重要的客家發源地。唐朝最早在開元二十四年（七三六年）在此建立州級建制，下轄長汀縣（州治所在）、黃連縣（今寧化縣）和新羅縣（今上杭、武平和永定三縣），當時居民主要是越族土著住民。唐末黃巢之亂後，北方流民和南下軍民陸續從江西進入汀州地區，全州人口有了顯著增長，到北宋初年，成為全國增長率最高的一州。

北宋末年，因金兵南侵，汀州再度迎來了大量北方南下人口。到南宋初期，其與相鄰的贛州人口相加，可能已達到百萬人以上。這些數量龐大的北方人口群，元末時再度大量南移粵東地區，至明朝中末葉形成我們今天所熟悉的客家民系。

漳州薌城區官園威惠廟內景

據稱此廟建於南宋高宗建元四年（一一三〇年），是為了祀奉唐初平定漳州少數民族作亂捐軀的北方軍官陳元光而設。到南宋以後，從長江中游荊湘地區經閩粵贛山區移入福建、廣東的畬族先民已大量進入漳州平原地帶，但當地漢人上層為了將他們擠壓在山區，開始在福建多處建蓋「威惠廟」，奉陳元光為「威惠王」，宣揚他驅逐少數民族的事蹟，證明漢人排擠畬族先民人口的正當性。

宋代以後，漳州各地「威惠王」信仰一直綿延不絕，明末以後更晉升為「開漳聖王」，在台灣和東南亞各地都有不少信眾。不過，畬族先民被繼續擠壓在閩粵贛交界處山區後，卻促成了他們與差不多同時移居該處的的北方漢人移民逐漸融合，成為後來的客家人群。

汀江流經福建上杭段風光

汀江為孕育客家先民的最重要河道，發源於寧化縣南面，經長汀、上杭、大埔三縣流入韓江。
上杭地處汀江黃金河段，其境內適於通航河道長達一百一十多公里。元末亂世，寧化、長汀一帶
客家先民大舉南下避難，順汀江而下，可直抵上杭，再順江續行，抵廣東大埔（當時屬潮州府海
陽縣）。也可利用上杭為其中轉站，往東南，可往漳州南靖、詔安方向移民，或往西，繞經武平
縣十方鎮與岩前鎮間開闊通道南下，直接進入粵東北梅州轄下被稱為客家搖籃地區的程鄉縣。元
末從汀州移入這一地區的人口，多是經上杭中轉流入。
明末清初，天下又亂，贛南人口空虛，造成大批客家人口從閩粵回流。其中上杭也是往贛南和江
西各地輸送回流客家人口的最重要縣分之一。

閩西上杭縣文廟

中國歷代極為重視孔子思想對士子和民風的教化作用，儒家文化成為漢文化的重要內涵。同時，歷代統治者也極為重視儒家文化對推動少數民族開化的作用。因此，文廟（孔廟）在促成少數民族的漢化更是功不可沒。

宋元明三代，居住在閩粵贛交界區的畲族一直是當地生亂之源，統治者除了必須不時派兵鎮壓外，也須以文風施以教化。明代王陽明平定三省畲族之亂後，即告誡被重新安頓的畲民「務興禮儀之習」，並「選取俊秀子弟入學，使其改心易慮，用圖自新。」上杭原為畲族棲息地區，因此當地的文廟也發揮了同樣的教化功能。

上杭文廟始建於南宋嘉定十六年（一二二三年），它是中國保存較為完整的一座古老孔廟，將近八百年來，不但促進了畲民的漢化，也推動了客家人學風的鼎盛。

廣東省東北地區蕉嶺縣高思鄉群山環抱風景秀麗的客家人祖地

元朝末年，由於戰亂，大批客家先民從汀州和贛州湧入人煙稀少的粵東北山區，尤其是現在的梅縣、蕉嶺縣和大埔縣一帶。他們多居住在河谷盆地上，聚族而居，生活貧苦，物資供應缺乏。這一帶也是棲息於原始村寨和山洞中的半漢化畲族之民頻繁倡亂之地，往往獲得周圍貧苦漢人鄉民的響應。明中葉以後，至少曾經發動過三次重大作亂事件，先後為王陽明、俞大猷和鄭芝龍平定，並於事後獲官方教化，漢、畲之間逐漸融合，形成新型民系，即客家民系。

粵東北地區常被後人稱為客家搖籃地區，因為粵東北是清代客家人遷徙台灣、兩廣和南洋最多的地區。以梅縣腔為代表的四縣腔，在台灣和東南亞客家人地區甚為普及。

粵東石窟河畔的蕉嶺縣城

石窟河發源於福建武平縣境內，流入廣東蕉嶺縣後，經白渡鎮流入梅江，全長近一百八十公里，是客家搖籃地區的重要河道。

明嘉靖四十一年（一五六二年）之前，這一帶隸屬程鄉縣。因閩粵贛三省交界處漢、畬民眾數萬人作亂，俞大猷奉命進剿，亂事平定後奏准從武平、上杭、程鄉、興寧和（江西）安遠五縣析地設立新縣，以其地位於武平和安遠之間，故名「平遠」。最初屬江西贛州，兩年後縣地重新分割，將原武平、上杭和安遠析出地界歸還，另從興寧和程鄉增析地區填補，包括石窟河中游一帶，仍稱平遠縣。崇禎年間，又將平遠縣石窟河一帶析出，增設鎮平縣，即現在的蕉嶺縣。清代後，石窟河與梅江流域的客家人成為移民台灣和東南亞的主流客家人群。

韓江流經潮州市區湘子橋一段江面（陳瑛珣教授提供）

韓江是粵東客家搖籃地帶客家人的生命線，在廣東大埔縣境內，由汀江、梅江和梅潭河三河在三河鎮匯流而成，由此南流入海，為沿海地區物資進入客家山區的重要孔道，全長四百一十公里，是廣東省第二大河。它也是粵東石窟河（白渡鎮以下流入梅江段稱白渡河）沿河平遠、蕉嶺兩縣，梅江沿江五華、興寧、梅縣等縣，梅潭河流經的大埔縣及閩西汀江沿江長汀、上杭、武平、永定各縣產物輸出和移民外移的必經水道。江水出鳳凰山後進入潮汕平原地帶，過潮州市區自汕頭出海。

清代前往東南亞的客家移民可從汕頭直接南下南洋，但渡台事項由福建管轄，因此獲准遷居台灣的有照移民，抵汕頭後，須轉往廈門，再從廈門出發經澎湖抵台。

梅江渡口松口鎮元魁塔

歷史上梅江是粵東北梅州（清雍正以後稱嘉應州）各縣客家人外移的主要河道，座落在其下游的松口鎮是重要的渡口，靠近閩粵交界處，為閩粵贛的水陸樞紐和商業重鎮。最盛時期，每日江面停泊的小船有三百多艘，鎮上店舖高達一千多家。清末本地出生的印尼棉蘭首富張煜南（號榕軒）和張鴻南（號耀軒）兄弟，赤手空拳打造了橡膠種植王國，獲慈禧太后接見，並開辦潮汕鐵路。

元魁塔建成於明末崇禎二年（一六二九年），塔高七層，古樸峻拔，頗有中流砥柱之神韻。三百多年來順著梅江而下離鄉背井的嘉應州客家子弟，不論是往台灣、下南洋，甚至是遠渡美洲，在揮別古塔後不久即進入韓江，直達汕頭海口，大部分人從此與家鄉永別，在外落地生根。

澳門博物館所藏克拉克出口青花瓷殘片

十六世紀葡萄牙人來到中國以後,以「克拉克」(Carracks)大帆船運載在中國訂製的青花大瓷盤回到歐洲市場銷售,深受歐洲各國喜愛。這些瓷盤被稱為「克拉克」瓷。

這些出口瓷並非產自著名的瓷都景德鎮,而是出自閩粵兩省客家地區。明正德十四年(一五一九年)王陽明奉旨平定閩粵贛交界區的畲民作亂,事後奏准將福建南靖和漳浦兩縣縣地析出,設立平和縣,安置投降的亂民。跟隨他作戰的許多江西籍士兵也就地留下,其中不乏精於製瓷的人才,由於平和縣及鄰近的大埔、饒平、詔安各縣蘊藏豐富的優質瓷土,因此這些客家縣遂成為享譽世界的出口青花瓷的產供地,客家人也因而首度與世界貿易接軌。

今日澳門

十六世紀初期葡萄牙人來到中國水域，刺激了中國東南水域海上私商的大量興起。這些私商以漳州人和潮州人為主，活動在閩粵交界處兩側海域和台灣海峽。到一五五七年葡萄牙人獲准定居澳門後，其勢更盛，直接間接對周邊客家縣分的生態造成破壞性影響。

為了滿足海上私商與葡萄牙人造船需求的增加，山區客家縣分的原始森林遭到大量砍伐，為了向葡萄牙人供應青花出口瓷，瓷土遭到濫採，用於燒瓷的林木受到濫伐，導致水土嚴重破壞，加劇了山區漢、畬人民的貧困。加上因沿海商民走私而與山區人民貧富差距拉大，更造成社會的動盪不安。嘉靖四十年（一五六一年）饒平客民張璉的作亂，其跟隨徒眾竟有七萬人之多。

明代鄭芝龍平定畬、漢人民作亂駐軍指揮所——廣東大埔縣三河鎮。

明代閩粵贛交界區是畬、漢人民頻繁作亂之地，最後一次大規模亂事出現在崇禎三年（一六三〇年），兩股勢力，一在粵東北，一在粵東南，互為犄角。明朝政府派出三省之兵全力會剿。

明朝水師將領鄭芝龍奉命從福建出兵，部隊進入廣東後，從中間切入，在大埔縣境內汀江、梅江和梅潭河三河匯流為韓江之處的三河壩設指揮所。他的軍隊對這些作亂人民動用了明朝軍隊新配備不久的西式槍支，配置三百多名銃夫，稱為銃隊。

閩粵贛交界區的這場重大亂事在明軍大軍壓境下，很快就被平定。在這場戰爭中受到洗禮的當地畬、漢人民，至明朝結束時，已完成融合成為完全成熟的客家民系的歷程。

清惠州府歸善縣崇林世居內景

清代，隨著粵東客家移民向珠江三角洲方向的擴散，鄰近香港的惠州府地區成為重要的客家人聚居區。位於惠州府轄下歸善縣（今惠州市惠陽區）鎮隆鎮的崇林世居為大鹽商葉文昭（號崇林）所建，建於清嘉慶三年（一七九八年），是嶺南地區最大的方形客家圍屋建築，長寬均超過一百公尺，牆上無窗戶，但遍布槍眼，四角並設角樓，牆頂可走馬，猶如一座城堡，體現了當時廣東客家富人聚族建圍屋的自保防禦概念。

原來的圍屋內共有兩百六十幾間住房，內部裝飾表現了清代大量傳統工藝，因年久失修，已難窺其堂奧，但從僅存的木雕、石雕和祠堂裝飾，仍可見其華美但不奢麗的客家儉約風格。

河源市東源縣仙塘鎮南園客家古村

位於粵東客家搖籃地區與珠江三角洲之間的河源市，瀕臨珠江支流東江的中游地帶，是重要的客家人聚居地，在明代為縣的建制，從元朝末年起，已陸續有零星客家先民移民到此。嘉靖年間又因發現鐵礦，粵東程鄉地區的客家人開始到此開礦。

清康熙年間防範鄭成功反清勢力的沿海遷界令解除後，從粵東客家搖籃地區沿東江流域向珠江三角洲移民的客家人更多，永安（今紫金縣）、和平、連平、河源與歸善（今惠州市）各縣，成為東江兩岸的重要客家縣分。

位於今河源市東源縣仙塘鎮緊鄰東江的南園客家古村，是迄今仍保存十分完整的明代大型客家村落，居民建築共三十多座，多數建於明末清初，以府第式青磚牆結構為主。居民聚族而居，均屬潘姓，最大一所民居有上百房間。

台灣新竹縣新埔鎮枋寮褒忠義民廟

康熙六十年（一七二一年），台灣南部發生重大民變。漳州府移民朱一貴領閩南方言移民造反，獲下淡水檳榔林（今屏東縣內埔鄉）客家傭工響應，但因兩股力量產生摩擦，在攻陷台灣府城（今台南市）後，大批客民慘遭屠殺。下淡水客莊住民自組自衛團隊，配合清軍反擊，是為台灣客家「義民」之始。

乾隆五十一年（一七八六年），林爽文領漳州閩南方言人群再度大規模舉事，全島各地客家移民更自動全力出擊。南有高屏地區「六堆」組織，中部有諸羅縣（今嘉義縣）、北有竹塹（今新竹市縣）莊民隨清軍夾攻，乾隆賜「褒忠」之名。之後各地客莊紛建「義民廟」。枋寮義民廟建於乾隆五十五年，現為台灣北部客家最大信仰中心。

秘魯卡耀港（Callao）拍賣客家苦力處

一八二四年秘魯脫離西班牙獨立後，經濟凋敝，為了擺脫困境，開始輸入契約華工在種植園作苦工或開發其資源豐富的鳥糞礦（用作肥料與炸藥）。這些契約華工即俗稱的苦力，其中有相當數量的廣東客家人，包括太平天國失敗後逃往海外的太平軍餘部在內。他們的地位與奴隸相差無幾，常年遭到非人待遇。從一八四九年至一八七四年，抵達秘魯的苦力華工總數共達十一萬人之多。

卡耀港與首都利馬為鄰，是這些苦力的登陸港口。從中國出航後，他們住在船艙底層，在經過漫長慘無人道的海上航行後，抵岸時都須在登陸處檢疫消毒和公開拍賣，由買主投標買走，再帶往種植園或鳥糞島常年勞動。每月工資從四美元到八美元不等。

台灣鹿港三山國王廟

清初客家移民渡台後，鹿港原為其開墾經營地之一，於乾隆二年（一七三七年）在當地建造了一所三山國王廟，以之作為信仰中心。乾隆五十一年（一七八六年）林爽文造反，陷彰化城，南北各地客家移民與中部一帶的泉州籍移民起而對抗，因彰化城已化為廢墟，大批泉州移民從城內撤出，遷居鹿港，成為當地強勢人群。但林爽文事件前，鹿港已被開放為與泉州對渡港口，因而林爽文事件後，商業盛極一時。

道光年間，鹿港發生閩客械鬥，部分客家人群被迫遷離，鹿港也因港口淤積，商業由盛而衰。但是，三山國王廟並未完全沒落，光緒年間一度由本地與外地客家人籌資重修。後幾經改建，規模縮小，僅剩目前沿街而立的狹小門面，但仍是客家人曾在鹿港頑強立足的歷史見證。

馬來西亞沙巴州首府亞庇一景

馬來西亞沙巴州首府亞庇在該州西部海岸中部，是馬來西亞重要客家人聚居城市。沙巴州為馬來西亞第二大州，位於婆羅洲北部，原為文萊蘇丹的屬地，一八八二年歸英屬北婆羅洲公司管理。該公司在取得管理權後，積極到中國招工開發。在香港傳教的的德國牧師黎力基在獲悉這一消息後，即努力幫助太平天國覆滅後逃亡的太平軍遺民前往，從一八六四年起，陸陸續續有數批移民到來，到一八九一年，沙巴首次人口統計顯示，華人人口已達七千多人，其中客家人占一半上下。

在流亡到沙巴的太平天國遺民當中，有天王洪秀全的侄兒洪天有及其一家等，後全家改信天主教。

印尼棉蘭（Kota Medan）市區一景

印尼棉蘭市座落在蘇門答臘島北部，為北蘇門答臘省首府，是僅次於雅加達、泗水和萬隆的第四大城，隔麻六甲海峽與馬來半島上的華人重要聚居島嶼檳榔嶼相望。

棉蘭原為馬來蘇丹屬地，十九世紀六〇年代荷蘭政府將其納入直接殖民統治。因種植高級煙草成功，煙草加工和捲煙葉需大量勞力，華工開始湧入，進入二十世紀，隨著橡膠、茶葉、咖啡與可可等熱帶經濟作物的種植，華人更不斷到來。

荷蘭人統治後，擔任第一、二任華人頭領甲必丹的為梅縣松口鎮人張煜南（號榕軒）和張鴻南（號耀軒）兄弟，受到他們的影響，客家人也成為當地華人的重要組成人群，但人數比例上遠低於最早到此的閩南方言人群。

清政府在秘魯首都設立的中華通惠總局

清代包括大批客家苦力在內的華人契約工在秘魯
遭到種種不人道的待遇，引起舉世關注。秘魯政
府迫於國際輿論，派遣特命全權公使前往中國，
尋求建立正式邦交關係，但受到中方冷淡以對，
後經美英兩國公使出面斡旋，卒獲北洋通商大臣
李鴻章接見，雙方在天津簽定友好通商通航條約
及保護移民特別協議。

據此，清政府駐秘魯公使鄭藻如（李鴻章門生）
於一八八四年赴任，在利馬設立了公使館，隨即
建「中華通惠總局」，旨在「通商惠工」，協助
華工僑民就地留下或助其返國，並在廣州設立收
容所，幫助回國者安老。

一百二十多年來，這所南美洲最古老的華僑組織
幾經滄桑，至今仍屹立在秘魯首都欣欣向榮的唐
人街鬧區之中。

漳州南靖縣田螺坑土樓群

土樓源於自衛，明中葉以後倭寇海寇交相
為亂，閩粵大戶人家或大姓家族紛建各式
防禦性結構以自保。海商大戶或海上私
商，也需有堅固住所藏匿白銀。到明朝滅
亡後，鄭成功與清兵對峙，漳潮汕沿海平
原為交戰區，各姓村莊更是深溝高壘，或
稱土堡，其易守難攻程度更與城池無異。
但康熙頒遷界令後，沿海土樓多遭損毀，
只有在內陸客家地區還保留更多完整者。
但土樓並非客家地區所專有，其形式也並
非全是圓形，廣東客家圍屋多為方形結
構。大埔縣城的泰安樓為石牆結構，猶如
一座城堡。二〇〇八年聯合國教科文組織
將福建土樓列為世界文化遺產，南靖田螺
坑土樓群因其形狀獨特，圓方兼具，遊客
常將其視作客家土樓的代表。

清末棉蘭客家首富張鴻南故居

十九世紀後期荷蘭人帶動了棉蘭熱帶種植業的興起。最早經營橡膠種植業的華人為來自梅縣松口鎮的張煜南和張鴻南兄弟。他們在檳榔嶼客家富商張弼士的支助下，成功立足棉蘭，聘用荷蘭人經營橡膠園，並同時開辦銀行，開發房地產，奠定了事業成功的基礎。在他們事業鼎盛時期，顧用的員工達一萬人以上。

兄弟兩人都樂善好施。不但捐建學校、醫院和建造棉蘭市區鐵路，還各出資一百萬兩白銀，鋪設潮汕鐵路，開海外華人捐款回饋母國的風氣。他們也在家鄉捐款建校，捐助香港大學與嶺南大學，並出鉅資擴充大清海軍與救濟災荒。

一九○○年，張鴻南在華人集中居住的鬧區建蓋了新房，中西合璧，但並不豪華，這座宅院至今仍是棉蘭市的一項重要文化遺產。

清末檳榔嶼客家富商張弼士故宅

馬來西亞西北部的檳榔嶼原為印度洋邊偏僻小島，一七八六年英國萊特船長獲准在此建立貿易據點，很快發展成為重要的貿易轉口站，客家移民南下南洋，將它作為重要據點，在此出現了不少風雲人物，廣東大埔縣移民張弼士即是其中佼佼者。

張弼士本名張振勳，一八五八年先到印尼雅加達，從一家紙行打雜做起，再自立門戶，轉向檳榔嶼發展，並與來自梅縣松口鎮的張煜南、張鴻南兄弟合作，開辦墾殖公司與開設輪船公司，終成為巨富。一八九二年獲清政府任命為首任駐檳榔嶼領事，兩年後升任駐新加坡總領事。

他與張氏兄弟一樣，以樂善好施知名，他創辦的張裕葡萄酒至今仍為中國名酒。他生前居住的藍色豪宅（藍屋），現為檳榔嶼重要文化遺產。

清末檳榔嶼客家海山黨首領鄭景貴故居慎之家塾

早期的檳榔嶼是個華人會黨盛行的社會。以廣東增城縣客家移民為主的勢力在當地組織了海山黨，與廣府四邑（新寧、新會、開平、恩平）勢力所代表的義興黨對立。鄭景貴即為海山黨的頭領。

鄭景貴（號慎之）是廣東增城縣客家人，一八四一年二十歲時南下，追隨父兄在馬來半島霹靂州開礦，逐步發展成為擁有六千多名礦工的礦主，後受封為霹靂華人甲必丹。一八八四年中法戰爭爆發，捐十萬巨款資助清軍作戰，展現其共赴國難的一面。

一八九三年，他購得原為義興黨總部的宅院，在旁加築書齋「慎之家塾」。現該處已闢為展示華巫混血文化的「娘惹博物館」。現在這所宅院與同一時期張弼士所建造的藍屋，都是檳榔嶼極其珍貴的文化財。

馬來西亞首都吉隆坡發源地

一八五九年，雪蘭莪蘇丹的女婿向麻六甲的兩位華商借錢，在吉隆坡附近的安邦開出了錫礦。兩位有商業頭腦的惠州客家人丘秀和亞四聞訊後，即在離開礦區不遠巴生河（Sungai Klang）與其支流鵝麥河（Sungai Gombak）會合處右側清出叢林，開設一家雜貨舖，販賣生活用品、燒酒、鴉片和賭具給礦工。店舖開出後，別的商家也聞風到此開店，吉隆坡雛形就此誕生。

鵝麥河原名隆坡河（Sungai Lumpur），即泥河之意。吉隆坡（Kuala Lumpur）最早則稱Pengkalan Lumpur，意即泥束，由此而逐漸演化為吉隆坡一稱，即泥流會合處。圖中右側為巴生河，左側為鵝麥河。

一生執著的客家知識分子戴國煇（林彩美女士提供）

戴國煇是上世紀三〇年代出生在北台灣的客家子弟，因經歷過日本統治和對二二八事件的親身體驗，對台灣的前途有他個人的執著理念。這種執著概括了他的一生。

他的童年跨越了兩個時代，形成他日後對日本殖民者的批判。青年時期，他觀歷了被國共之爭撕裂的台灣社會，養成了對兩岸命運的思索。留學日本後，他努力在海外台灣人各種思潮中尋找台灣的出路。

一九九六年，應第一任直選總統李登輝之邀，他回到台灣任國家安全會議諮詢委員。他希望回饋台灣，為李登輝與大陸之間解開死結。但事實證明，這是一個難以解開的結。三年後他黯然離開了總統府，不久也遺憾離世。他的一生是一個客家人知識分子在兩岸夾縫中艱難尋找台灣出路的人生。

千里達客家之子陳友仁（陳元珍女士提供）

陳友仁是對孫中山的革命有過巨大貢獻的近代人物。一八七八年他出生於千里達的一個客家家庭。他的父親參加過太平軍，太平天國覆滅後賣身到牙買加當契約苦力。契約期滿後與一位客家女子結婚，搬遷到千里達，陳友仁是他們的長子。

陳友仁成年後，成為執業普通律師，但他拋棄優渥的生活，在民國成立時來到了中國，以新聞事業貢獻中國革命，先後參加過孫中山的南方革命陣營，輔助孫中山推動聯俄容共政策和在巴黎和會上揭發美日勾結出賣中國的陰謀，並於北伐期間以外交部長身分迫使英國放棄武漢、九江租界。後因與蔣介石政見不合，流亡海外，於抗戰期間遭日人軟禁，逝世於上海。陳友仁是中國近代史上影響中國甚巨的一位海外客家之子。

廣東惠州秋長鎮葉亞來故居碧灩樓

葉亞來出生在今惠州市秋長鎮,是開發吉隆坡的先驅。一八五四年,年僅十七歲的葉亞來初抵麻六甲,轉往礦區任礦工。靠著惠州客家同鄉的互相照顧,逐漸嶄露頭角。後又被推舉為吉隆坡華人頭領甲必丹。他在馬來統治者間爭奪錫礦權益的雪蘭莪內戰中保住了吉隆坡,結束了華人間的長年內鬥。

戰後,他嘔心瀝血,領導客家礦工們把吉隆坡和周邊礦場從一片廢墟中恢復了元氣。一八七九年英國殖民勢力全面進入馬來半島後,他繼續留任甲必丹,為吉隆坡從早期的華人礦工城鎮發展為現代都市,奠定了良好的基礎,也付出了最後的心血。他一直想回家鄉看望,但因為肺病而在四十七歲時過早離開了人世,始終沒有見到他出資重修的故居碧灩樓。

台中縣石岡鄉土牛客家文化館

近年來一些客家地區振興客家文化不遺餘力,台中縣石岡鄉土牛客家文化館為其中具有代表性的成果之一。

台中縣石岡、東勢一帶客家,主要是廣東大埔縣移民後人。該客家文化館原為其中劉啟成派下家族的祖祠,是台灣大埔客家夥房的典型建築,建於清嘉慶末年,有近兩百年的歷史,因在一九九九年九二一地震中震毀,經族人協調,商議以文化館形式重建,保留主屋面貌,社區採總體經營,於二〇〇六年落成。落成後妥善結合學界資源,突出民俗特點,多元經營,並擴大與大埔祖地的交流,不僅帶動社區面貌的更新,也為提振台灣客家文化帶來新的思路。

第七章
東渡台灣

　　從明朝開始，已有閩粵贛結合區的客家先民移居台灣（當時尚無客家人的稱謂）。清代客家人的移民台灣，是清初復界以後客家大移民運動的一部分。

　　公元一八九七年四月，受聘為日本政府外事顧問並執教於帝國大學的德國人里斯（Ludwig Riess），在《東京德意志自然・民族東亞學會雜誌》第六卷第五十九號中，以德文發表了他的著作《台灣島史》中，其中關於「客家渡台原委」部分的文章，後由近代台灣留日客家學者戴國煇從日文譯文譯成中文，其中提到，「到十七世紀中葉，荷蘭人與台灣島酋長之交涉由客家族擔任翻譯，他們與中國人毫無差別。對台灣物產與外國交易也盡了大力。」[1]

　　由於這段說明未提供論斷的依據，所以無從判斷其關於客家人為荷蘭人充當翻譯之說法。但因文章的開頭段落中，也像當時外國學者流行的研究角度那樣，採取了人種批判的取向，因而充滿了對客家人的偏見和無知，指稱他們是「對自己種族之出處不明，甚至連自己祖先之埋葬地也不知曉之流浪的客家族」，並因為移民台灣，導致「中國大陸的客家族之人口數卻顯著地減少。結果全種族的三分之一匯集在台灣。」[2]

　　此外，在明末荷據台灣時期，尚無「客家人」之統稱，當時到台的「客家人」，實為已發展成為漢族新民系的客家先民。而漳、潮兩州靠近沿海地帶的客家先民，也像閩南系泉、漳沿海之民一樣，出沒在許多重要的海外貿易據點，因此在荷蘭人占台時期，有他們在台灣的活動身影是很自然的事情。

　　尤其是明朝開國後，漳州人口中有百分之八十的姓氏家族是汀州移民（即客家民系）的後代（見第四章第二節）。到隆慶元年（公元一五六七年）漳州月港成為明代後期唯一對外開放的港口後，漳、潮海寇益發活躍，因此漳、潮從事海外貿易的商人、船工與勞工的人數，比起泉州要來得更多。因而，到明末為止，即使台灣海峽上有了鄭芝龍所代表的泉州海商勢力的興起，但來到台灣的大陸移民，估計仍有不少是說客家話的漳州人和潮州人，也就是說，在清初鄭成功大舉渡台之前，荷據台灣時期的漢人人口中，應有相當比例的客家先民。

一、海寇與漁獵者組成的早期移民

直到十六世紀後期，台灣大部分地方仍屬原始未開發地，只有今嘉義、台南一帶的西南海岸地區，有少數福建漢人前來捕魚或與當地居民部落貿易。

嘉靖朝之後，隨著倭寇外患的減少，閩、粵一帶的漢人海寇活動漸趨頻繁。漳、潮交界處因依山傍海，海灣曲折，有靠近月港之地利，兼且民風強悍，閩、粵兩省官員管轄權責不清，遂成海寇頻生之地。

嘉靖四十四年（公元一五六五年），詔安梅嶺人吳平，因與其勾結的倭寇被殲，自立門戶，糾眾上萬，船四百艘，活躍於漳州詔安、漳浦和廣東潮州、惠州一帶海域。這股海寇勢力次年在越南被殲後，餘眾又在廣東籍曾一本的領導下，在粵東沿海一帶為患，經俞大猷部將追捕，於隆慶三年（公元一五六九年）將其消滅。但很快又有新的勢力起來。隨著各股海寇勢力的此起彼落及官兵追捕力度的加大，原來漢人船隻罕至的台灣，開始出現了逃避官兵追捕的海寇蹤跡。

從隆慶三年到鄭芝龍勢力崛起並掃清台灣海峽群寇為止，先後到過台灣的海上勢力有林道乾、林鳳等所領導的各股人馬。

林道乾是潮州澄海人（有一說是惠來人），出道很早，曾聚眾海上，多次降而復叛。嘉靖四十二年（公元一五六三年）據澎湖，因受俞大猷部追剿，遁入南台灣，[3] 至今台灣南部仍有關於他的種種傳說。嘉靖四十五年（公元一五六六年），又聚集三千多人出入雷州、瓊州等地。[4] 萬曆三年（公元一五七五年）復犯福建，[5] 後逃亡暹羅。[6]

林鳳是在萬曆二年（公元一五七四年），因同黨的海寇諸良寶被殲而自澎湖逃往台灣魍港（今嘉義縣布袋鎮）修整。次年他又再襲閩、粵沿海，為福建總兵胡守仁再追至台灣淡水，然後逃亡菲律賓。

之後，直到天啟四年（公元一六二四年）荷蘭人占有台灣時，陸續還有袁進、李忠、林辛老、楊六（楊祿）、李旦、顏思齊、鄭芝龍和劉香等海寇或海上私商人馬藏匿或駐留台灣，利用台灣躲避官兵追捕或從事轉口貿易。清康熙二十二年（公元一六八三年）台灣歸清後，侍郎蘇拜奉命到福建與福建總督姚啟聖和靖海侯施琅商議台灣廢留事，施琅上疏言：「明季設澎水標於金門，出

汛至澎湖而止。台灣原屬化外，土番雜處，未入版圖。然其時中國之民潛往生
聚，已不下萬人。鄭芝龍為海寇，據為巢穴。及崇禎元年，芝龍就撫，借與紅
毛為互市之所。」[7]

可見，到崇禎元年（公元一六二八年）當時活躍於台灣海峽之上的鄭芝龍
勢力返回福建接受招撫為止，中國東南沿海留在台灣的居民已達萬人以上。這
些人當中既有海寇團夥，也有他們搶來的婦女。雖然荷蘭占台後不一定所有人
都長期定居下來，但留下來的人就成為台灣的漢人人口，形成了台灣最早的漢
人移民。由於上述海寇集團的活動範圍及於潮、漳、泉各州，因此順理成章，
就有為數不少的漳、潮近海客家先民投入海寇集團，加上部分受擄婦女，留在
台灣的就成為早期台灣的客家先民。

二、荷據與明鄭時期的到台商民與移民

在整個荷據台灣時期，前後將近三十八年的時間，陸陸續續有更多的泉、
漳、潮商民與農民前來台灣，從事商業、墾殖和漁獵活動。在前期，即崇禎八
年（公元一六三五年），泉州南安鄭芝龍的海上勢力殲滅廣東巨寇劉香一夥成
為台海霸主之前，雖然商人對台貿易的通行證是由泉州海道發給，但是往來台
灣的商船多是由漳州月港出發，[8] 因此，到台人員也多是來自漳州。同時，劉香
的活動主要是在閩、粵交界處的南澳一帶，所以其人馬也應主要是潮、惠沿海
之民。因而，在荷蘭人統治前期，仍不乏客家地帶之民來到台灣。

從鄭芝龍掃平台海劉香勢力到他投降滿清的一六四六年（清順治三年），
是荷蘭人對大陸貿易的黃金十年。鄭芝龍的安海勢力成為其主要貿易對象，大
陸到台貿易船隻主要來自廈門、安海和福州。來自漳、潮一帶的商民相對減
少。但是，隨著島內農業的開發和農民來台人數的增加，相信還是有不少客地
農民來台。

據一六三九年十二月十八日荷蘭駐巴達維亞總督范狄門（Antonio van
Diemen）的報告，住在台灣島的中國人總數共有八千人。[9]

到了公元一六四八年（順治五年），由於明朝滅亡後泉、漳地區的戰亂
與饑荒，大批漢人從大陸逃到了台灣，島上的漢人人口增加到兩萬人。[10] 但

是一年後，饑荒過去，有大批人回到大陸，島上的人口降回一萬五千左右。[11]
一六五九年（順治十六年），因鄭成功進攻南京失利，又有大批人口從大陸逃
到台灣。[12] 據荷蘭最後一任台灣長官揆一（Frederick Coyett）估計，到一六六一
年鄭成功發兵台灣時，荷蘭人當時占領的大員（今台南市一帶，即荷蘭人的統
治中心所在地），已「形成一個除婦孺外，擁有二萬五千名壯丁的殖民區。」[13]

　　由於揆一所估計荷蘭統治最後時期的兩萬五千名漢人壯丁人口，只涉及大
員一帶，全台人口應不止此數，但估計最多也就三萬上下。這些漢人人口是由
三部分移民組成，一是荷蘭占台之前已經住在島上的海寇徒眾和大陸商民；其
次是在荷蘭人占台後到台漁獵、墾地和經商而定居下來的移民；第三部分是因
戰亂與饑荒而逃到台灣的流民。這三部分人口中，第一部分可能在荷蘭占台後
流失很多，其中不少人也跟隨鄭芝龍回到福建去，因此主要是第二和第三部分
的人口。而客地移民在第三部分人口中所占的比例可能高過第二部分。

　　原因是第二部分移民人口與荷據台灣時期鄭芝龍在台海兩岸的崛起密切相
關，不論是經商或到台灣當農民，都受到他的節制，因此應以泉州移民為主。
但第三部分移民，則是戰亂的產物，從順治四年（公元一六四七年）到十三年
（公元一六五六年），鄭成功轉戰於泉、漳、潮沿海地帶，其中尤以漳、潮一
帶戰事慘烈，鄭、清雙方來回交戰，客地之民直接投入戰場者不計其數，受到
戰爭牽連者更不可勝數，因此逃往台灣的流民，人數想必不少。

　　鄭成功平台後，抵台二萬五千將士中也多客地軍民。如順治七年（公元
一六五〇年）率眾數千人歸順的萬禮（原名張要），是平和縣小溪人，[14] 小時
為乞，為詔安官陂客地富戶張子可收為義子，是傳說中大地會創始人道宗和尚
萬五的結拜兄弟，後來雖在北伐南京時戰歿，但隨鄭成功到台軍民中，應有不
少是跟隨過他的平和縣、詔安縣客民將士。[15]

　　康熙元年（公元一六六二年），鄭成功在台過世後，在廈門的鄭經繼位，
次年因金、廈淪陷，東渡台灣。由於與內地不能通商，島內百物騰貴。

　　當時有海寇丘輝盤踞汕頭達濠多年，為了擴張勢力，與鄭經派在廈門走私
購物的將領江勝相通，他招集廣州、惠州的亡命之徒，為受到清廷經濟封鎖的
台灣提供交通接濟，「貨物興販，而台日盛。」，並不時擄掠婦女，賣到台

灣，島內「室家日多」。[16] 這當中或許有些客民婦女也被賣到了台灣。

但是，根據施琅在康熙七年（公元一六六八年）上陳的剿撫台灣事本，這時的台灣，漢人軍民總數仍舊不多：

> 「查自故明時，原住澎湖百姓有五六千人，原住台灣者有二三萬，俱係耕漁為生。至順治十八年，鄭成功親帶去水陸偽官兵並眷口共計三萬有奇，為伍操戈者不滿二萬。又康熙三年間，鄭經復帶去偽官兵並眷口約有六七千，為伍操戈者不過四千。此數年，彼處不服水土病故及傷亡者五六千，歷年過來窺犯，被我水師擒殺亦有數千，陸續前來投誠者計有數百。今雖稱三十餘鎮，多係新拔，俱非夙練之才，或管五六百者，或管二三百者不等。為伍賊兵，計算不滿二萬之眾。」[17]

根據以上推算，到康熙七年為止，台灣漢人人口估計最多有六萬左右，但因鄭成功父子先後帶了兩波人馬到台，雖然其中也有不少漳、潮之軍民，但泉、廈籍的移民，此時顯然已高居台灣漢人人口的主流。

康熙十三年（公元一六七四年），靖南王耿精忠在福建起兵反清，邀鄭經會師，泉、漳、潮各地震動。但鄭經抵廈門後，耿精忠因其人馬單薄，甚輕之。而當時的廈門，自鄭經渡台後，已一片荒蕪，茅草叢生。鄭經下令在台總制使陳永華「調土番暨佃丁六分之四前來廈門聽用。」[18] 推測這些佃丁多為說客語的渡台移民，因此已經移台的客民，反倒被大量調回大陸，造成留台客民人數的大幅縮減。

不久，鄭經部連下同安與海澄縣，漳、泉、潮州請降，主帥劉國軒大敗耿精忠部於泉州與平和二地，聲勢如日中天，耿精忠不得不派員修好。

然而，漳州守將黃芳度是鄭家死敵海澄公黃梧的兒子，雖然迫於形勢投降了鄭經，但心中不服，仍私通朝廷求援，並舉兵反抗，以致城破投井自盡，鄭經將其裂屍，並滅其族人，報黃梧挖鄭氏祖墳之仇。

在接下來鄭經與平南王尚之信的對峙中，主要征戰的戰場都是在粵東客民地區，包括程鄉、興寧、長樂、歸善、河源、龍川等縣及惠州府城。後經平西

王吳三桂調停，尚之信將惠州讓給鄭經，其主力退守廣州省城。康熙十五年（公元一六七六年），鄭經部又攻下汀州，但此後其勢每況愈下。

這年年底，鄭經攻福州失利。接下來，清軍大反攻，汀、泉、漳失陷，潮州總兵向清軍投誠，參軍陳永華見大勢已去，勸鄭經回台。但劉國軒愈挫愈勇，於康熙十七年（公元一六七八年）力克海澄，穩住廈門。鄭經將海澄城內騎兵將士二千餘人載往台灣，分配屯田。但其本人困守廈門，糧餉缺乏，康熙十九年（公元一六八〇年），清軍攻破海澄及海滄地方，廈門更是人心惶惶。在一片恐慌中，鄭經倉惶逃回台灣，次年病歿，發生繼承人政爭，後由鄭克塽繼位。康熙二十二年（公元一六八三年）六月，施琅水師克澎湖，鄭氏政權遞表納降，結束了鄭清之間四十多年的抗爭。

到鄭氏政權結束，台灣人口已從康熙七年的六萬人左右增加到康熙二十二年的數十萬人。據鄭克塽所修的一份降表中稱，「數千里之封疆，悉歸王宇，百餘萬之戶口，並屬版圖。」[19] 而施琅在呈遞降書的上疏中則稱：「偽藩鄭克塽修書，……稱說台灣兵民數十萬」。[20] 前者中的百餘萬戶口是指全台包括原住居民在內的人口而言（但這一數量可能誇大），後者則是單指大陸到台移民人口（數量也可能誇大）。因此，從鄭氏政權立足台灣初期到結束為止，短短十幾年間，台灣漢人人口，包括新舊移民在內，增長較快。主要集中在以東寧府（今台南市）為中心的今台南、嘉義和高雄一帶。

這一數量的人口，除自然增長外，應含鄭經西渡與清人對峙的六、七年當中，逃離戰亂的大量移民。由於主戰場是在漳、潮一帶，因此，這些遷台移民，估計也包含了比例很高的客地移民在內。

不過，清人平定台灣後，人口迅速回流大陸，「文武官員、丁卒與各省難民相率還籍」，[21] 因此人口很快就減至微不足道。

據康熙三十五年（公元一六九四年）刊行的高拱乾《台灣府志》，「國朝康熙二十二年，台灣始隸版圖，通計府屬，實在戶一萬二千七百二十七，口一萬六千八百二十」；「康熙三十年奉文編審：新增口六百三十，戶仍前。」由於這一時期的台灣漢人人口實在太少，客民人口的多寡，已無足輕重。

三、清初渡海禁令與客民渡台

康熙中期以後，客民再度大批到台。這是遷界令結束後，粵東客民大舉外遷行動的重要組成部分。

與遷徙珠江三角洲、粵西和其他各省客民人群的遭遇不同的是，遷移台灣的粵東客民要面對阻礙移民的政令和與其相競爭的閩南移民群。

關於阻礙移民渡台的政令，自日據台灣時期日本學者伊能嘉矩提出清代頒布無原籍地方發給照單（即許可證）者不得渡台、禁止攜眷和禁止粵地之民渡台之「渡台三禁」後，長期以來台灣移民史研究學者常據以推定，康熙平台當年和次年（即康熙二十二年或二十三年）即已頒布《台灣編查流寓之例——六部處分則例》，推出此三項禁令，從而對內地人民，尤其是粵東客民渡台產生極為不利的影響，造成閩、客之間在台灣的不平等競爭。

但事實是，康熙平台後，台地初定，朝野猶在辯論「棄台」或「留台」，不可能即時推出如此完整的一套對台移民禁令。據台灣史學者鄧孔昭的研究，所謂的《台灣編查流寓之例——六部處分則例》，是伊能嘉矩引用《大清會典事例》不同時期的則例得出的綜稱；《會典事例》所載最早一則有關規定是康熙五十一年（公元一七一二年）覆准下屬奏疏稱：「內地往台灣之人，該縣發

●重修過的新竹北埔金廣福公館是清道光年間客（廣）閩（福）移民合股開發台灣的拓墾組織。

給照單。……如有良民情願入台籍居住者，令台灣府、縣查明，出具印文，移付內地府、縣知照。……」[22]

雍正八年（公元一七三〇年），又規定「台灣流寓之民，凡無妻室者，應逐令過水（即西渡），交原籍收管。」乾隆十六年（公元一七五一年），再規定「凡台灣流寓之人，如有過犯罪止杖笞（音「癡」）以下，查有妻室田產者，照常發落，免其驅逐。至犯該徒罪以上及奸盜詐偽、恃強生事、擾累地方者，審明之日，一概押回原籍治罪，不許再行越渡。」嘉慶五年（公元一八〇〇年）「……又奏准台灣流寓有妻室產業良民情願入台籍居住者，令台灣府、縣查明，出具印文，移明內地府、縣……。其無妻室產業者，均逐令過水。如有緣事到官，犯該徒罪以上，……不論有無妻室產業，一概押令過水，分別發落，交與原籍管束，不許再行越渡。」[23]

從這些不同時期的法令規定可以看出，康熙平台初期，對人民東渡一片荒蕪的台灣，並無明確禁令，人民只要取得原籍地發給的照單即可前往。但隨著時間的推移和渡台民人的增多，社會環境益趨複雜，清政府的法令更加細緻，對在台犯罪者有具體的遣返規定，則是很自然之事。

至於攜眷渡台的禁令，也是如此。何時頒布不得而知，可以肯定的是清初有此禁令，但不是台灣歸清翌年的康熙二十三年就已頒布，也沒有對已有妻室在台（不管是採偷渡方式或是與台灣本地居民結婚）的犯罪者採取趕盡殺絕全部趕回內地的嚴苛做法，而且對其入籍台灣有比較寬鬆的規定。

此外，到雍正十年（公元一七三二年），「大學士鄂爾泰奏言：台灣居民准其挈眷入台，從之，於是至者日多，皆有闢田盧長子孫之志矣。」次年又再「詔准台灣人民挈眷入台」。乾隆二十五年（公元一七六〇年），再度重申「詔許台灣居民攜眷同住」。[24] 最遲到乾隆五十三年（公元一七八八年）林爽文事件結束後，經欽差協辦大學士陝甘總督福康安和福建巡撫徐嗣曾上《清查台灣積弊酌籌善後事宜疏》後，禁止攜眷渡台的禁令已完全廢止。

但一向被視為阻礙客民赴台的粵民不得渡台禁令，則顯然在平台後就已存在，而平台主帥施琅則被視為其始作俑者。康熙六十年（公元一七二一年）朱一貴事件結束翌年調任巡台御史的黃叔璥，在其《台海使槎錄》中引用了比他

晚六年到台擔任御史兼理學政的夏之芳所著《理台末議》中的記載，提到：

> 台灣始入版圖，為五方雜處之，而閩粵之人尤多。先時鄭逆竊踞海上，開
> 墾十無二三。迨鄭逆平後，招徠墾田報賦；終將軍施琅之世，嚴禁粵中惠、潮
> 之民，不許渡台。蓋惡惠、潮之地素為海盜淵藪，而積習未忘也。琅歿，漸弛
> 其禁，惠、潮民乃得越渡。雖在台地者，閩人與粵人適均，而閩多散處，粵恆
> 萃居，其勢常不敵也。……」 25

施琅平台後，被封為靖海侯，節制福建水師，關於其禁止粵民（即潮州和
惠州客民）渡台的上述記載，未在其他史料——包括他在康熙二十四年提出的
〈海疆底定疏〉——中發現。然而施琅是在康熙三十五年（公元一六九六年）
去世，黃叔璥和夏之芳均只比他晚一、兩代左右，對這位與台灣息息相關的歷
史人物的事蹟應耳熟能詳，因此，終施琅之世，即從平台到過世的十三年之
間，他利用控制台海的權力嚴厲禁止（粵民）客民渡台，幾可確定是真實可信
的。

儘管如此，學界有人引用伊能嘉矩的資料，認為在施琅禁止粵東客民渡台
期間，已有「嘉應州」客民早在康熙二十五年抵達今台南一帶，並轉往下淡水
溪（今高屏溪）兩岸開墾。但嘉應州在康熙時期仍為潮州之下的程鄉縣地，要
到雍正十一年（公元一七三三年）才升格為嘉應州，因此在禁止粵民渡台時
期，所謂嘉應州人已經渡台的說法值得進一步探究。 26

大體來說，到康熙四十年代以後，粵民渡台已經弛禁，而汀州客民到台
本非在禁之列，因此，早有客民陸續到台。如康熙四十二年（公元一七○三
年），有台灣縣（今台南縣）和諸羅縣（今嘉義縣）之民招募汀州客民開墾羅
漢門（今高雄縣內門鄉）的田地； 27 康熙四十六年（公元一七○七年），有潮
州府鎮平縣（今蕉嶺縣）人劉爾爵渡台，在鳳山縣向施姓業戶墾田七甲。 28 到
康熙末年，下淡水溪（今稱高屏溪）中上游東側為主的狹長地帶（被稱為下淡
水），客民已發展到三十三莊的規模， 29 全台閩、粵人眾不下數十萬。 30

這些客民按來源地分，以潮州府和惠州府粵民為主，籍貫遍及程鄉、平遠

（後分出鎮平縣，即今蕉嶺縣）、大埔、饒平和海豐、陸豐等縣，福建汀州的客民只占少數。因而，移民人群往往被簡單地按來源地域歸類為潮、漳、泉三者，導致潮人與漳、泉人之間，或漳人與泉人之間，相互區隔，時相齟齬，關係難以和睦。

其中漳州移民中的平和、南靖和詔安、雲霄等縣客民，因與龍溪、漳浦、長泰等閩南方言系移民（福佬）使用著不同的方言，理論上與粵東客民的關係應更為親近；但實際上因其原籍地與粵東客民分屬不同省分，反而與閩南語系漳州移民有著更多的認同，[31] 因而清代文獻往往簡單地以漳人稱呼，掩蓋了其本來的客民身分。

四、地域性人群間的矛盾

從康熙平台到康熙末年的短短近四十年內，客民人數從無足輕重增長到數十萬人，不僅反映了清初廣東本籍縣分人口增長的壓力，也反映了遷界令解除後，台灣對粵東客民的吸引力，絕不下於同樣吸收了數以十萬計客地移民的珠

●台灣新竹縣褒忠義民廟高大的山門。

江三角洲地區。尤其是清代前期入台禁令時寬時嚴，有照進入台灣的人數，顯然是在少數，多數都是以偷渡方式抵台，更證明了當時台灣的獨特魅力。

由於清代大部分時間，台灣是屬福建省管轄，初期只開放廈門與台南鹿耳門兩個港口的對渡，到乾隆四十九年（公元一七八四年）才增開泉州蚶江口與鹿仔港（今彰化鹿港）的對渡，五十七年（公元一七九二年）開福州五虎門（今長樂縣）與淡水八里坌（音「奔」）港的對渡。港口少，造成內地大批想渡台者的不便，因此形成了無數偷渡的管道。

道光年間的閩浙總督程祖洛對此有確實的說明：

> 查渡台民人，例應由原籍地方官給照，從廈門、蚶江、五虎門三口廳員驗配商船，至鹿耳門（今台南市安南區）、五條港（今台南市西區）、鹿仔港、八里坌四口登岸，赴台防、鹿港、淡水三廳投繳原照。如有客頭船戶引誘偷渡，澳甲人等知而不舉，分別首從，擬以軍徒；失察各官，亦例有處分。立法不為不嚴，稽查不為不密；而偷渡之弊，仍不能禁絕者，緣內地自福寧以訖漳州，私口如鱗，無處不可偷渡，……到台後，沿海之淺水浮埔，無處不可登岸。逃逸兇盜、違禁貨物，莫不由此脫漏。台灣遂成為藏垢納污之所。……」[32]

福建自明朝開始，即有民間違禁出海的傳統，加上在廣東的客民行政上不屬福建管轄，因此閩粵之民的偷渡台灣可謂防不勝防，偷渡者數以十萬計。這麼龐大數量的偷渡大軍，許多人往往不易攜眷同行，「且內地民人牽娶番婦，久經嚴禁」，[33] 到了台灣之後，社會上到處充斥著游蕩之民，成為動蕩的根源。

到康熙六十年（公元一七二一年），終於爆發了清朝領台後的首次大規模暴亂。亂事的主角朱一貴和杜君英，一個是說閩南方言的漳州長泰人，一個是說另一支閩南方言即潮州話的潮州海陽人（今潮安縣），因此，這次亂事是以閩南話方言人群為主的造反行動。[34]

朱一貴是在康熙五十二年（公元一七一三年）抵台，[35] 原擔任轅役（衙

役），但很快遭到革職，在鳳山縣（今高雄縣）羅漢門（今內門鄉）養鴨為生。因吏治腐敗，在康熙六十年四月於岡山舉眾數萬趁亂起事，獲得當時住在下淡水檳榔林（今屏東縣內埔鄉）客民區的杜君英響應。

由於杜君英與周圍粵東種地客民傭工都是潮州府人，這些客民生活低下，所以杜君英一號召，他們也一呼百應。[36] 他率眾攻破鳳山縣府，與朱一貴合兵後，率先攻入台灣府（今台南府城）總兵官署。城陷後全台震動，官民爭相西渡，逃回廈門。福建水師提督施世驃（施琅兒子）在見到難民船後，才知道台灣有事。

可是，杜君英與朱一貴在攻陷台灣府後，開始了爭奪權位的鬥爭。杜君英欲立其子杜會三為王，引起想推朱一貴稱王的部眾的不滿，形成了起事部眾內部相互摩擦的兩股勢力。朱一貴先下手為強，以杜君英奸淫民女名義，合眾攻擊，大量粵東客民遭到屠殺，府城屍首遍地，另有少部分人脫逃南下，合組一莊，藏匿起來，稱為「蠻蠻」，後來加入舉起擁清旗幟的客民，待清軍大兵一到，群起響應，打擊「閩賊」。[37]

杜君英本人則率數萬客民追隨者，北越虎尾溪（上游源於雲林縣莿桐鄉，在台西與麥寮兩鄉之間流入台灣海峽），駐扎在貓兒干（今雲林縣崙背鄉枋南社區），活動範圍最遠及於今桃園南崁，沿路許多先住民村舍遭到搶掠。[38]

在此同時，朱一貴勢力日益擴張，聲勢最大時有眾三十萬人。閩浙總督覺羅滿保聞變後，調撥施世驃和南澳總兵藍廷珍（後病逝台灣軍中）等出兵到台，收鹿耳門，自安平登陸，並很快收復了台灣府城。朱一貴北逃，於閏六月初五在諸羅縣溝尾莊（今嘉義縣太保市）為鄉民誘捕，由藍廷珍解送廈門，再送北京。接著九月中旬，杜君英父子也在羅漢門（今高雄縣內門鄉）受撫，於十月遣送廈門後解至京師。

朱一貴最後被凌遲處死，杜君英父子則「就撫從寬」，被處斬於市。

在這場重大的亂事中，一股異軍突起的力量，就是在下淡水客莊的侯觀德與李直三等人建立的一萬多名粵東客民自衛團體，這是粵東客民擁清「義民」組織的濫觴。朱一貴在最後的反撲中曾派數萬人進攻他們，但遭到義民殺死和被迫入水中溺死者有數萬計。[39] 從此，閩、粵（客）移民之間的結怨愈積愈

深，「閩每欺粵，凡渡船、旅舍，中途多方搜索錢文。粵人積恨難忘，逢叛亂，粵合鄰莊積類蓄糧，聞警即藉義出莊，擾亂閩之街市村莊，焚搶虜掠閩人妻及耕牛、農具、衣服、錢銀無算，擁為己有，仇怨益深。」[40]

雍正十年（公元一七三二年），平和縣移民吳福生所帶領的閩南人群在鳳山造反，[41]粵東「義民」的作用再度顯現，清軍平亂時，有九百多名客民義民在下淡水人侯心富的率領下，重創造反閩眾。[42]但是客民利用「義民」名義打擊報復閩莊，也使致閩人受創深重。

乾隆三十三年（公元一七六八年），在台灣生長的黃教豎旗作亂，客、閩間發生大規模械鬥，有「漳泉莊民遞呈三十六紙，皆指名具控粵人客莊管事藉義民名色，率眾焚搶之事」；「閩粵各莊，素有仇隙。現因該地有招募義民之事，粵人藉捕賊名色焚搶閩人，閩人又會眾報復，彼此俱有殺傷。」[43]為了自保，「粵大莊多種刺竹數重，培植茂盛，嚴禁剪伐，極其牢密。凡鳥鎗、竹箭無所施，外復深溝高壘，莊有隘門，豎木為之。又用吊橋，有警即轆起固守，欲出崗則平，歸仍轆起。其完固甲於當時之郡城矣。」[44]

直到上個世紀後期，台灣實現工業化之前，全台客家地區仍處處可見密竹包圍的客家村莊與民居。

五、義民功能的擴大

乾隆五十一年年底發生的林爽文和莊大田聯合作亂，大大震動了滿清王朝，不僅皇帝本人細讀參與平定朱一貴之亂的藍鼎元撰寫的《平台紀略》，一再督促下屬找出林爽文的祖墳，以期徹底刨根斷脈，而且在整個平亂過程中，巨細靡遺地隨時掌握戰事進展，嚴厲考核前線大臣的平亂作為。與此同時，號稱有十萬人以上參與作亂的這場亂事中，「義民」的介入也達到了空前的程度，而且其來源已不再局限於粵東客民的範疇，可以說是如雨後春筍般湧現。

林爽文原住漳州平和縣小溪鎮火燒樓地方，[45]因生活無著，乾隆三十八年（公元一七七三年）隨父親到台，[46]住在彰化縣城東二十里的大里杙（杙音「亦」，大里杙即今台中縣大里市），靠趕車渡日，亦曾擔任當時的彰化縣（雍正元年從諸羅縣析置）衙役。

莊大田也是平和縣人，乾隆七年（公元一七四二年）隨父到台，原住在諸羅縣，後遷居鳳山縣篤家港（今高雄市小港），種田渡日。[47]

先是乾隆四十七年（公元一七八二年），彰化縣的漳、泉移民發生械鬥，經官軍追捕後，滋事漳民逃到了大里杙，這裡與先住民岸里社為鄰，比較隱密，他們在車輪埔結盟，共同推舉林爽文為首領。

乾隆五十一年農曆十一月，因貪官台灣鎮總兵柴大紀巡視營伍，來到彰化，官府又追捕天地會員，林爽文等不安，豎旗舉事，陷彰化縣城，並派員北上攻淡水廳（雍正元年設），親自出兵下諸羅縣，攻台灣府城。在此同時，莊大田也在鳳山縣起事，攻陷縣城。

林爽文和莊大田的作亂消息傳抵福州後，閩浙總督常青急調大軍渡台。但各路大軍雖齊聚台灣，平亂戰事進行得並不順利，一直到次年十一月初二日，奉乾隆命擔任大將軍的陝甘總督福康安登陸台灣後，形勢才轉危為安。其時，因諸羅縣城失而復得，柴大紀與守城縣民受林爽文部圍困幾達一年之久，城內糧盡，靠樹根豆粕果腹，福康安部登陸鹿港後，才予以解圍。自此，林爽文處境日益惡化，在大里杙被攻破後，潛逃內山，於乾隆五十三年二月初四日，在集集埔（今南投縣集集鎮）為幫助清軍作戰的義民捕獲，後被解送北京處死。

二月五日，莊大田也在風港（今屏東縣楓港溪出海口）附近海域，為清軍捕獲，因傷重將亡，無法送京，被解送台南府城處斬。

在這場台灣史上最大的民亂中，戰鬥特點是清方大量動用客籍和泉籍義民對付造反的漳州人。在保衛台灣府城之戰中，有八百名義民投入了戰鬥；林爽文部攻擊府城城外柴大紀把守的鹽埕橋時，有千名義民伏擊迎戰；在鳳山縣落入莊大田之手前，官員曾逃出城外，欲招義民助戰。

其後，舉事部眾分兵北上作戰，在各地都遭到義民的打擊。「閩、粵各莊皆團結義民，堅壁清野，賊無所掠；與官兵、義民戰，又死傷過半，賊黨益渙散。」

由王作之率領的一支作亂部隊在攻陷竹塹（今新竹市）後，「粵人謝尚紀、鍾瑞等自嘉志閣（今苗栗市內）招集義民數千人攻之，殺賊目黃阿寧、林日光，餘賊遁去。後壟（今苗栗縣後龍鎮）既克復，賊人赴彰化路絕，勢益

孤。」[48] 後來王作之等欲棄竹塹南逃時，被義民數千人追至舊社（今新竹市北區）捕獲，送往竹塹公開處斬。

在彰化，泉州移民因與漳州移民發生過械鬥，關係一直沒有改善。林爽文起事攻陷彰化城後，原籍泉州晉江的鹿港人林湊心有不甘，召集泉州人反擊，一時二林、埔心各莊原來投向林爽文的泉州籍移民紛紛響應，加入義民行列。住在彰化城內的泉州籍住民，也都跑出城，投奔鹿港。林湊等將這些泉州人組織起來，並招粵東客民相助，在收復彰化城後，大肆捕殺漳州籍移民，焚燒他們的住居，並四處外出，焚毀漳人村舍。因彰化城已化為廢墟，城內泉州籍移民全部移居鹿港，至今鹿港仍是以泉州腔閩南語居民為主要人口。

由於鹿港在泉籍義民之手，清軍之後得以從泉州蚶江口直渡這個商業港口登陸台灣，從台灣中部向林爽文部發動反攻。

然而，在所有義民陣營中，最突出的要數南台灣的客民義民。在鳳山縣，當莊大田舉旗造反時，他急於招募下淡水溪兩側港東、港西的客民，試圖強化反清陣營的力量，但得不到客民的響應。這些客民反而殺掉了莊大田派去勸誘的人員，於乾隆五十一年十二月十九日，齊聚在朱一貴亂事平定後建造的「忠義亭」（在今屏東縣竹田鄉西勢村），「選壯丁八千餘人，分為中、左、右、前、後及前敵六堆，設總理、副理事以資管束，推曾中立為主。」[49]

住在山豬毛（今屏東縣三地門鄉）的客民，雖不在六堆之列，但公議推出一千三百餘人，隨同官兵打仗，乾隆皇帝御賜「褒忠匾額」，[50] 讚其「實屬義勇可嘉」。另還傳諭內閣獎賞六堆義民，「所有管理義民之教授羅前蔭，著加恩賞給同知職銜。曾中立業已賞給同知職銜，仍著賞戴花翎，並加恩給予義勇巴圖魯名號。 俱著送部引見。劉繩祖、黃叄、涂超秀、周敦紀，著賞戴藍翎，用示優獎。……」[51]

對於諸羅（此時已改稱「嘉義」，即嘉獎義民也）和北路（淡水）的閩、客義民，乾隆也褒獎有加，稱：「嘉義縣及淡水等處義民，隨同官兵殺賊，並購線偵探、擒捕匪犯，實屬奮勉。著福康安即向各義民等詳加詢問，如伊等情願頂帶榮身，不欲出仕者，各聽其便；其情願出仕者，著福康安量其才具，分別文武咨送吏兵二部，帶領引見，候朕酌量補用實缺，以示鼓勵。」[52]

　　乾隆皇帝對於台灣一些小地方的義民人群團體和領導人物如此大張旗鼓的褒獎，自有其更深一層的考慮。只要看看他與平亂諸大臣之間的文牘往來，就可知道他最擔心的其實是天地會在台灣的擴散與蔓延。他一再要求大臣們摸清天地會的來龍去脈，希望藉由對義民的獎勵，來獲得台灣民間對他的忠誠擁戴，並化解天地會的吸引力，以免製造更大的亂事。但是，這也只是他的願望而已，林爽文失敗後，還是有天地會的會員流回到大陸，在漳州、粵東及珠江三角洲地區埋藏力量，卒形成紅巾會、洪門等反清勢力，影響所及，為太平天國的興起，積蓄了力量。

　　林爽文、莊大田之亂後，又陸續發生陳周全、陳光愛（乾隆六十年）、廖卦、楊肇（嘉慶二年）、汪降（嘉慶三年）、陳錫宗（嘉慶五年）、許北（嘉慶十五年）、楊良斌（道光四年）、黃斗奶（道光六年）等作亂事件。道光十二年（公元一八三二年），又爆發張丙之亂。

　　張丙是漳州南靖移民，住嘉義。因閩人偷摘雙溪口（今嘉義縣溪口鄉）粵東客民張阿凜所種芋葉的小事，阿凜率眾焚燒閩人陳辦的住處。陳辦約張丙率領三百多人襲擊雙溪口不利，心有不甘，帶著族人陳連焚燒附近客民村莊。事態擴大後，官方追捕陳辦，殺掉了他的一些黨羽。張丙怪官方偏袒客民，專殺閩人，遂舉旗在嘉義倡亂。[53]

　　張丙作亂後，殺嘉義縣知縣，破鹽水港（今台南縣鹽水鎮），陷斗六，在南部又有許成、林海響應，攻鳳山，奪羅漢門。鳳山的客民李受趁機舉起「義民旗」，襲擊阿里港（今屏東縣里港鄉）、礁吧哖（今台南縣玉井鄉）等七十餘處福佬人的村莊，受害男女老少閩人一千八百多人。這場亂事延續了三個多月才為清軍平定。

　　到清朝結束對台灣的統治為止，閩（漳、泉）粵（客）移台居民及其後人，就在彼此的相互摩擦與調適中，形成了一個漢人移民社會的格局。但是，在這個過程中，被清朝統治者塑造出來用以鞏固其統治根基的「義民精神」，卻得以傳承了下來，並成為全台各地的客家人用以凝聚客家精神與客家意識的有力信仰紐帶。分布全島十幾個縣市的四、五十座義民廟，即是這一信仰的具體體現。

六、自南向北和自西向東的人口擴散

雖然台灣進入清朝版圖以後，當局並未鼓勵移民的移入，甚至為有意移民者設下重重障礙，但是到台的閩粵移民仍大量湧入。至嘉慶朝，人口已達二十二萬四千多戶，大小男婦一百七十八萬六千多人，[54] 全台各地都可見到閩、粵移民的足跡。

不同時期的行政區劃沿革，說明了人口的增長與擴散情況。康熙時期只設一府三縣，即自南而北在台灣府下設鳳山、台灣和諸羅三縣，以虎尾溪為天然北界。

雍正元年（公元一七二三年），順應移民人口的增長，增設彰化縣、淡水廳，兩者以大甲溪為界，並將澎湖巡檢司改為澎湖廳。

從康熙中後期以後，南部人口逐漸渡過濁水溪，北上進入彰化平原，其中一批是康熙六十年（公元一七二一年）跟隨杜君英造反越過虎尾溪的大批粵東客民傭工。這些人當中，最遠的曾經到達桃園南崁。但他們的勢力在平亂中為清軍掃除後，能夠在當地留下的可能所剩無幾。真正啟動了虎尾溪以北的開發的客民，是以開發台中平原著稱的廣東大埔縣人張達京。

張達京於康熙五十年（公元一七一一年）隻身渡台，曾經在南部從事貿易，後定居彰化大竹莊，雍正三年（公元一七二五年）起，任岸里社先住民的通事（翻譯）。他為他們治病，興修水利，換取土地開墾權，成為台中平原開發的先驅。到了乾隆年間，在大甲溪以南，已形成許多以粵東嘉應州移民為主的客民村落。

在鄰近的彰化平原，從康熙晚期以後，也有許多漳、粵客民入墾。但這裡是泉州籍移民占有先到絕對優勢的地區，雖然初期在饒平籍黃仕卿的帶動下，許多饒平客民湧入了這一地區，後來又有漳州籍客民的加入，但是三種人群相處並不融洽，從漳、泉械鬥開始，最後以震動清王朝的林爽文事件收場。

雍正元年起，從台中平原往北，過大甲溪後是淡水廳的地界。由於沿海地區為福佬人先占，客民的主要聚居地是群山包圍的苗栗盆地。

雖然自南而北穿越苗栗盆地的後龍溪下游，在康熙晚期就已招彰化縣民進入拓殖，但盆地本身的開發較晚，遲至乾隆二年（公元一七三七年），才有梅

縣松口和鎮平人進入，進行較大規模的開墾。因此，陸續移入的客民，以嘉應州移民為主。在林爽文之亂中，已有聚集數千義民加入擁清陣營的實力。

客家人入墾竹塹（新竹）地區，是淡水廳設立之後的事情。雍正三年（公元一七二五年），陸豐人徐立鵬獲官方授權開墾，招佃墾荒，吸引了海、陸豐和鎮平客民從紅毛港（今新豐鄉）登陸到此開墾。後東渡客民與南部北上佃民陸續加入，先住民竹塹社所在地逐漸成為客民主要住區。

桃園地區的客民入墾，始於康熙末年，初期以潮、惠兩府之人居多，乾隆後，嘉應州人逐漸移入，形成海陸豐腔與嘉應腔客語並存的局面。各地客民分布在全區南半部，從沿海的觀音、新屋鄉延伸至內陸的中壢、楊梅、平鎮和龍潭等市鄉鎮。

淡水廳北部的客民，則是從北部淡水河口切入，自河口兩側分別進入海岸地帶的三芝、石門鄉和林口台地，並沿著淡水河東側進入台北盆地和西側支流大漢溪兩側的平原地帶。

這些地帶的客民主要自汀州府永定縣移入，早自雍正初年即已陸續遷入。[55]但是在閩、客械鬥的陰影下和泉、漳移民勢力的強大擠壓下，逐漸撤出了淡水河的兩側，流向桃園、新竹地區，或是融入了福佬人的勢力範圍之中，轉化為福佬人一員。

嘉慶十七年（公元一八〇九年），清政府將澎湖廳改為澎湖縣，並增設噶瑪蘭廳（今宜蘭縣）。噶瑪蘭廳與卑南地方（今台東、花蓮）當時同屬後山的範疇，[56]它的設置反映了偏處台灣東北角的蘭陽平原移民人口的增長。漳州漳浦人吳沙因出方施藥，救活當地許多感染天花的土著居民，獲准開墾，在嘉慶元年（公元一七九六年），率漳人並間雜一些泉人和粵民入墾。[57]到嘉慶十五年（公元一八〇七年）四月，共有漳人四萬五千餘丁（丁為計稅單位），泉人二百五十餘丁，粵人僅一百四十餘丁。[58]

但這些入墾漳人，有相當數量是詔安、南靖與平和的客民，因此客民數量不在少數。如來自詔安秀篆的游姓，詔安官陂的廖姓和賴姓，以及南靖梅林的張姓和邱姓等。[59]其中許多家族後來都轉化為福佬人。

與噶瑪蘭同屬後山的卑南地方開發很晚。同治十三年（公元一八七四

年），因發生日本藉口漂到南台灣的琉球人遭到殺害，而派兵討伐今屏東縣牡丹鄉先住民的事件，督辦台灣海防大臣沈葆楨見日人覬覦後山，遂派兵分南、北、中三路鑿山開道，經理後山。 [60]

光緒三年（公元一八七七年），出身潮州豐順縣客家籍的福建巡撫丁日昌為鞏固台灣防務，派員在汕頭招募潮民二千多人用官輪載赴台灣，先以八百多名撥交台灣鎮統領吳光亮，安插在大港口（今花蓮縣豐濱鄉）和卑南（今台東縣卑南鄉），其中五百多名到了卑南，剩餘的到了大港口。後來，因招募之人被認為多游手好閒之徒，汕頭招墾局中途裁撤。所以已到達的八百多人，也就成為最早直接從廣東入墾台東和花蓮地區的客家人。後因吳光亮與當地阿美族人關係惡化，派兵鎮壓之故，在大港口的客民幾乎全部移至大莊（今花蓮縣玉里鎮東里）和客人城（今花蓮縣玉里鎮鎮南）。 [61]

●清末客家籍福建巡撫丁日昌招募潮州客家人移民台灣東海岸後山地區。

七、福佬化、土客通婚和客家稱呼的出現

在有清一代客民移殖台灣的過程中，由於地域性人羣主導（主要是漳州人帶頭）的造反作亂層出不窮，漳泉或閩客群體間的矛盾接連不斷，形勢上處於劣勢的粵東或漳州客民，面對更強勢的對手人群，為了免於被消滅的命運，不是像六堆各莊那樣以強化彼此的共同意識和投效更強大的朝廷保護力量來自保，就是融入來自同一地域但使用不同方言的人羣，藉地域的認同來減少孤立無助。

從清政府來說，面對台灣此起彼伏的民間反抗力量，則需要利用地域和方言人羣間的矛盾摩擦來制衡分化這些力量。

在這樣的背景下，就粵東客民而言，潮、惠（以及雍正十一年由潮州析建的嘉應州）的移民，不論是說饒平、大埔、海陸豐話的，或是說梅縣和蕉嶺的嘉應州話，既是粵人，也是客民的一員，兩者合而為一，是屬於不同地域但省分相同的移民羣；相對地，漳州詔安、平和及南靖的客民，即使在地緣上和血緣上與大埔、饒平籍的客民相近，但是在清代台灣移民社會中，卻被歸類為與漳州福佬人相同的人羣， [62] 因而也就造成了漳州客民移民急速融入使用福佬話的漳州人羣中，並加速福佬化的現象。

這種現象，在台灣從南到北都到處存在；即使是獨立於粵、漳、泉民之外的汀州籍移民，也在強勢的福佬移民影響下，大量丟失了客家的身分認同，轉化為福佬客。

如今，在台北縣市、台中縣市，彰化縣、雲林縣、嘉義縣、台南縣、高雄縣、屏東縣、宜蘭縣、花蓮縣和台東縣，除了諸如高屏的六堆等地仍然強勢保留住客家傳承之外，原來住有大量清代汀、嘉、潮、惠、漳客地移民及其後人的地區，雖然仍舊留下了不少客家人曾經在當地開山闢地、保家衛園的痕跡，但是隨著歲月的流逝，這些人羣和他們的話語已經幾乎完全消失在福佬人群之中了。在這過程中，雖然也有上述客家先賢，如丁日昌曾經試圖透過大規模移民，強化客家人在台灣的勢力，但終究還是難以抵擋為福佬人所逐漸融合的力量。

然而，除了逐漸融入福佬民系並轉化為福佬人之外，台灣的客地移民後人

也經歷了「漢番通婚」的過程。

　　由於清初漢人移台，有照合法移民者人數較少，大多是偷渡進入，且前期有禁止攜眷的禁令，因此，全台充斥著獨身的客民。康熙晚年藍鼎元指出：

　　「廣東惠、潮人民在台種地傭工，謂之『客子』，所居莊曰『客莊』；人眾不下數十萬，皆無妻孥，時聞強悍。然其志在力田謀生，不敢稍萌異念。往往渡禁稍寬，皆於歲終賣穀，還粵置產贍家；春初又復來台，歲以為常。」[63]

　　即使到了乾隆中後期，此項禁令雖已完全解除，但攜眷渡台仍有經濟能力的考量。因此已經抵台者，仍有相當人數無法成家。貧困者想要成家，唯一的途徑就是與先住民婦女結婚。但是，清初，對禁止「漢番通婚」，也有嚴格的規定，如乾隆二年（公元一七三七年）曾頒布「禁漢番通婚」令，[64] 即使是與先住民婦女通婚，也非易事。

　　可是，與先住民婦女結婚，卻往往是獲取先住民控制的土地資源和建立「漢番貿易」權的最佳途徑。同治六年（公元一八六七年），美國駐廈門總領事李仙得（Charles William LeGendre），就美國船隻羅妹號（The Rover，又譯為羅發號）十三名船難水手在南台灣為牡丹社住民殺害的事件赴台調查，他在後來給美國政府的報告中提到：

　　「廣東人（即客家人）最勤；最可憐者，被本地（即廣東的廣府人）逐出，遷居於此，多住於能知禮貌之土人地方，與閩人之泛海者雜住，自北至南，隨在多有，未久即熟於土語。……近日更通婚娶，故所得土人之山地益多；藉此基業，因以致富。財源既裕，用以販運，故樟腦一項，必須讓此等人為之。」[65]

　　一八八四年倫敦出版的《中國海關醫官報告摘錄》，也提及台灣的客家人向先住民納款和與其婦女通婚，透過她們取得大片的土地。[66]

　　開發台中平原的張達京就是典型的例子。他既擔任與平埔族岸里社溝通的

通事，又娶其婦女，變成了他們的女婿。

不過，客民與先住民通婚的比例到底有多少，很難計算。由於從雍正十年（公元一七三二年）起，禁止攜眷的禁令即已宣布解除，到乾隆朝又至少兩次重申解禁，因此不能過度誇大客家的唐山公無唐山媽（即內地移台男子無內地妻子）的現象；但是也不能否定清朝統治中前期，曾經有過不少客家男子與在地平埔族婦女通婚的事實，到後期內地客家婦女渡台人數則已大幅增加。

也是同治六年（公元一八六七年）年初，一篇英文的台灣北部遊記為我們提供了更實際的描述：

「二月二十三日 ……所過與山腳相連之處賞心悅目。經過了一處廢墟，據稱是土著所為。……夜宿彰化城內，進入城墻左側即為廢墟，到處是老鼠，居民處境可憐。」

「二月二十四日 早上六點半出發，經過一所村莊，而後穿過一處渡口。第一次見到多名客家婦女，赤足大腳板（即沒有纏足），……很快來到（台中）大甲城，卵石砌造的城墻高度約十五英尺。……」

「二月二十七日 ……夜宿客家小鎮中壢。」

「二月二十八日 早上六點四十出發後不久穿過了一個叫坎仔腳（今內壢）的小城，然後經過立有幾道城門的小城（按：可能是指桃園），不過只在那兒看到數名客家婦女。上下山坡後進入萬華平原，……坐船順淡水河而下，晚間七點抵達萬華。再換乘另一條船，於一日清晨一點抵達滬尾，或稱淡水。」[67]

這篇遊記的作者姓名不詳，但從這位作者在其日記中多次提到客家婦女，可以想見他從彰化到淡水的旅程中，漢人客家婦女已是台灣社會中普遍存在的景象。

這位作者在其遊記中，也使用了當時已經在西方文字記載中普遍使用的Hakka一詞，來描述台灣客家人。與此相較，直到滿清後期，中文的文獻卻仍未使用「客家」一詞來稱呼台灣客民。如道光十七年（公元一八三七年），隨父親自嘉應州鎮平縣遷台後，曾定居於今苗栗縣銅鑼鄉的客家學者吳子光，在

其所著記載台灣事務的《台灣紀事》中，並未自稱「客家人」，而是稱「嘉應州人」，也沒有叫自己是「客人」或「客民」，且不解為何住在閩粵贛結合區的「犵狫客民」（即畲民）的語言被稱為「客籍語」。[68]

即使是到了日據時期，連橫在其一九二〇年出版的著名的《台灣通史》中，也只是以「客人」稱呼粵東移民，並未使用「客家」的稱謂。[69] 甚至直到今天為止，台灣的客家人，仍多以「客人」自稱，並以「客話」來稱呼本身所用的方言；「客家人」或「客家話」提法的普及，似乎還是近幾十年台灣的「客家研究」學術化以後，才開始形成的現象。

●日本據台時期接受現代教育的客家女性。

注釋

1——　戴國煇，《台灣結與中國結——罟丸理論與自立‧共生的構圖》（《戴國煇文集》4），遠流出版公司，2002年，第208頁。

2——　同上，第207-208頁。

3——　據康熙三十三年高拱乾修撰，《台灣府志》，卷一，〈封域志‧沿革〉。

4——　《明實錄類纂‧軍事史料卷》，第653頁，《明穆宗實錄》，卷十一。

5——　《明實錄類纂‧福建台灣卷》，第496頁，《明神宗實錄》，卷三十五。

6——　同上，第498頁，《明光宗實錄》，卷四。

7——　《清史稿》，〈卷二百六十‧列傳四十七‧施琅傳〉。

8——　江樹生譯註，《熱蘭遮城日記》，第一冊，台南市政府發行，2000年，第184頁。

9——　程紹剛譯註，《荷蘭人在福爾摩莎》，聯經出版公司，2000年，第212頁。

10——　同上，第302頁，一六四九年一月二十六日巴達維亞范‧代‧萊恩總督等的報告。

11——　同上，第315頁，一六四九年十二月三十一日巴達維亞范‧代‧萊恩總督等的報告。

12——　據C. E. S.，《被忽視的福摩薩》，載於廈門大學鄭成功歷史調查研究組編，《鄭成功收復台灣史料選編》增訂本，福建人民出版社，1982年，第128頁。該書據推測是荷蘭最後一任台灣長官揆一（Frederick Coyett）所著。

13——　同上，第122頁。

14——　《台灣外誌》，第89頁。

15——　據《台灣外誌》第168頁；及赫治清，《天地會起源研究》，社會科學文獻出版社，1996年，第265-266頁。

16——　《台灣外誌》，第221頁。

17——　廈門大學台灣研究所、中國第一歷史檔案館編輯部合編，《康熙統一台灣檔案史料選輯》，福建人民出版社，1983年，第79-80頁。

18——　《台灣外誌》，第229頁。

19——　同上，第383頁。

20——　同上，第391頁。

21——　施琅，〈壤地初闢疏〉，載於〈靖海紀事〉，卷下，《台灣文獻叢刊》，台灣中央研究院資料庫。

22——　鄧孔昭，〈台灣移民史研究中的若干錯誤說法〉，《台灣研究集刊》，廈門大學，2004年第二期。

23——　同上。

24——　連橫，《台灣通史》（《台灣文獻叢刊》第一百二十八種），卷三／經營紀。

25——　黃叔璥，〈赤崁筆談——朱逆附略〉，《台海使槎錄》卷四，《台灣文獻叢刊》第四種。

26——　伊能嘉矩在《台灣文化志》中如此記載：「康熙二十五、六年時，漢人開始大規模開發屏東平原。廣東嘉應州之鎮平、平遠、興寧、長樂等縣分的客家人紛紛移入台灣，本想在台南府治附近開墾，可是大多已被河洛人所占據，已無空地，才在東門外墾闢菜園，以維生計。後來他們知悉下淡水溪東岸流域，還有尚未開墾的草地，於是相率移居該地，協力開墾，田園日增，人口漸繁。廣東原籍的族人聽到消息後，趨之若鶩。之後，墾地日益擴展，北至羅漢門南界，南至林仔邊溪口，沿下淡水、東港兩溪流域，大小村落星羅棋布。康熙六十年朱一貴之亂時，屏東平原就已有十三大莊、六十四小莊的客家莊了……。」

27——　朱一貴事件後，擔任巡台御史的黃叔璥在其所撰《台海使槎錄》卷五〈番俗六考‧北路諸羅

番四〉中稱：「羅漢內門、外門田，皆大傑巔社地也。康熙四十二年，台、諸民人招汀州屬縣民墾治，自後往來漸眾。」

28——莊吉發，〈筆路藍縷：從檔案資料看清代台灣粵籍客民的拓墾過程與社區發展〉，台灣行政院客委會客家學術文化研討會論文，2002年10月。

29——據〈赤崁筆談——朱逆附略〉。另據作者不詳，論述林爽文之亂的《平台紀事本末》（《台灣文獻叢刊》第十六種），在亂事發生的乾隆五十一年（公元一七八六年）前後，粵東移民已發展到一百多莊；而據《台案彙錄甲集》（《台灣文獻叢刊》第三十一種）〈附錄：紀莊大田之亂〉部分，此時閩、粵移民的莊數已達三百餘莊。

30——藍鼎元，〈粵中風聞台灣事論〉，《平台紀略・附錄》，見《台灣文獻叢刊》，第十四種。

31——到清初時，不但在福建客民原鄉，即平和、詔安、南靖和雲霄等縣已出現許多轉化為說福佬話的「福佬客」，在台灣的新移民中顯然也已開始了這種現象。因此，只要是漳州人的造反，加入舉事者既有漳州客民，也有福佬移民。

32——「閩浙總督程祖洛奏酌籌台灣善後事宜摺」，《台案彙錄甲集》（《台灣文獻叢刊》第三十一種），卷二，第106頁。

33——「福建巡撫鄂寧摺」，《台案彙錄己集》（《台灣文獻叢刊》第一百九十一種），卷二，十，第71頁。

34——據朱一貴作亂時任閩浙總督的覺羅滿保在事後所上的奏疏〈題義民效力議效疏〉中，曾將當時台灣南部的閩、粵移民及作亂之民歸類為：

查台灣鳳山縣屬之南路淡水，歷有漳、泉、汀、潮四府之人，墾田居住。潮屬之潮陽、海陽、揭陽、饒平數縣與漳、泉之人語言聲氣相通，而潮屬之鎮平、平遠、程鄉三縣，則又有汀州之人自為守望，不與漳、泉之人同夥相雜。（康熙）六十年四月二十二日，賊犯杜君英等在南路淡水檳榔林招夥豎旗搶劫新圍，北渡淡水溪侵犯南路營，多係潮之三陽及漳、泉人同夥作亂，而鎮平、程鄉、平遠三縣之民，並無入夥。」

又據2004年台灣文建會發行的《台灣歷史辭典》劉妮玲所撰「杜君英」條，杜君英為廣東海陽縣人，即今潮安縣人；另據《台案彙錄己集》卷一之二所載「朱一貴供詞」指出，杜君英是廣東人，時任「檳榔林管施仁舍莊屯」；再據2008年12月23日《自由時報》報導，六堆文史工作者林貴文指出，杜君英其實是閩南人，是隨父親住在客家莊。因此，可以推斷杜君英是屬潮汕話方言人群，即清代廣府人口中的福佬人。

因此，朱一貴之亂基本上是屬漳、泉、潮閩南方言人群的作亂。這是客家人自組義民隊伍對抗的基本原因。

該奏疏內容見《台灣文獻叢刊》第一百四十六種《重修鳳山縣志》卷十二上／藝文志（上）／奏疏。

35——藍鼎元，《平台紀略》，《台灣文獻叢刊》，第十四種；以下有關朱一貴、杜君英之亂的資料主要取材於此。

36——當時客民在台多無眷屬，被稱為「無賴遊手」之徒，「無室家宗族之係累，欲其無不逞也難矣。」（見《平台紀略》所附〈與吳觀察論治台灣事宜書〉）。

37——民國二十八年抄本《台灣采訪冊》（《台灣文獻叢刊》第五十五種）第34頁〈紀事〉篇「閩粵分類」，引道光九年（公元一八二九年）十一月十日恩貢生林師聖的採訪報導，記載了以下內容：

「康熙六十年，朱一貴之亂，有封偽國公杜君英者，粵之潮州人也，其旗賊眾最雄，閩之賊俱忿恨之。於是合眾攻君英。諺有云：十八國公滅杜是也。殺人盈城，尸首填塞街路，福安街下流水盡赤，

君英敗死（按：實際上是杜君英率粵東客民北走），粵籍奔竄南路，合眾藏匿一莊，曰『蠻蠻』，聞大兵至，起義旗，協攻閩賊有功，蒙賞頂戴累累，遂攜聖恩亭於莊中，此閩粵分類之所由始也。嗣後地方安靖，閩每欺粵，凡渡船、旅舍，中途多方搜索錢文，粵人積恨難忘，逢叛亂，粵合鄰莊聚類蓄糧，聞警即藉義出莊，擾亂閩之街市村莊，焚搶房掠閩人妻女及耕牛、農具、衣服、錢銀無算，擁為己有，仇怨益深。」

38——《平台紀略》，第10頁。

39——《平台紀略》，第20頁。

40——《台灣采訪冊》第34頁。

41——見「吳福生等供詞」，《台案彙錄己集》，卷一，九，第42-66頁。

42——據《台灣文獻叢刊》第一百四十六種《重修鳳山縣志》卷十二上／藝文志（上）／閩浙總督德沛奏疏「題議敘義民疏」。

43——「福建巡撫鄂寧摺」，《台案彙錄己集》，卷二，十八，第66頁。

44——據《台灣采訪冊》引林師聖的採訪。

45——據《台灣文獻叢刊》第一百〇二種《欽定平台紀略》卷五十四第864頁所載林爽文父親林勸的口供。小溪鎮現為平和縣縣城所在地，為1949年自王守仁設為縣治所在地的九峰鎮遷到此處。

46——本條及以下有關林爽文和莊大田事件的說明，主要據《台灣文獻叢刊》第十六種《平台紀事本末》和第一百〇二種《欽定平台紀略》。

47——據《平台紀事本末》第9-10頁。

48——《平台紀事本末》。

49——引自《平台紀事本末》。據台灣行政院客委會網站資料，中堆即今竹田鄉；左堆即今佳冬鄉、新埤鄉；右堆即今美濃鎮、高樹鄉；前堆即今麟洛鄉、長治鄉；後堆即今內埔鄉；前敵（先鋒堆）即今萬巒鄉。其中除美濃鎮在高雄縣外，餘均在屏東縣。

50——據《平台紀事本末》。

51——《欽定平台紀略》卷五十七。

52——《欽定平台紀略》卷五十四。

53——本部分相關事件的說明主要參考周凱所撰〈記台灣張丙之亂〉，《內自訟齋文集》（《台灣文獻叢刊》第八十二種）。

54——嘉慶《清一統志》台灣部分。

55——參看：楊彥杰，〈台灣北部的汀州移民與定光古佛信仰——以淡水鄞山寺為中心〉，賴澤涵、傅寶玉主編，《義民信仰與客家社會》，中央大學客家研究中心及南天書局出版，2006年，第277-302頁；潘朝陽、邱榮裕，《客家風情——移墾、產業、文化》，台北市政府客家事務委員會出版，2004年，第16-35頁。

56——清代籠統將台灣中央山脈山區稱為內山，東部海岸區稱為後山。

57——台灣知府楊廷理，〈議開台灣後山即噶瑪蘭蛤仔難節略〉，道光《噶瑪蘭廳志》（《台灣文獻叢刊》第一百六十種），卷七／雜識（上）／紀略。

58——《噶瑪蘭志略》（《台灣文獻叢刊第九十二種》，卷五／戶口志。

59——《台灣客語概論》（第三章，羅肇錦，〈台灣客家的入墾與分佈〉），第105頁。

60——胡鐵花（胡適父親），《台東州采訪冊·建置沿革》（《台灣文獻叢刊》第八十一種）。

61——《台東州采訪冊·墾務》據南路理番同知袁聞柝（音「拓」）《開山日記》。

62——到道光年間，說潮州話的廣東潮州、惠州移台人眾已達數十萬，但因其方言與血緣源於閩南，則認同於漳州福佬人，不認同於粵。嘉慶、道光時曾任平和縣、台灣縣、噶瑪蘭通判和台灣兵備

道熟悉台灣事務的安徽桐城人姚瑩，在其〈答李信齋論台灣治事書〉（《東槎紀略》卷四，載於《台灣文獻叢刊》第七種））中提到：「內地之民，聚族而居，眾者萬丁己耳，彼此相仇，牽於私鬥，無敢倡為亂異者。台之民不以族分，而以府為氣類；漳人黨漳，泉人黨泉，粵人（指客民）黨粵，潮雖粵而亦黨漳，眾輒數十萬計。」

63—— 丁曰健輯，《鹿洲文集‧粵中風聞台灣事論》，載於《治台必告錄‧卷一》（見《台灣文獻叢刊》第十七種）。

64——《台灣通史》，卷三／經營紀。

65—— 《台灣番事物產與商務‧論生番種類及風土、人情、互市等事》（《台灣文獻叢刊》第四十六種）。

66—— C. A. Gordon, *An Epitome of the Medical Officers to the Chinese Imperial Maritime Customs Service*（《滿清皇朝海關醫官摘記》），1884年，第396頁。

67—— 〈一八六七年年初高雄至淡水陸路旅行紀事〉（Notes of an Overland Journey From Takao to Tamsui in the Early Part of 1867），*Notes and Queries on China and Japan: A Monthly Medium of Inter-Communication for Professional and Literary Men, Missionaries and Residents in the East Generally, etc*, Vol. 1, No. 6, June 29, 1867.

68—— 「犵狫」為舊時對住在中國西南的少數民族族稱的歧視性書寫，現改為「仡佬」（音「個老」）。在吳子光〈台灣紀事‧附錄三‧淡水廳志擬稿‧犵狫客民〉（載於《台灣文獻叢刊》第三十六種）一文中，「犵狫」是指居住在粵西的少數民族居民和閩粵贛邊的畬民。

69——《台灣通史》，卷二十一，鄉治志。

第八章

血汗澆灌了美洲
與南洋大地的苦力大軍

　　鴉片戰爭後，出現了以珠江口兩側的廣東人和客家人為主的海外移民大潮，這就是人類近代史上臭名昭著的大規模苦力奴工販售潮。

　　苦力奴工的形成，源於十九世紀非洲黑奴制度的逐步土崩瓦解。自十六世紀，歐洲白人開始大量販運非洲黑人奴隸從事美洲殖民地的開發後，到了十八世紀末期，這個不人道的制度已經到達強弩之末。公元一七九一年，當時世界最大產糖地之一的聖多明哥（Saint-Domingue，今海地）甘蔗種植園，數十萬黑人奴工在法國大革命的激勵下，爆發了規模龐大的抗暴運動，向歐洲白人種植園主要求人身自由。經過長達十年以上的抗爭後，在一八〇四年擊敗了宗主國法國的軍隊，實現國家獨立與人身解放，加勒比海上第一個共和國海地從此誕生。

　　在海地黑奴獲得徹底解放的刺激下，英國議會在一八〇七年廢止了奴隸買賣，又再過二十多年，於一八三四年在英國大部分的屬地正式廢除了奴隸制度。此後半個世紀當中，法國、秘魯、荷蘭、美國、葡萄牙、西班牙和巴西相繼宣布廢除奴隸制度。[1]

　　然而，黑奴的解放直接衝擊了利用廉價勞工賺取最大利潤的歐洲白人種植園主，尤其是勞工需求龐大的甘蔗園主的利益。他們的甘蔗園主要座落在加勒比（即西印度群島，包括海地、牙買加、古巴、波多黎各、千里達、維爾京群島等島嶼）、中南美洲（如伯利茲和圭亞那）、北美洲（如美國路易斯安那

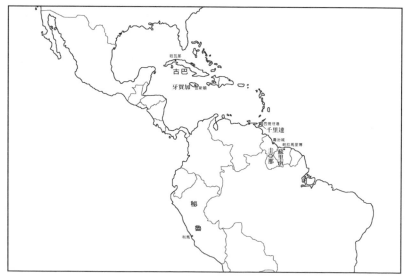

●十九世紀西印度群島與南美洲客家苦力分布圖

州）、印度洋島嶼（如模里西斯、留尼旺）、太平洋島嶼（如爪哇、澳大利亞和夏威夷）等。他們不但立即面臨黑人流失後的勞工短缺和人工工資上漲的難題，也面臨何處尋找大量替代勞工及獲得穩定的勞工來源的窘境。印度人、中國人和太平洋島嶼的土著，遂成為這些種植園主考慮的對象。

　　但事實上，早在黑奴制開始瓦解之前，歐洲人已經意識到不能完全依賴黑人勞工，必須尋找可靠的替代來源。英國於一八〇二年取代西班牙成為千里達島（Trinidad Island）的殖民國後，在一八〇六年從澳門、馬來西亞的檳榔嶼和印度的加爾各答，試驗性地輸入了兩百名華人勞工到英屬西印度群島，其中多數運往千里達島。但是，這項試驗並不成功，幾年後，多數輸入勞工返回了亞洲，只有少數人留下。[2]

　　即使如此，英國仍持續嘗試尋找替代勞工。從一八三〇年起，開始向其印度洋屬地模里西斯（Mauritius）　輸送印度勞工；一八三四年廢除奴隸制後，輸送的人數急劇增加，到一八三九年的五年之間，共達兩萬五千多人。[3]

　　這些印度勞工其實就是契約奴工，[4] 即俗稱的苦力，他們不但須簽定長達五年的契約，而且每天工時長達十五小時以上。他們都是在半騙半拐的狀態下被動地簽下了賣身契約的貧困農民，從簽約起至離開加爾各答等印度港口之前，一直處於被監禁狀態，對模里西斯工作環境的惡劣完全蒙在鼓裡。但是這種做法卻引起自命有人道關懷的歐洲殖民國爭相效尤，認為是解決勞工短缺的良方。

　　曾經在維多利亞女皇時期，四度擔任過英國首相的威廉·格拉斯敦（William Ewart Gladstone）的父親約翰·格拉斯敦（John Gladstone），當時是英屬圭亞那（今圭亞那，Guyana）的一位甘蔗種植園主。一八三八年他首次以兩艘船隻滿載四百多名印度契約勞工登陸該屬地，供島上的種植園主使用。

　　此後，直到一九二〇年英國完全廢止契約勞工制為止，共有五十三萬六千多名來自印度、馬德拉島（Madeira Island，葡萄牙外海島嶼）和中國等地的契約工，進入英國西印度群島各屬地（包括圭亞那、千里達、牙買加）種植園。其中百分之八十是來自印度。從一八四八至一八八九年，共有八萬七千名以印度勞工為主的契約工，進入法國西印度屬地馬提尼克島和瓜德羅普島

（Martinique and Guadeloupe）；從一八七三至一九一六年，則約有三萬四千名進入荷屬蘇里南（Suriname）。[5]

華人契約工方面，從一八四七年開始販運華工，至一八七四年，葡萄牙殖民當局在輿論的壓力下關閉澳門通往拉美的苦力販運作業和英國人關閉在廣州的代理業務為止，共有十四萬名以上，包括大批客家人在內的契約華工進入西印度群島，主要是到古巴；另有十萬人以上進入中南美洲，主要是前往秘魯。還有數量較少的苦力被送往從印度洋到太平洋，包括東南亞在內的各殖民國屬地。

一、華工契約苦力的源起

早在一八一一年，一個英國議會委員會就已在其調查報告中，提出組織中國或海外華人移民西印度群島的利弊和是否會引起中國政府反彈的問題。鴉片戰爭結束後，英屬圭亞那（British Guiana）的一位種植園主在訪問東方後，於一八四三年從加爾各答寫給西印度種植園主與商人常設委員會的信中，對廈門南下東南亞從事熱帶種植的中國勞工讚賞有加。同年，英國殖民地與移民署（Colonial Land and Emigration Commission）經多方探討後，發布了從馬來半島向西印度群島有組織輸出華人勞工的條例。[6]

但是，到一八四七年，也就是鴉片戰爭結束，廣州、廈門、福州、寧波和上海五口通商後第五年，才開始出現從中國本土有組織地向美洲輸出契約勞工的情形，其中以廈門成為最早輸出的港口，[7] 這一年，由該地登上兩艘西班牙船航向古巴的契約工共六百三十二人。[8]

這些契約工通常由洋人仲介公司支付船費和船上食宿費用，並支付衣物和醫藥，抵達目的地後，通過檢疫和身體檢查手續，在港口公開拍賣，由買主付款，償付仲介公司的費用和應得利潤，被買者在此後若干年內完全由買主擁有，由其自由使用和發落。

首批外銷契約工在這個時期出現是有其原因的。首先是香港割讓後，中國的大門已為西方衝破，仲介公司可以肆無忌憚地規避官方管轄，透過捎客或買辦接觸到從前接觸不到的人群，實現商業目的；其次是中國國勢江河日下，民

不聊生，到處都是破產農民，並且從十八世紀末期英國人取得馬來半島西側檳榔嶼的立足點後，逐漸擴大了在馬來半島開礦和種植熱帶作物的力度，福建、廣東農民南下南洋謀生的自由移民已經大有人在，因此很容易可以招募和拐騙願意前往國外的苦力。

　　第一批六百三十二名從廈門出發的男性苦力，經南海、印度洋和繞過非洲南端風急浪驟的好望角進入大西洋的漫長航行後，在同年抵達了西班牙人控制的古巴首府哈瓦那，人數只剩五百七十一人，[9] 經手的仲介是一家英國公司。根據一八六六年香港航運公報的資料，該公司從中國僱船運載三百名乘客（其中兩百七十五名為苦力）到古巴的收入是：每名苦力賣價一百二十五至五百美元，扣除拐賣苦力者（即苦力販子）費用（每名三至四十五美元）、經紀人費（每名四至八美元）、中方代理人佣金（每名五美元）、領事事務費（每名五美元）、苦力預收款（即安家費，每名八至十二美元）、船上伙食及雜費（每名十二至十五美元）、衣服費（每名五至十二美元）、船運費（每名五十至七十五美元）和移民費（每名九十二至一百七十七美元），以途中有百分之十的死亡率計算，共賺得六千一百五十至八萬一千九百美元的利潤。[10]

　　廈門苦力的輸出，帶動了中國的苦力貿易。一八四九年後陸續增加了金星門（珠海附近伶仃洋上的小島，距離澳門不遠）、廣州、汕頭、香港、澳門等主要輸出港口。

　　除廈門外，這些主要輸出港實際上都座落在說客家與廣東方言的地區。除了傳統上廣東人（包括說客家與廣東方言者）往外移民者眾的因素外，英國人對廣東人吃苦耐勞的評價也是重要考慮。一八五二年，英國駐廣州領事埃姆斯里（A.Elmslie）在中國移民展望的官方評價報告中曾特別提到，廣東人最強壯、聰明和睿智，也最勤勞、節儉，最適合在西印度工作。同年英國議員帕克斯（Harry Parks）指出，人們認為嘉應州客家人是開荒能手，凡需要開山闢地時，都要找他們。[11]

　　正是因為這樣的「正面」印象，所以廣東人成為最好的苦力人選。不幸的是，由於同治年間客家、廣東方言居民之間的相互仇視與械鬥（見第六章第五節「土、客械鬥」部分），導致人口販子有機可乘，輕易將大批人口拐騙出

國。

以澳門為例，自香港開埠後，其對外貿易優勢急轉直下，為了挽救頹勢，苦力貿易變成其重要業務項目。在一八六〇年設立了管理苦力貿易的監督官，並公開設立招工館（華人稱為「豬仔館」），「凡葡萄牙人之在澳門者，皆專以此為生涯，而招工棚、館，於是遍澳門矣。」[12] 至一八七三年，由葡萄牙、西班牙、荷蘭三國之人設立的「豬仔館」已擴展到三百多家。

這些洋人人口販子經常在鄉村居民當中用美味、好酒，加上前往海外發財的甜言蜜語遊說。有時則借錢給鄉民，或哄騙他們賭博，再逼迫他們用身體還債。更有甚者，這些人口販子利用客家與本地人（即說廣東方言者）之間的不和，廉價收買彼此爭鬥時所擄獲的對方人員，強迫放洋。而且還向雙方提供軍火，對彼此的宗族械鬥推波助瀾，以增加擄獲的對方人員，一旦到手，立即遣送澳門，甚至連「豬仔館」都不稍待，即逕行送到船上，一直關押到抵達目的地為止。

根據曾在美國休斯頓大學任教的米格博士（Arnold J.Meagher）的推算，從一八四七年第一批華人契約奴工販運到古巴開始，到一八七四年，抵達西印度群島和南美洲的華人苦力共有二十五萬人之多。 [13]

●澳門曾經是苦力交易的中心，到處設有「豬仔館」。

二、淚灑西印度群島

1.形同奴隸的古巴華工

自第一批華工在一八四七年登陸古巴首都哈瓦那（Havana）後，直到一八七四年為止，共有十二萬四千多人抵達加勒比海上的這個西班牙殖民島嶼，[14] 這些華工大部分都是說廣東方言和客家話的人群。

華工的抵達，緩解了黑人奴隸獲得人身自由後種植園人手不足的困境。他們的合同均為期八年，但是他們的的地位卻與奴隸無異，在抵達哈瓦那後，要經過在市場公開拍賣的羞辱過程，才由買下的種植園主領走，因此種植園主也習慣把他們當成奴隸對待，雙方之間摩擦頻生。

為了規範華工的行為，殖民當局在一八四九年推出了法令（Reglamento），允許種植園主為每十名華工設一白人監工，監督他們的工作與生活。對不聽話的人可施以十二下鞭刑，再不服從，加十八下；如繼續抗命，則可扣上腳鐐並雙腳套上木枷睡覺兩個月之久。[15]

西班牙人虐待華工的行為鬧得舉世關注，美國駐華特命全權公使鏤斐迪（Frederick F. Low）[16] 給恭親王奕訢發了照會，稱其為「恥辱可惡之事」。在美、英、法、德、俄五國公使的催促下，清政府終於出面與西班牙談判，以拒絕西班牙繼續在華招工為籌碼，達成了《古巴華工條約》，在一八七四年（同治十三年）派遣正在美國監督中國第一批三十名留美幼生的官員陳蘭斌，[17] 由英國駐江漢關稅務司職員馬福臣（A. Macpherson）和法國駐天津海關稅務司職員吳秉文（A. Huber）陪同，以兩個月的時間積極展開調查，訪問了古巴各人種植園、製糖廠和關押華工的「官工所」，聽取了一千一百多人的證詞，並收到了一千六百多人簽署的八十五件訴狀。

調查結果證實：這些華工抵達哈瓦那後即被當成奴隸賣掉，少數人賣給住家和店鋪，多數人則是成為甘蔗種植園主的財產，「日未出而起，過夜半而眠，所食粗粟大蕉，所穿短褐不完。稍有違命，輕則拳打足踢，重則收禁施刑。或私逃隱匿，則置之死地。」因不堪其虐而割喉或吞服鴉片自盡者人數眾多，甚至有人乾脆跳入煮糖的大鍋之中，死狀淒慘。[18]

　　古巴當地的華僑事務所，根據陳蘭斌收集的證詞編成的《古巴華人口供錄》有許多相關的記載，其中一條是這樣指控的：

　　鶴山縣（也是客家縣）馮廣、呂新、陳達等稟稱：「民等向在中國，不料咸豐、同治年間，或因戰亂破家，或因年荒流徙，被拐匪以招工為名，騙到澳門，賣入豬仔館，逼令過番，航海數月，抵夏灣拿（即哈瓦那）入豬仔行，視如犬豕。數日後發賣糖寮，與地獄無異。事主兇橫，管工殘虐，總管敲打，身無完膚。晝夜只歇二時，日食粟米粉兩塊、弓蕉（按：客家話的香蕉）數個、鹹牛肉兩塊。壯者皮骨僅存，稍弱者自縊、投水、投糖鍋、自刎。更難堪者，八年滿工，復要再立六年合同，不答允即送入官局作苦工。」[19]

　　陳蘭斌回國後寫下了這樣的詩句：「苦力——何苦！死且不能盡；焦骨成虀粉，增白古巴糖！」他的調查報告引起了清廷的重視，被用來作為與西班牙當局談判的重要依據，西班牙被迫在一八七七年簽署了《會訂古巴華工條款》，正式廢止了契約工制度。

　　但是仍然留在當地的華工，由於自殺率太高，有時一所種植園一天要發生一、兩起，到一八七四年為止，其在古巴的人數，去除已回國的一百四十人，剩下的只剩百分之五十五左右，活不到合同期滿的人高達五萬六千多人。[20]

　　倖存的六萬八千多人在合同期滿後，由於得不到西班牙種植園主提供返國船費，絕大多數在當地留了下來。他們離開深惡痛絕的種植園後，主要是流向城市，從事小販、工匠、餐飲、園丁等行業。一八五八年，有兩位華工利用幾年積存下來的微薄工資，在哈瓦那開了一家水果店和一家咖啡館，這就是後來的中國街前身。[21]

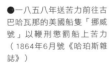

●一八五八年送苦力前往古巴哈瓦那的美國船隻「挪威號」以鞭刑懲罰船上苦力（1864年6月號《哈珀斯雜誌》）

2.西印度英國屬地的客家契約工

繼古巴的西班人輸入華工後，英國人也從一八五二年起，陸續將華人契約工送往西印度屬地，但人數不多。從一八五二年至一八七四年，共輸送了一萬七千多名，實際抵達目的地的只有一萬五千九百人左右。其中，抵達圭亞那的華工共達一萬三千八百三十名，抵達牙買加（Jamaica）的五百一十五人，抵達千里達（Trinidad）的兩千六百四十三名。[22]

這些契約華工，主要來自廣東客家地區，集中在東莞、歸善和新安（民國時期改寶安縣，現屬深圳市）三地。[23] 咸同年間的「土客械鬥」發生後，移民到西印度群島和中南美洲的客家人更多（見第六章第五節）。一八六〇年，巴色教會的德國傳教士羅卜賽（William Lobscheid）曾幫助這三個縣的三百五十八名男女老少貧苦客家村民（其中一個村莊因與鄰村械鬥，作物全部失收），遷徙到英屬圭亞那。一艘稱為「多拉號」（Dora）的船隻，載著客家人的村民，從香港經過八十四天的航行後，經過印度洋和大西洋，在這年四月三日抵達了英屬圭亞那。[24]

另一個事例，是一八六六年英國駐廣州副領事麥爾斯（William Fred Mayers）向領事薩普森（Theo. Sampson）報告，廣東督糧道（監管糧食的官員）派人帶口信說，是否能將土客械鬥後由他照管的七千名無家可歸的客家男女老少送往西印度群島。薩普森領事當時表示，由於季度的關係，最多只能送走兩千五百名身手矯健的人，其中婦女人數不得少於三分之一。這些事例說明了土客械鬥對客家人的大量前往西印度群島，尤其是對一些客家婦女的移民有很大的影響。[25]

但並不是所有契約工都是在類似不得已的情況下自願要求前往英國屬地，許多人是被騙前去的。據一八八二年一位千里達島的神父在其日記中記載，為了誘騙中國人前去千里達，英國人採用了欺騙印度人的相同手法，說得天花亂墜，一旦中國人上當簽約，到了千里達後發現不是所說的那樣，但為時已晚了。一位裁縫就是因為相信到了以後可以繼續當裁縫而受騙的。抵達千里達以後，他連續三天抗議受騙，被逼在甘蔗園上工，經抗議無效後，第三天晚上，他穿上最好的衣服，當著聚集的人群，開槍對著自己的頭部自盡了。[26]

相較於在古巴的西班牙人，英國人對載運婦女到以男性勞工為主的西印度群島，採取了較為寬容的政策。從一八四九年至一八七四年，在進入加勒比和南美的二十五萬一千八百〇九名華工中，只有六十二名婦女到了古巴，六名到了同為西班牙人屬地的秘魯，其餘兩千八百多名主要是到了華工總數不到一萬六千名的英國各個屬地。[27]

在人道待遇上，英國屬地的華工也比在古巴的條件為佳，華工的田間耕作和製糖勞動，是與印度契約工及當地的黑人非契約工混在一起。每月工資雖僅四美元，但與勞動強度和時間長度一樣的非契約工相當；生活上雖擠在一排排擁擠的大通鋪裡，但可以帶異性住宿（由於華工不像帶有種姓意識的印度人那樣排斥不同族裔的異性，所以有人與印度人或當地黑人婦女混住一起）。宿舍內另有共同娛樂室，但實際上是賭博和鴉片室；許多華工抽鴉片的習慣是從中國帶來的。[28]

但即使英國人對待契約工的做法比西班牙人稍好，華工仍然受到等同於奴隸的待遇。

曾經在圭亞那擔任首席法官的比蒙特（Joseph Beaumont）對此有嚴厲的批判。他在其一八七一年倫敦出版的書本《新奴隸制：英屬圭亞那印度與中國移民概況》（*The New Slavery: An Account of the Indian and Chinese Immigrants in British Guiana*）中指出：契約做法使這些移民屈從於以特別的刑律迫使其變成奴隸的制度；從一八六四至一八六八年的五年之間，每年死亡的契約移民人數達一千兩百至一千三百人，死亡率高達百分之四，而死者都是盛年去世；他們的僱主動不動以暴力相待，經常強行進入其住所將他們拉出，關押在牢房內，然後由管理人或監工施以拳腳，並且事先不講就將他們工資停掉。

根據這位法官，一個虐待例子是，有位華工因為生病，發了一些牢騷，監工立即找來一群人，其中還有華人打手，在眾人面前將他痛打一番，在整整一個小時的時間裡，這群人輪番動手，不管他如何哀嚎和流血嘔吐，最後還是活活將他打死。[29]

但是，華工們也不見得就是溫馴的一群。一八六六年三月三十一日千里達當地新聞報導，早兩天，一所種植園的華工發動罷工，管理人發出傳票，要拘

捕帶頭的五個人殺雞儆猴，當警察來抓人時，所有的華工都一起動手以長棍相
向。有些土生白人跑來幫警察抓人，也被華工趕到草叢中去。第二天消息傳到
當地政府部門後，立即派出一隊武裝警察，總共逮捕了三十九名華工。[30]

　　從一八五〇年代起，與英屬圭亞那相鄰的荷屬蘇里南也陸續引進了一些華
工。當地種植園主多為英國人，因此其僱用華工的條件也與英屬圭亞那大致相
同，合同也是一般為期五年。首批華工十八人是在一八五三年自爪哇輸入。第
二批五百人是在一八五八年透過澳門引進。但是一八六三年蘇里南廢除奴隸制
後，需人殷切，因此僱用條件較為優渥，除了每月工資七美元外，還提供五年
合約期滿後的回國船票。在前述德國傳教士羅卜賽的幫助下，從一八六五至
一八六九年，共經由香港輸入了兩千兩百二十一名契約華工。或許是由於羅卜
賽牧師的關係，這些華工主要是客家人。但一八七〇年代以後，蘇里南不再從
中國輸入勞工，改由印度勞工取代。[31]

　　一八六六年三月，經清政府力爭後，與英國駐華公使簽署了一項保護華人
契約工回國權利的公約，其中規定，華人契約工五年合同期滿後，應向其支付
返國費用，但是這項公約遭到了各殖民屬地的強烈反對，導致英國人設在廣州
的中國人移民署處於停頓狀態，卒於一八七四年完全關閉，最後一艘運載契約
華工的船隻在一八七四年開出之後，結束了對英國屬地輸送契約華工的歷史。[32]

　　在西印度群島英國屬地工作的許多華工，於五年合約期滿後，因得不到回
國費用，選擇留在當地謀生，多數人是從事小賣零售。

●西印度群島的華人契約
工。原圖載於 Le Tour de
Monde, Vol. II, 1860.

這些華工也不一定是繼續留在原來的住地，而是外移到西印度其他英國屬地發展。例如，從一八七二年至一八八七年，共有三千名獲得自由的華工從英屬圭亞那外移到千里達和牙買加等地。[33]

三、血染安第斯山山腳的海岸縱谷

早在十七世紀初期，占領秘魯印加帝國的西班牙人，就已從馬尼拉將三十八名華人引進其秘魯殖民統治中心的所在地利馬（Lima），為西班牙殖民高官幫傭。[34]

一八二四年秘魯從西班牙人手中獨立後，經濟不振，民生凋敝。但是一八四五年開始在外島開發鳥糞礦後，挽救了其瀕於崩潰的經濟。

鳥糞礦（Guano）是海鳥、蝙蝠和海豹的排泄堆積物，含有豐富的氮、磷物質，是一種很好的有機肥料，也含有很高成分的硝酸鹽，可用於生產火藥。但是由於其開採需要大批勞力，而秘魯人口稀少，只有兩百萬人，因此初期雖強迫逃兵和囚犯開採，仍遠不足以滿足需求。秘魯政府原先曾考慮採用黑人奴隸和智利勞工（秘魯黑人奴隸至一八五六年才獲得解放），但因來源有限，於是將目光轉向了工資低廉的華工。

一八四九年，曾任秘魯臨時總統的多明戈‧埃利亞斯（Domingo Elias），從國會取得了引進華人苦力在專產鳥糞礦的欽查三島（Chincha Islands）開採的特權，首批引進了七十五名。此後，華人契約工即源源來到了秘魯。據估計，從一八四九年至一八七四年，抵達秘魯的華工總數共達十一萬人之多。其中數千人從事鳥糞開採，五千至一萬人幫助修建通往安第斯山（The Andes）的鐵路，近八萬人從事於隨著鳥糞的輸出而帶動的甘蔗和棉花種植與出口。[35] 從一八四〇年至一八七五年，秘魯的出口總額共增長了四倍，由六百萬比索（每比索為一銀元）增至近三百二十萬比索，這是促成華工源源湧入的經濟基礎。[36]

這個時期進入秘魯的華工，主要來自珠江三角洲一帶與粵西的肇慶、羅定，也有來自福建的。[37] 這些契約工當中，包含了相當數量的客家人。

從事鳥糞礦開採的華工人數雖不是最多，但卻是最艱苦的。在每個鳥糞島上開採的華人數目，從三百至八百不等，但處境卻與地獄相差無幾。不僅要承

受一年三百六十五天從早到晚熱帶艷陽的直接照射，而且潮濕高溫，全年不雨，居住場所僅為最簡單原始的低矮竹棚而已，淡水與食物都需從島外運進。更難以忍受的是，海鳥、海豹排泄物經過千百年的堆積之後，其硬如石，每一鋤或每一鏟下去，粉塵四射，不斷被吸進體內，對身體造成莫大的傷害。然而這些華工卻被要求每人每天至少挖掘五噸，每星期工作七天，其作息條件，與真正的奴隸完全無異。[38]

即使如此，工人仍動輒受罰，經常遭到皮鞭抽打，因此，幾乎每天都有人試圖自殺。而一般工人的身體狀況也難以支撐到五年合同期滿，很少有人活過三年的。

這種非人的待遇引起了運載這些華工的船長和一些投資者的注意。一八五四年，一位船長向英國樞密院（英國君王的諮詢機構）揭發，因載運華工前往秘魯的船隻主要是英國船，英國外交部有責任提出交涉。經英國政府向秘魯抗議後，英國駐華貿易長官宣布禁止英國船隻載運華工前往欽查三島。迫於壓力，情況略有改善，如工人工資從每月四美元增加到八元，另由英國公司取代多明戈·埃利亞斯經營鳥糞礦的開採，並將殘忍不人道的工人總管開除等等，英國駐華貿易長官於是宣布取消英國船隻不准載運華工的禁令。

在國際輿論的壓力下及其國內勞工階層的反對下，秘魯政府在一八五六年宣布終止引進亞洲人勞工。這一年，秘魯也在英國人治下的香港設立了領事館。

一八六一年，美國南北戰爭爆發，南方的棉花生產受到干擾，秘魯的大地主們紛紛將其土地改種棉花，對華人勞工的需求迫在眉睫。在地土們的壓力下，秘魯國會取消了禁止輸入華工的禁令，這一年重新引進的華工人數有一千四百多名。其後隨著棉花和甘蔗種植的擴大，對華工的需求不斷增長，此時正值中國太平天國亂事之後，以客家子弟為主的太平軍餘部紛紛逃亡海外，許多人也賣身來到了太平洋彼岸，成為開發秘魯從北到南海岸縱谷的主力。

通常這些華工都在利馬的口岸卡耀（Callao）上岸，在這裡檢疫後拍賣給種植園主。開頭時合同期為五年，後來又被延長到八年。工資與西印度各地一樣，每月四美元，包吃、包住和提供醫療。但事實上也是同樣遭到非人般的奴

隸待遇。據目擊者指出，幾乎每一所種植園都有一所監獄，華工們的境遇比奴隸好不了多少，許多人因為衛生條件惡劣而過早死亡。這些人吃不飽，住不好，工作過量，並且隨時挨鞭子，受盡各種酷刑。

一八六〇年代，受僱於美國密歇根大學在秘魯從事科學考察的司提爾（J. B. Steere）親眼目睹，在種植園內，監工隨時一鞭在手，工人腳鐐手銬是司空見慣。他在一所種植園曾見過三、四十名華工，每人腳上扣著腳鐐，一隻手拎著粗重的鐵鍊，以防磨腳，另一隻手則拿著做工的鐵鏟，既是犯人，也是工人。據園主說，這樣做是為了防範他們逃走，而這些園主實際上掌握著華人僱工的生殺大權。

秘魯僱主的殘暴激起了華人僱工們的反抗。在一八六〇年代和一八七〇年代初期，反抗事件層出不窮。秘魯一般大眾為之恐懼不已，反華情緒隨之高漲。

一八六八年，美國駐秘魯公使霍維（Alvin P. Hovey）接到了秘魯華人社團的求援申訴狀，內稱：「惡夷等恃富凌貧，喪良昧理，視合同如故紙，視人命如草芥。」[39] 經美國駐北京公使布朗恩（J. Ross Browne）轉交清政府後，恭親王奕訢請求霍維公使就地協助華工。一八七一年，利馬的福建、汕頭、廣東會館僑民循同一管道再度請求清政府救助，派遣特使前往秘魯調查。

●盛產鳥糞的秘魯欽查三島。（取材自維基百科公用圖片）

　　一八七二年，一艘懸掛秘魯國旗的華工載運船隻，因天候不佳停泊日本橫濱時，船上一名苦力跳水求救，為英國船隻救起，痛訴船上兩百三十多名華工被腳鐐銬住，遭皮鞭鞭打。另有跳水苦力為日方救起，也同樣痛責秘方行徑，日方被迫調查，將該苦力船扣留六個星期，所有華工交由清政府代表領回。

　　秘魯政府視此次事件為奇恥大辱，為了挽救聲譽，於一八七三年二月派出特命全權公使加西亞海軍艦長（Aurelio García y Carcía）前往中國和日本，尋求建立正式關係，獲得日本給予最惠國待遇，並簽定條約，雙方提供相互自由移民的優惠。

　　但是，清政府以秘魯長期虐待華工，對加西亞特使冷淡處理，後經英、美兩國公使斡旋，終獲北洋通商大臣李鴻章在天津接見。李鴻章要求秘方遣返所有華工。雙方經過長達兩個月的協商後，恭親王奕訢終於改變心意，面告加西亞，表明中方同意簽署條約的意願。雙方於一八七四年在天津簽定了友好通商通航條約及保護移民特別協議。這項條約與協議開啟了清政府派遣駐外使節保護僑民的大門，也促成秘魯政府同意免費遣返合同期滿後願意返國的華工。次年，候補侍郎郭嵩燾派赴英國，任駐英欽差大臣。[40]

　　一八七八年，人在美國的陳蘭斌奉派為駐美國、西班牙和秘魯三國首任公使，但因秘魯與智利正在交戰，未能前赴利馬呈遞國書；到一八八一年（光緒七年），由李鴻章門生香山縣人鄭藻如續任，於一八八四年赴任，在利馬設立了公使館，並建「中華通惠總局」，意在「通商惠工」，協助當地華人移民。這一機構，至今仍然存在。[41]

　　一八七四年後，葡萄牙關閉了華人契約工在澳門外移的大門。秘魯政府撥款補貼種植園主，依據中秘條約開始聘僱自願受聘的自由華工。留下來的許多合同期滿華工，逐漸進入了秘魯商業領域，新舊移民結合，使該國成為南美洲最大的華人移民國，也成為南美洲最大的客家後人重鎮。

四、流向南洋大地

　　雖然早自宋、元以來，閩、粵農民和商人就已是東南亞各地的常客，但是十九世紀二○年代馬來半島錫礦的發現與開採，給粵東客家人的大批南下

帶來了強大的動力。在雪蘭莪（Selangor）、森美蘭（Negeri Sembilan）和霹靂（Perak）等由土著蘇丹（Sultan，即土王）或土酋（Raja，或稱拉賈），或稱拉賈控制並由客家商人投資的礦場中，陸續引進了數以萬計的嘉應州和惠州客家移民。

初期，這些客家礦工是自願前往的自由移民。他們從英國人在半島上建立的海峽殖民地（Straits Settlement，由檳榔嶼、麻六甲和新加坡三地共同組成）登陸，投向也是客家人投資開辦的礦場中。搭乘的船隻是中國人使用了上千年的木頭帆船。據一八三〇年代一位英國航海家俄爾（George Windsor Earl）的估計，當時每年大約有五千到八千名華人從新加坡上岸。另一位擔任新加坡港務長的英國人沃恩（J.D. Vaughan）估計，一八五〇年代初期，每年有兩千至三千名華工從檳榔嶼上陸，兩千五百至三千名抵達麻六甲。曾經在新加坡以種植鉤藤（Gambier，即甘蜜，用於製造檳榔膏）和胡椒致富的潮州澄海籍大商人佘有進統計，一八四六至一八四七年期間，共有一萬四百七十五名華人搭乘一百零八艘中國帆船和十一艘歐式帆船從新加坡上岸。[42]

鴉片戰爭結束後五口通商，歐洲人紛紛在廈門、香港與澳門等地設立洋行，搶奪契約工商機。但是，針對前往南洋的華工，出現了立足於南洋的華人競爭力量。他們採取了有別於針對美洲賣身契約工和自費前往南洋的自由工的機制，以代墊船費和預付錢款為號召，吸引閩、粵貧困農民寫借據前去南洋開礦或種植，抵達目的地後，以工錢慢慢還債。這種機制是一種信貸合同制度（credit-ticket system），通俗地說，就是一種欠債勞工制度，由南洋華人中有頭有臉的人物、公司或客頭運作，背後有基於方言的南洋華人會黨勢力的滲透，也有為仲介組織或公司在招工村莊跑腿的捐客與地方官府勢力的盤剝。

仲介組織或公司在船隻抵達後，將這些苦力像「豬仔」一樣按不同身體狀況和手藝條件拍賣，與僱主訂約，契約期短則一年，長則數年不等。條件好的，通常在新加坡可賣得百元西班牙銀元以上，但苦力本人所得不過十元，給客頭或公司扣除費用（約二十元）後，其利潤仍相當可觀。[43]

華工或苦力南下的主要出發地是廈門、汕頭、香港和澳門，南下第一站通常是海峽殖民地，然後再轉售馬來半島、婆羅洲及爪哇、蘇門答臘的礦區開礦

或前往種植園種植甘蔗、煙草與橡膠。由於這些華工和苦力當中有相當比例的客家人，因此，新加坡、麻六甲、檳榔嶼以及印尼的邦加與勿里洞（Bangka and Belitung，在蘇門答臘島東南邊上的兩個島嶼，當年大批客家華工與苦力在此開錫礦）、西婆羅洲和棉蘭等地，後來發展成為重要的客家人集中地，與同時期到此的閩、粵其他移民和海南移民，一起建構了有力的南洋華人社會。

這些客家苦力和其他華人苦力，由於受到信貸合同的制約與束縛。為了償債，他們須在華人、英國人或荷蘭人管轄下的礦區或種植園經歷多年的辛苦勞動，並受到沉重的壓榨與剝削。此外，如不幸染上煙（鴉片）、賭惡習，債還不了而陷入絕境者比比皆是。

這些苦力的輸送主要由華人組織經手，因而並不如運往西印度群島和拉丁美洲的契約工那樣，有確切的人數登記，又因是與自由南下華工混雜在一起，因而人數更難以確實估計。但是，從一八六〇年至一九〇五年，南洋華人的增長速度十分可觀，海峽殖民地的檳榔嶼、麻六甲和新加坡從九萬六千人增至三十七萬人，馬來西亞增加到五十五萬人以上，[44] 從中可以大致判斷苦力人數的增長趨勢。

隨著華人人數的增長和護商的需要，清廷於一八七七年（光緒三年）在新加坡設立了領事（一八九〇年即光緒十六年，升等為總領事），並於一八九三年（光緒十九年）在檳榔嶼設立副領事。然而，對於在印尼荷蘭殖民總部巴達維亞設立領事之事，清、荷之間因為對當地土生第二代華人的國籍認定有不同看法，荷蘭殖民當局不認為他們是中國臣民，而是荷屬子民，因此遲至一九一一年（宣統三年），才以清廷放棄對印尼出生華人的管轄權而解決爭議，完成領事的設立。[45]

這些領事的設立，對保護僑民發揮了一定的作用，同時由於清廷也籠絡南洋華人的領袖人物，給予封官和召見的榮耀，並鼓勵其將資金用於中國的建設事業，因此，對華人華僑堅守其中國認同和投資家鄉建設，也發揮了巨大的激勵作用。[46]

與此相對應的是，為了監控華工和提供某些保護，一八七七年和一八八〇年，英國在新加坡和檳榔嶼分別設立了華民護衛司署（Chinese Protectorate），

在原有華人會館和會黨自行管理華人事務的結構之上，委派英國人官員統籌管制。但是，華民護衛司署的設立，也有效堵死了從海峽殖民地轉販華工到荷屬印尼的途徑。為了能夠繼續獲得各個礦區和種植園所需的龐大勞力，荷蘭人直接在汕頭設立洋行招工，並由德國洋行承運，據統計，從一八八八年至一九三一年共販運三十多萬人，連同之前從新加坡轉販的人數，在蘇門答臘的華工人數共達六十多萬人之多。[47]

五、在檀香木之島

美國獨立後，為了突破英國的貿易封鎖，將眼光投向了中國。一七八四年，「中國皇后號」裝滿了產自哈德遜河流域的花旗蔘，自紐約港出發，橫渡大西洋，再繞道非洲好望角，經歷了大半年的時間，來到了中國進行首次交易。

一七八七年，「哥倫比亞號」自波士頓出發，繞道南美洲的合恩角，抵達太平洋東岸今美國加拿大交界處一帶，將船上裝載的槍枝、衣物、飾品和食品等，與印第安人交換中國達官貴人喜愛的海瀨毛皮，然後橫渡太平洋航抵廣州。這條航線的建立，為波士頓商人帶來了繁榮的中國貿易，也為美國建立了以夏威夷為中轉站通往中國的航路。在前往廣州途中，「哥倫比亞號」也首度繞經夏威夷補給。此後，這裡的宜人氣候，也成為在美國西北角從事毛皮貿易的商人躲避嚴冬的勝地。

很快地，美國人發現了島上盛產檀香木，中國人喜歡用來製作家具和檀香，因而大量售往中國。直到一八三〇年代已幾乎被砍伐殆盡，後來為美國船隻的捕鯨業取代後，才結束了這項貿易。[48]

隨著美國商船的往返，一七八八年，美國人在廣州招募的大批中國船員隨船航行美國途中，也首度航經夏威夷，停留三個月，當中可能有一部分人留了下來，因為六年後，有英國航海家看到了夏威夷國王的隨員中有中國人。

一八〇二年，有個叫王子春（譯音）的華人來到夏威夷的拉奈島（Lanai），蓋了一間石磨坊，架起大鍋，煮出糖來。這可能是夏威夷群島最早出現的製糖作坊，但第二年他又回國去了。此後，更多華人陸續到此落腳定居

下來，到一八二〇年代，人數達到三、四十人，為大量華人移民到此開啟了先河。

　　一八三〇年代之後，有些白人到此經營甘蔗種植，招募了一些會製糖的華人。但至一八五〇年《主僕法案》（*Act for the Government of Masters and Servants*）出現後，才真正打開了僱用契約勞工的大門，首批一百七十五名閩、粵契約工在一八五二年年初抵達。直到一八九九年，即夏威夷被美國兼併成為其領土，並開始適用已在美國本土實施的排華法案（即禁止華人移民法案）的前一年，總共有五萬六千多人次的華人和華工進入夏威夷，扣除離境再入境而被重覆計算的人口，實際進入夏威夷的華人總數為四萬六千人左右。從一八八〇年代中期以後，這些人當中包含了相當比例的非勞工人口，即商人、銀行家、華文學校教師、醫師、神職人員、教授、藝術家等。[49]

　　契約華工一般合同期為五年，每月工錢三美元，從天剛亮工作到太陽下山，因此合同期滿後多數人都不再續約，少數人回去中國，多數留下來自謀發展。

　　這些契約華工主要來自珠江三角洲的香山縣（今中山縣）和新寧縣（今台山市），當時兩縣人口中有相當比例的客家人（見第六章第五節末尾的說明），因此夏威夷也引進了不少客家人華工。推翻滿清締造民國的孫中山，雖不是華工，但也是來自香山縣的移民家庭。

　　據統計，一八九五至一八九七年，獲准登陸檀香山的七千〇九十七名契約華工中，有六千二百二十三名是來自說廣東話的地區，另有六百七十一名是來自新安、歸善、東莞和其他客家縣。[50] 另據一九三六年當地一位華人作家的估計，當地兩萬七千名華人中，有七千人為客家；但總體來說，截至一九八〇年，客家人口占當地華人總數的五分之一以上。[51]

　　由於華人人數的增加，在駐美副公使容閎的推薦下，清廷在光緒六年（一八八〇年），任命了當地著名的富商陳芳擔任商董，並於翌年升任領事。

注釋

1—— Dr. Arnold J. Meagher, *The Coolie Trade, the Traffic in Chinese laborers to Latin America 1847-1874*（《苦力貿易——1847-1874年中國勞工販售拉丁美洲史》），Xlibris（互助出版社），2008年，第28-29頁。

2—— Walton Look Lai, *The Chinese in the West Indies：A Documentary History, 1806-1995*（《西印度群島的華人：1806-1995年原始記錄歷史》），西印度去群島大學出版社，1998年，第9頁。

3—— 《苦力貿易——1847-1874年中國勞工販售拉丁美洲史》），第30頁。

4—— 英文原稱為Indentured Laborers，譯成契約勞工，但因在契約工原籍地招募勞工的代理人往往是以不光彩的手段軟硬兼施欺騙、強迫或綁架貧困農民或漁民簽約，而且是以先行發放若干月工資的方式予以安撫並導致他們負債，而後在抵達工作地後，僱主又強迫他們以極低工資和每天十餘小時強迫勞動的方式履行契約和還債，且由於其居住條件原始而惡劣，無最基本的醫療條件可言，僱主動輒任意捆綁，施以鞭刑，不提供人身自由，因此殖民國國內一些具有良知的人士認為這實際上是一種奴隸貿易（Slave Trade），所以是一種契約奴工，中文把這種契約奴工，按印度語對印度馬德拉斯從事低賤工作的塔米爾人（Tamil）的稱呼「Coolie」的發音，統稱為苦力。但是，當時的英國殖民者口中的Coolie，是專指印度契約工而言，不包括華人契約工。

5—— 《西印度群島的華人：1806-1995年原始記錄歷史》，第4-5頁。

6—— 《西印度群島的華人：1806-1995年原始記錄歷史》，第47-60頁。

7—— 當時廈門最早從事華工仲介的洋行達六家之多，其中五家為英國人洋行。

8—— 《苦力貿易——1847-1874年中國勞工販售拉丁美洲史》，第99頁。

9—— 《苦力貿易——1847-1874年中國勞工販售拉丁美洲史》，第43頁。

10—— 《苦力貿易——1847-1874年中國勞工販售拉丁美洲史》，第142頁。

11—— 《西印度群島的華人：1806-1995年原始記錄歷史》，第71、80頁。

12—— 陳偉明，〈明清澳門內地移民的發展類型與人口構成〉，《暨南史學》第一輯，2002年11月。

13—— 《苦力貿易——1847-1874年中國勞工販售拉丁美洲史》，第24頁。

14—— 《苦力貿易——1847-1874年中國勞工販售拉丁美洲史》，第207頁統計表。

15—— 《苦力貿易——1847-1874年中國勞工販售拉丁美洲史》，第303頁，附錄一，《1849年亞洲與印度移民者待遇條例》第十一條。

16—— 當時美國駐華最高外交官的地位為公使（Minister），到1935年以後才升格為大使（Ambassador）；鏤婓迪在出任駐華公使之前為加州州長，多所州立大學組成的加州大學系統是在其任內建立。

17—— 陪伴中國第一批留美幼生留學的總理衙門官員，原為高州主事，中國首位留美學生容閎是陪同他到美的副監督。光緒四年（1878年），陳蘭斌本人受命擔任首任駐美國、西班牙和秘魯公使，於光緒七年奉調回國。

18—— 參考周雅男（天津市檔案館），「古巴華工苦難往事」，載於：http://www.tjdag.gov.cn/jgrw/jgrw_index_xiangxi.asp?n_id=6101；及《苦力貿易——1847-1874年中國勞工販售拉丁美洲史》，第212頁。

19—— 鶴山市外事僑務局《鶴山華僑志》，見：http://big5.heshan.gov.cn:82/gate/big5/waishi.heshan.gov.cn/Article/ShowArticle.asp?ArticleID=282。

20—— 《苦力貿易——1847-1874年中國勞工販售拉丁美洲史》，第220頁。

21—— 《苦力貿易——1847-1874年中國勞工販售拉丁美洲史》，第221頁。

22——　這些統計數字未計入運輸途中死亡人數；見《苦力貿易——1847-1874年中國勞工販售拉丁美洲史》，250頁統計表。

23——《西印度群島的華人：1806-1995年原始記錄歷史》，第7頁。（按：當時許多載運契約勞工前往西印度群島和中南美的船隻，都有登記這些契約工的姓名和原籍地，因此能夠分辨出他們是否為客家人）。另外根據二十世紀初期，牙買加首府京斯敦（Kingston）中華會館截至1957年的公墓紀錄，在公墓中所葬的1436名華人死者中，前八個姓氏（陳、李、張、曾、鄭、黃、劉、何）的人數1005人，占總數的百分之七十。當地陳姓華人主要來自東莞觀瀾墟，曾姓和鄭姓主要來自東莞塘瀝；李姓主要來自新安縣（寶安縣）沙灣和惠陽龍崗，何姓多來自惠陽龍崗墟；見李安山，〈生存、適應與發展：牙買加華人社區的生存與發展（1854-1962）〉，中國華僑歷史學會，《華僑華人歷史研究》季刊，2005年第一期。

24——《苦力貿易——1847-1874年中國勞工販售拉丁美洲史》，第90頁；另據Trev Sue-A-Quan，The experiences of early Hakka immigrants in Guyana——An account of four families（客家人移民圭亞那的經驗——四個家庭的經歷），載於：http://www.rootsweb.com/~guycigtr網站。

25——《西印度群島的華人：1806-1995年原始記錄歷史》，第146-147頁。

26——《西印度群島的華人：1806-1995年原始記錄歷史》，第190頁。

27——《苦力貿易——1847-1874年中國勞工販售拉丁美洲史》，第91頁。

28——〈英屬圭亞那移民待遇調查委員會報告〉，英國議會1971年文件，《西印度群島的華人：1806-1995年原始記錄歷史》，第168頁。

29——《西印度群島的華人：1806-1995年原始記錄歷史》，第171-180頁。

30——《西印度群島的華人：1806-1995年原始記錄歷史》，第190頁。

31——《苦力貿易——1847-1874年中國勞工販售拉丁美洲史》，第260、261頁。

32——《西印度群島的華人：1806-1995年原始記錄歷史》，第192頁。

33——《西印度群島的華人：1806-1995年原始記錄歷史》，第210頁。

34——據秘魯華人中文網站秘魯通：http://www.peru168.com/huarenshequ/185.html。

35——《苦力貿易——1847-1874年中國勞工販售拉丁美洲史》，第222頁。

36——美國國會圖書館國家研究報告，秘魯篇。見：http://countrystudies.us/peru/13.htm。

37——Adam McKeown, *Chinese Migrant Networks and Culture Change, Peru, Chicago, Hawaii,1900-1936*（《中國移民網絡和文化變遷：1900-1936年秘魯、芝加哥、夏威夷》），芝加哥大學出版社，2001年，第54頁。

38——關於秘魯華人契約工的遭遇，見《苦力貿易——1847-1874年中國勞工販售拉丁美洲史》，第222-241頁。

39——周麟，〈秘魯華人世紀血淚〉，《僑協雜誌》，2004年8月第八十八期。

40——〈秘魯華人世紀血淚〉。

41——見「秘魯通」網站「中華通惠總局在秘魯僑界中的特殊歷史地位」一文：http://www.peru168.com/qiyetuanti/34.html。

42——據《苦力貿易——1847-1874年中國勞工販售拉丁美洲史》，第133頁。

43——據《中國大百科全書中國歷史》網頁彭家禮撰〈華工〉篇：http://book.pans.cn/%C6%E4%CB%FB%C0%FA%CA%B7%CA%E9%BC%AE/%C0%FA%CA%B7%B9%A4%BE%DF%C0%E0/%D6%D0%B9%FA%B4%F3%B0%D9%BF%C6%C8%AB%CA%E9%D6%D0%B9%FA%C0%FA%CA%B7/Resource/Book/Edu/JXCKS/TS011096/0747_ts011096.htm。

44——Martin Stuart-Fox, *A Short History of China and Southeast Asia: Tribute, Trade and Influence*（《中國

與東南亞簡史：進貢、貿易與影響》），Allen and Unwin出版，2003年，第125-126頁。

45—— 參考莊國土，〈對晚清在南洋設立領事館的反思〉，《廈門大學學報（社會科學版）》，2006年第5期。

46—— 參考王振勳，〈晚清中國在新加坡設置領事館的經濟考量〉，《興大人文學報》第三十四期（2004/6）：http://www.cyut.edu.tw/~ge/secPlan/plan4/pdf/t03.pdf。

47—— 據《中國大百科全書中國歷史》網頁〈華工〉篇。

48—— David M. Pletcher, *The diplomacy of involvement: American economic expansion across the Pacific, 1784-1900*（《介入外交：1784-1900年美國跨太平洋經濟擴張》），密蘇里大學出版社，2001年，第18-22頁。

49—— Clarence E. Glick, *Sojourners and Settlers, Chinese Migrants in Haiwaii*（《過客與定居者，夏威夷的華人移民》），Hawaii Chinese History Center and The University Press of Hawaii（夏威夷華人歷史中心和夏威夷大學出版社），1980年，第21頁。

50—— 同上，第238頁，表13。

51—— 同上，第383頁，註20及第256頁。

第九章
在動蕩年代的全球大流動

從十九世紀以後，隨著人口的迅速增長，作為台灣客家移民源頭的粵東地區，尤其是嘉應州地區，開始出現了往國外移民的大趨勢，並帶動閩、粵各地客家子弟，以迅猛的勢頭向世界各地擴散，其中又以東南亞為其主要外移地區。到了鴉片戰爭之後，中國經歷了一百年以上的動盪歲月，國家殘破，民不聊生，加上資本主義國家在工業革命的推動下在世界各地快速擴張的人力需求，急於尋找出路的千萬客家農民和無業勞工，更如沖破大堤的浪潮，滾滾流向勞力不足的各帝國主義殖民地，在異國他鄉的土地上永遠留下了他們的足跡。

他們是近代資本主義發展的幕後功臣，但是，世界歷史卻很少記載他們的功蹟！

一・客家人大批初下南洋

十六世紀後半期，明朝嘉靖、隆慶、萬曆三朝因為海寇活動頻繁，可能已有不少漳、潮、惠三州客家居民跟隨吳平、林道乾、林鳳等著名海寇出沒南海一帶，包括在西班牙人所占領的馬尼拉謀生。但是，有記載的大規模南下客家移民，最早是出現在邦加島和西婆羅洲（印尼西加里曼丹省，Kalimantan）。

1.最早引進客家礦工的邦加

邦加島成為早期客家人的移民地，與荷蘭人占領麻六甲有關。麻六甲是

●十八世紀之後，麻六甲華商雄厚的資金帶動了印尼邦加島和馬來半島錫礦的開採，大量客家華工開始南下挖掘錫礦。圖為麻六甲河畔的唐人區。

十六世紀初期葡萄牙人占領的一個貿易重鎮，在十九世紀初期新加坡開埠前，是溝通中國與印度洋諸國的最重要港埠。傳統上，這裡是福建人在南洋的重要商業根據地，當地華人居民以閩南人為主。一六四一年，荷蘭人取代了葡萄牙人，成為它的新主人，但是因經營無方，到十八世紀初，當地人口只有五千人左右。[1]之後慢慢在其統治期間上升到一萬四千人。[2]

邦加島座落在蘇門答臘島東南外海，鄰近歷史上三佛齊王國的重要貿易港埠舊港（或稱巨港，現稱巴鄰邦，Palmebang），一七一〇年左右，馬來人在這個島上發現了錫礦，一七二二年，由於中國市場對錫的需求增加，荷蘭聯合東印度公司與統治該島的舊港蘇丹簽署了協議，承購島上的錫礦，於是舊港蘇丹與一位有姻親關係的麻六甲華商積極合作，投資於錫礦的開發。

挖掘錫礦礦粒（稱為錫米）是一種勞動力很強而又非常危險的工作，不說要在鄰近赤道的熱帶烈日下長時間露天挖礦，單是場地的塌方，就往往造成不少礦工喪生，因此必須尋找有技術的工人才能勝任。[3]而在中國南方一帶有不少挖過礦又能吃苦的熟練礦工，因而，「閩粵人到此採錫者甚眾」。[4]

到了十八世紀末期，因海盜來襲與瘟疫流行，邦加的錫礦業曾經停頓一段時期。一八一二年，舊港蘇丹將邦加割給英國，英國人統治到一八一四年後，又將這個島嶼交換荷蘭人在印度的科欽（Cochin）據點。荷人統治後，恢復了錫礦的開採，從澳門運來了一千七百名自由華工，到一八四〇年時增加到六千人。十九世紀後期，改為招聘「豬仔」契約工，人數陸續增加，一八九三年增至一萬一千多人，到一九二〇年達到兩萬三千多人的高峰。[5]這些華工以客家礦工為主，其中多數是說陸豐話的揭西縣河婆人。

與邦加緊鄰的勿里洞島，是在一八五三年才由荷蘭人直接從香港和廣州招募兩百五十四名到該處開礦，一八九〇年以後，也是採取誘騙和強制招聘契約工方式招工，華工人數快速增加，到一九二一年超過了兩萬人，此後逐年下降，以嘉應州和惠州客家人為主。[6]

2.西婆羅洲的客家採金集團

在邦加錫礦業興起的刺激下，蘊藏金礦的西婆羅洲南吧哇（Mampawa）地

方的馬來統治者效法巴鄰邦蘇丹，向華商招手，吸引華工前來採金（從挖山砂淘金到深層開採礦脈），第一批應聘的華工於一七五五年來到該處。他們可能來自近鄰的文萊或邦加。[7]

華人在南吧哇的採金極為成功，周圍小邦的蘇丹見狀也開始仿效，積極設法招募華工前往他們的治地。從南吧哇開始，這些華人的住區陸續發展到三發（Sambas）、山口洋（Singkawang）、打嘮鹿（Montrado）、東萬律（Mandor）、萬那（Landak）、坤甸（Pontianak，今印尼西加里曼丹省首府）等地，主要是在今西加里曼丹省西北部卡普阿斯河（Kapuas）及其支流萬那河（Landak）交界處以北海岸，延伸至內陸東西最寬一百二十公里、南北最長達一百五十公里的地區。

當地的主要居民有擁有礦區土地的達雅克（Dayak）原住民[8]和十七世紀時從馬來半島和蘇門答臘移此的馬來人，華人是第三大族群。根據荷蘭人收集的中文史料，華人又以嘉應屬人、鶴佬州府屬人（即說潮州話的潮陽、揭陽人，當時廣東說客家話和廣府話的人群都稱他們是「鶴佬」即「福佬」人）、惠州屬人，即客家人和潮州人為主。[9] 據一九三〇年的統計，客家移民人數最多，為三萬八千多人，潮州移民為兩萬一千多人，廣府人將近三千人，閩南人才兩千五百人，其餘各地移民只有一千兩百多人。[10]

在開發初期，依本籍村子或地域的不同，華人移民自發地根據其礦點和採掘性質組成不同名稱的小組織，如「公司」、「把堰」（達雅克語「礦」的發音）、「山砂」、「家圍」、「金湖」等，人數從幾個人到數百人不等。[11] 這些不同名稱的組織兼具共同出資、抱團自保、相互約束以及與其他組織競爭地盤的功能。除了向本礦區的馬來統治者繳交提成和稅款外，它們必須以組織的凝聚力應對這些統治者的敲詐，防範達雅克人的襲擊，制止內部的爭執與背叛，以及保護成員不受其他華人團體侵害。因此，各個組織必須具有一定的武力自衛能力。之後，隨著挖礦移民人口的增長與組織的擴大，華人之間時相自我殘殺。各組織間從利益衝突中形成兼併與整合。

一七七二年，嘉應州（梅縣）石扇堡人羅芳柏[12] 登陸坤甸，教了兩年書後，棄筆從商，帶著一百多名強悍的嘉應州客家人進入東萬律，搶奪了當地大

埔客家人開辦的採金公司，並擴編了雜處當地的嘉應、惠州和潮州人，組成「蘭芳公司」總廳。接著又利用嘉應州客家人內應，霸占了東萬律靠近山區的兩百多家販賣礦工用品的潮陽、揭陽、海豐和陸豐人店鋪。事後，他把目標對準了大埔縣移民組成的一家採金公司。

這個公司的首領劉乾相與羅芳柏一樣，也是說嘉應腔的客家人，是大埔縣大麻鄉公洲村人，有五百個大埔客家手下，是當地勢力最大的公司。一七七五年，羅芳柏以其不服收編，率眾一舉將其殲滅，破其六個大寨。血戰下來，「尸橫遍野，血流成渠」，劉乾相「跳港而亡」。[13]

蘭芳公司殲滅劉乾相的公司並兼併其土地後，野心更大，又準備襲擊其北方打嘮鹿地方的十四家公司。這些公司的經營者以惠州和海陸豐客家人為主，其中較大的有大港公司和三條溝公司。十四家公司為了避免被吞併的命運，在次年也聯手成立了「和順公司」總廳。羅芳柏趁其聯合未穩，一鼓作氣對設在打嘮鹿的大港公司發動了進攻，但因該處地形險惡，只好知難而退。但是聯手後實力強大的和順總廳與蘭芳公司自此結怨日深。

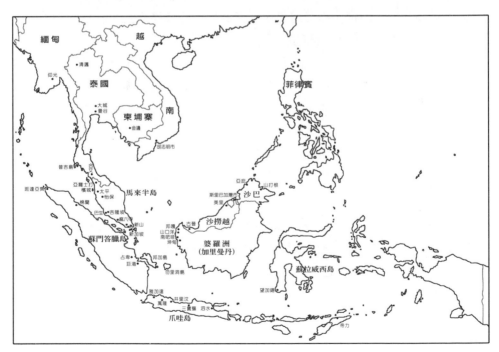

●東南亞客家主要分布城市

　　一八○○年，荷屬東印度公司因經營不善而解體，由荷蘭政府接管其在亞洲的屬地。一八一八年，荷蘭專員開始插手西婆羅洲事務，但實力不足，除坤甸和三發兩個小鎮外，尚未實質統治絕大部分地區；一八二三年，荷蘭人僅以三百名士兵之力進入東萬律，蘭芳公司屈膝臣服，其後各任首領（之前稱為「太哥」）俱被荷人封為「甲太」（即甲必丹老大）。此後二十幾年內，蘭芳與和順總廳旗下各公司，以繳稅方式換取半獨立的自治地位，荷蘭人不介入（實際上當時也無力介入）各公司的經營運作。

　　一八四一年，英國人布魯克（James Brooke）以武力迫使文萊蘇丹封他為海岸線長達三百英里的沙撈越（Sarawak，現屬馬來西亞）的拉賈（Raja，即土酋），英國勢力的進入，粉碎了荷蘭人想要獨占婆羅洲的野心。一八五○年，為了打擊打嘮鹿的大港公司，並利用已為英國占有的新加坡走私鴉片進入西婆羅洲，荷蘭人試圖截捕其走私舢舨未遂。

　　不久，在荷蘭人的鼓動下，三發的馬來蘇丹利用達雅克人，對大港公司發動進攻，但是這些達雅克人卻闖入與爭執無關的另兩家華人公司所在地，將一些村民殺光，未遭屠殺的村莊孤立無助，糧食不繼。兩家公司向大港公司求助，大港將村民們救出，指責這是鄰近三發地方的三條溝公司挑起的事故，於是對三條溝的人馬發動了全面的攻擊。[14]

　　本來在一八二二年，三條溝公司也是和順總廳成員公司之一，但因與大港公司關係鬧翻而脫離了和順，帶著手下向北方發展，活動範圍延伸到西加里曼丹最北部的三發一帶，有的進入了更北邊的地界，即文萊蘇丹所轄沙撈越的石隆門（Bau）一帶（沙撈越首府古晉，Kuching，西南方二三十公里處）。三條溝公司的多數成員與大港公司一樣，都是來自惠州陸豐與潮州惠來縣，只是姓氏不同而已，但兩者的惡鬥一直沒有平息。這次面對大港公司的全面攻擊，三條溝的部眾不敢留在三發，只好照舊越過三發河，朝北進入石隆門地界。公司這一批最後剩餘人馬，約有數百人。他們走後，大港公司將矛頭對準三發河的下游出海口，興兵占領了有大量客家人開墾農地的邦嘎（Pamangkat）鎮，導致當地三千名客家農業人口也紛紛北逃沙撈越。[15]

　　大港公司占有邦嘎後，荷蘭人擔心沙撈越的英國人勢力趁機介入，在爪哇

巴達維亞的殖民總部立即派兵向邦嘎發動了猛烈的反攻。據荷人估計，大港公司的防守力量有三千五百人，雙方僵持了很久，大港公司的人員死傷慘重，但是荷蘭人仍無法將其屈服。不得已與他們進行了長達兩年的和談，爭議的重點是戰後大港公司與荷蘭人之間勢力與利益的重新分配。最後總算達成協議，但是因大港公司談判者讓步太多，這項協議為公司多數成員否決，戰爭再度爆發。

一八五三年三月，一千七百名荷蘭援軍登陸西婆羅洲，並得到了三發蘇丹一千四百名苦力的支援，大港公司在廖恩傑和廖二龍[16] 的領導下，艱苦戰鬥，但到了五月之後，難以支撐，於六月二日逃離打唠鹿，大港公司與和順總廳至此宣告滅亡。雖然逃出人員曾組織地下會黨反抗荷蘭人，但隨著時間的流逝，他們的事蹟在當地客家後人的記憶中已慢慢消失掉。

然而，在這場震動荷蘭殖民者的反抗行動中，曾經長期與和順總廳為敵並成為荷蘭人消滅客家人幫手的蘭芳公司及其創始人羅芳柏，卻在客家研究學者羅香林的宣揚下，至今仍不斷地得到後人的傳頌。根據蘭芳公司自編的《蘭芳公司歷代年冊》，在荷蘭人占領打唠鹿之後，蘭芳公司的首領劉阿生甲太寫信給荷蘭人，表示願意出面調停，但遭到荷方拒絕。待荷蘭人進入邦嘎後，廖二龍等率領六七千名部眾和家屬倉惶逃出，當逃抵蘭芳公司地區時，竟遭蘭芳首領劉阿生甲太派出六百名部眾攔截，將其領頭數人捕交坤甸的荷蘭殖民者，只放走廖二龍逃到了沙撈越。[17]

然而，代表和順總廳的大港公司為荷蘭人消滅後，蘭芳公司並未能獨善其身。一八八四年其最後的頭領劉阿生死後，公司被迫交出了自治權，荷蘭人直接接管東萬律。[18] 從此，在西婆羅洲享有自治地位達一百年以上的華人移民及其後人，全部淪為任由荷蘭人宰割的殖民地子民。追根溯源，整個殖民地時代，華人地位的低落，與自身的不團結和善於內鬥，實有很大的關聯。

二・發生在沙撈越的古晉慘案

從一八二二年起，西婆羅洲境內以陸豐和惠來客家移民為主的三條溝公司部眾，在大港公司的進逼下，陸陸續續北遷到沙撈越的石隆門，到一八五〇

年，前前後後已有四千五百名客家人來到此地，形成了相當的實力。[19] 他們在當地的帽山繼續從事金礦開採和糧食與菜蔬種植，並照舊沿用了在西婆羅洲的公司制度，以陸豐人劉善邦為其頭領，後來將三條溝公司改名為十二公司。

一八五六年，古晉的英殖民當局官員到此巡視時，發現公司的礦工雖然工作量很大，但享有一天五頓飯食的待遇，佐餐菜有豐盛的鹹魚和豬肉，飯可盡量吃到飽，茶水可以盡量喝。[20]

但是，十二公司主要依靠天地會的祕密會黨組織約束部眾和牟取利益，這裡的天地會成員與三發、坤甸和新加坡的天地會組織保持了密切的聯繫。在新加坡的天地會控制了鴉片的販售，透過各地的天地會將鴉片販售到東南亞有華人的地方，包括經由婆羅洲與馬來半島間的納圖納島（Natuna Island）走私進入沙撈越和西加里曼丹。英國人追蹤了很久之後，發現了這條管道，將公司施以一百五十英鎊的罰款。另外還採取措施，嚴格限制公司的自治權，規定其只能從事商業活動，不得走私鴉片和酒品。英國人的這些措施激化了華人與他們的關係。

正巧一八五六年十月，一艘登記在英國名下的香港華人船隻「亞羅號」（The Arrow），因窩藏華人海盜和走私船員，當停泊在廣州黃埔江面時為廣東水師查獲逮捕，同時把懸掛的英國旗降下。英國駐廣州代理領事巴夏禮（Harry Smith Parkes）藉機尋釁，在兩廣總督葉名琛以船隻為中國人所有而拒絕道歉後，派船砲轟廣州城。被激怒的廣州人民放火燒毀了洋人的洋行和住處，英法兩國聯手，於次年十一月攻陷廣州，抓走葉名琛；一八六〇年七月又陷大沽、天津，十月進入北京城，火燒圓明園。這就是繼鴉片戰爭之後，再次令中國喪權辱國的英法聯軍事件。

但是，當廣州居民剛剛起來抗擊英國人，迫使英國船隻撤出廣州的時候，消息傳到海外，被激怒的新加坡華人也在次年一月發生反英事件，石隆門的天地會趁機鼓動十二公司起來反抗英國人。一八五七年二月十八日，公司的頭領們，在毫無充分準備的情況下，莽撞地聚集了六百人，匆匆出發，在半夜貿然進攻英國人在古晉的駐地，被馬來蘇丹封為拉賈的英國人布魯克，潛水從住所旁邊的河流河底逃到了對岸，但攻擊者們以為他已經遇難。

在這場事件中，十二公司並未大開殺戒，英國人遇難的只有幾個人。天亮時劉善邦還派人通報住在當地的歐洲人，聲明不會騷擾與布魯克政府無關的人，要他們安心。而後又召集了古晉當地的洋人和馬來人，宣布反對英國人統治，要他們向十二公司宣誓效忠。

但是，第二天馬來人開始對華人反擊，克魯克也重新集結效忠他的馬來人和達雅克人，從沙撈越河河口駕艦返航，砲轟華人。沒有作戰經驗的這些客家人，第三天一早撤出了古晉，從沙撈越河左岸撤退的一支，遭到馬來人和達雅克人伏擊，包括劉善邦本人全部遇難。從河流右岸逃回的人，集結在石隆門的前哨站，但達雅克人從四面八方襲來，只好全部撤回石隆門，在總部所在的帽山受到了殲滅性的打擊，男女老少被無情血洗，最後只剩兩千名男子與婦孺，匆忙向西加里曼丹方向逃去。但不幸在國境線的撤退路口又遇到了達雅克人和馬來人把守關卡，情況窘迫萬分。

在前無去路、後有追兵的危急情況下，幸有一位來自三發的馬來人向他們指路，告以可避開關卡，繞道爬過山嶺過境。此時逃生的人群已精疲力盡，後面馬來人追兵的子彈從耳邊呼嘯而過。但是奇蹟發生了，「勇敢的年輕客家婦女們衝到了撤退隊伍的前頭，緊跟著帶隊的男人，鼓起手掌，呼叫這些男人的名字，為他們打氣。她們的精神鼓舞了這些客家男人，終於一鼓作氣，爬過了陡峭的山嶺」，回到了他（她）們所熟悉的西加里曼丹境內。[21] 這是一個令人鼻酸的場面，但是年輕客家婦女堅毅勇敢的精神，卻挽救了大批人馬被徹底消滅的命運。

荷蘭人接納了這批經歷浩劫的殘存者，他們大部分回到了已經荒蕪的邦嘎，重新過起農耕的日子。但是，客家人的血水染紅了沙撈越河，受到血洗的石隆門，很長一段時間內都渺無人煙，徒為當地客家後人，留下一段令人難以忘懷的慘痛記憶。

三.在北婆羅洲沙巴拓荒的太平天國遺民

鴉片戰爭後，西方傳教士以香港為基地，在廣東客家人的地區開始了鍥而不捨的傳教活動，其中又以巴色教會最具代表性（見第六章第六節），而且在

其教會人士的仲介下，將客家移民送往海外扎根。除了將苦力送往西印度群島外（見第八章第二節第二條），也將自由移民送往位於北婆羅洲（今馬來西亞沙巴州）的山打根（Sandakan）和亞庇（Kota Kinabalu）。

沙巴州（Sabah）在北婆羅洲，原為文萊蘇丹的屬地，一八七五年奧地利駐香港總領事歐華伯（Baron von Overbeck）在英國人登特（Alfred Dent）的財務支持下，向文萊蘇丹取得了一千七百多萬公頃的土地使用讓與權。歐華伯在一八七八年與登特組成了聯合企業，後來又將股份出售給登特。原先由歐華伯指定負責開發沙巴東岸事務的英國人普萊爾（William Pryer），在次年開始了開發的規劃與運作。

普萊爾將駐地設在山打根外海的亭邦島（Pulau Timbang）上的德國人村，有一些歐洲人和三名來自海峽殖民地的華人貿易商首先入住，但是不久發生火災，將他們的十七間房子燒毀，所以，普萊爾又將駐地遷移到山打根的海邊。

一八八一年年底，登特的北婆羅洲企業為了擴大權限，請求維多利亞女王賜以特許權狀（Charter），經英女王特准後，原來的聯合企業在第二年轉換為特許公司（Chatered Company），這就是具有替英國政府執行政府職能的著名的英屬北婆羅洲公司（British North Borneo Chartered Company，當地華人習稱「渣打公司」），普萊爾被任命為駐沙巴東海岸的駐地官員。

他將駐地搬遷到山打根後，開始積極招商，在很短的時間內把山打根從一個漁村變成了貿易站和熱帶種植業中心。不到五年時間，其人口增長率達五倍，到一八八二年已有一半人口是華人，多數來自新加坡。[22]

至於北婆羅洲公司本身，總部原來設在沙巴最北端的古達（Kudat），但是因為缺乏淡水，且容易受到海盜襲擊，在一八八三年也搬遷到了山打根，使山打根的地位變得更加重要，多家香港的華人公司在此設立了業務代表處。

由於開發像北婆羅洲這樣適合種植熱帶作物的原始土地，必需有大量能夠吃苦耐勞的勞力，公司創辦人登特遂將希望完全寄託在華人移民身上。其第一、二任總督都以引進華人勞動力為施政重點。因此公司訂定了積極的獎勵政策，提供免費船票，並聘請曾在一八七一年至一八七七年任英國駐上海總領事的梅德赫斯特（Walter Henry Medhurst）擔任專員，在一八八二年帶著大筆經

費到華招工。但是，由於初期招聘到的都是想到婆羅洲開店的商人或工匠，不符當地種植業開發的實際需要，因此結果不如人意，許多人失望回國或轉往他處。[23]

此時正值一八六四年太平天國滅亡之後，相關人員紛紛躲避清廷搜捕，許多人躲到了香港，還有更多人東躲西藏。當時在香港向客家人傳教的德國牧師黎力基（其時韓山明已經去世）正在幫助躲躲藏藏的太平天國遺民向海外移民。當他獲悉北婆羅洲公司吸收華人移民的計畫後，當即派出兩名人員前往沙巴瞭解實際情況，並從北婆羅洲公司首任總督特烈查（William Hood Treacher）本人處證實了其對華人移民的優惠條件。兩人返回香港後，黎力基立即開始辦理客家人移民沙巴的事務。[24]

第一批移民是十三位客家基督徒，第二批有十四家九十六名客家移民，分別於一八八三年一月和四月抵達古達。以後在一八八六和一八八九年又有兩批共四十家人抵達。[25]

●沙巴州自宋代以來，一直是華人南下謀生之地。沙巴州的首府亞庇為馬來語中「中國寡婦城」之意。圖為南海邊上的亞庇景觀。

在這些客家移民中，包括了天平天國天王洪秀全家族的成員。據沙巴洪氏家族未署名後裔所撰的簡短回憶錄，曾在太平天國擔任高官的洪秀全侄兒洪天有，在太平天國失敗後，一直帶著家人過著逃亡的生活，經安排後，在一八八七年帶著妻子黃美麗和四名子女登陸古達，隨後由北婆羅洲公司配給農地，耕種為生。不久全家移居山打根，洪天有受聘為天主教區華文教師，其全家改信天主教，其後裔接受英文教育，成為西化華裔。

另有洪秀全上一輩家族成員，由其未亡人練氏率子洪仁琛（改名洪潤深）等五人遷徙至沙巴。

馬來西亞巴色教會創會成員之一李祥光（父親李正高與洪秀全在家鄉花縣時為同窗關係，洪秀全起事後，他流亡香港，成為巴色教會的宣教牧師），帶著一家人在一八八六年登陸沙巴。[26]

正如前述，在沙巴開發初期，有一些人回流中國，但是隨著客家移民的不斷流入，沙巴華人人口逐年增加。一八九六年西海岸北婆羅洲鐵路亞庇[27] 終點站開建後，華人人口湧入更多。一八九一年沙巴首次人口統計顯示，包含土生住民在內的總人口為六萬七千人，其中華人人口為七千一百五十一人。到一九二一年，總人口二十五萬七千人，華人人口三萬九千人，客家人口一萬八千多人；一九九一年，總人口一百三十萬，華人人口二十萬，客家人則占華人人口的一半以上，達十一萬四千多人。[28]

四‧馬來半島上的客家移民

馬來半島東西兩岸原是閩南海商的重要貿易據點，清代以前，已從現在泰國南部的六坤（Nakhon Sri Thammarat）到半島西側的吉打（Kedah）之間建立了包括宋卡（Songkhla）、北大年（Pattani）、吉蘭丹、丁加奴（Terengganu）、彭亨（Pahang）和麻六甲等港口城邦在內的貿易網絡。由於閩南海商中的漳州與潮州籍海商，事實上也包含了大量的客家船員與貿易商在內，因此許多客家商民從明代以來早已活躍在馬來半島上。

從一五一一年葡萄牙人擊敗麻六甲王占領麻六甲以後，[29] 馬來半島變成了歐洲殖民國家角逐利益的場所。一六一九年，荷蘭聯合東印度公司（VOC）在

巴達維亞（Batavia，今印尼首都雅加達）建立亞洲殖民總部後，於一六四一年取代了葡萄牙人，成為麻六甲的新主人。

　　一七八六年，英國想在印度與中國之間尋找一個航路中轉站，一位在馬來半島與暹羅一帶從事貿易的英國退役海軍軍官萊特（Francis Light），寫信給英國駐印度總督麥克菲爾森（Sir John MacPherson），建議在位於馬來西亞西北部的吉打邦外海的檳榔嶼（Penang）設立貿易據點。當時吉打邦正受到暹羅入侵的威脅，吉打蘇丹想要求英國政府提供保護，允許萊特在當時幾乎無人居住的這個美麗小島上設立貿易據點，萊特遂被東印度公司任命為檳榔嶼長官。[30]

　　在萊特的經營下，檳榔嶼變成了一個世界首創的自由貿易島（後有新加坡和香港因襲這一做法），開始吸引了尋求機會的閩、粵新移民的到來。華人人口穩步膨脹，從一八二○年的七千八百人（全島總人口三萬五千人）增加到一八六○年的二萬人（總人口六萬人），再增加到一九三○年的十七萬六千人（近四十萬總人口）。[31]

●檳榔嶼是英國殖民地勢力進入馬來半島的首站，也是華工南下南洋開礦的重要轉口站。

一七九五年，英國又在拿破崙兼併荷蘭王國時期，進占荷蘭人所占領的爪哇島和麻六甲（英國擊敗拿破崙後，爪哇在一八一八年歸還了荷蘭），並授權曾任爪哇島副總督的萊弗士爵士（Sir Thomas Stamford Raffles）於一八一九年在新加坡設立商館。一八二六年，檳榔嶼、麻六甲和新加坡（原稱Singapura，即梵文的「獅子」）三地共同設立海峽殖民地（Straits Settlement），總部設在檳榔嶼，後在一八三二年搬遷到新加坡，專門負責馬來半島的經營，並慢慢將其納入殖民統治之下，自此，南洋便成為台灣之外廣東、福建外移人口的首選移民地。新加坡的華人人口從一八二〇年的三千人（總人口五千人）增加到一八六〇年的五萬人（總人口八萬人），再增加到一九三〇年的四十二萬一千人（總人口五十六萬七千人）。[32]

從一八二〇年代起，馬來半島西半部霹靂（Perak）、雪蘭莪（Selangor）、森美蘭（Negeri Sembilan）三個地區豐富的錫礦，吸引了已經立足檳榔嶼和麻六甲的華人注意，兩地一些大華商開始招引華工從事錫礦的探勘與開採，這些華工，有的是以契約勞工的方式招徠的，但也有聞風而至的自由勞工。

當時這些地區仍由信奉伊斯蘭的一些蘇丹或拉賈統治，他們透過索取償金出賣開採權。由於錫可作器皿和罐頭，被大量銷往英國和中國，華人採礦主利潤豐厚，派有專人在澳門、汕頭、廈門等地招聘礦工。在生計所迫之下，雖然採礦工作十分艱苦，但仍有不少福建人和廣東人（主要是廣府人和嘉應州與惠州的客家人）湧入這些礦區。

到一八二八年時，在今森美蘭州與麻六甲州相鄰的鄰宜河（Sungai Linggi）中下游兩側的小土邦雙溪烏絨（Sungai Ujong，現屬森美蘭州），開礦的華人人口達到了一千人，但同年悉數遭到馬來人屠殺。[33]

華人雖然遭此巨變，仍前仆後繼，奮不顧身。到一八三〇年代初期，陸續來到雙溪烏絨開礦的華人又達到了四百人的規模，[34] 在其西鄰蘆骨河（Sungai Lukut）出海地區的蘆骨（當時屬雪蘭莪土邦，現屬森美蘭州）一帶開採的也有四百人。[35] 截至一八四七年，兩者相加已達四千六百人，[36] 到一八七〇年代末期，雙溪烏絨的華人礦工更達一萬人之多。[37]

在霹靂採礦的華人人數更多，從一八七九年的兩萬人急遽上升到一八八一

年的四萬人之眾。[38]

　　當時這些華人在馬來半島的人口組成中，數量上超過了印度人，甚至超過了馬來本地人。[39] 因此，島上各種日用消費，從大米到衣物和家用品，主要都是從中國進口。華人本身也種植了各種各樣的食用蔬菜，包括白菜、芋頭、蘿蔔、黃瓜、甜椒、捲心菜等等。[40]

　　華人之間透過各種地緣、方言群和姓氏組合關係，以會館、會所和幫、派、黨等形式形成了複雜的社會聯繫。這些不同形式的組合前身是從福建和台灣林爽文之亂後向粵東擴散的天地會，以及其衍生組織如洪門和三合會等，有的則源於明清時期開始普及的地緣性商幫，如福建商幫、潮州商幫和廣州商幫等。在馬來半島，這些組合常常掛名在公司或會館名下，如為跨組織的結合，則成為幫、派、黨。

　　最早出現的是大約一七九〇（乾隆五十五年），即檳榔嶼開埠不久成立的義興公司。這是一家結合了閩、粵移民的公司。早在一七八六年英國東印度公司任命萊特擔任檳榔嶼長官時，他為了吸引華人的到來，也沿襲了吉打邦針對華人設立的甲必丹制度，任命華人頭人管理華人事務，同時給予某些優惠，包括鴉片、燒酒專賣和開賭場特許權等，甲必丹則以繳交稅銀回報，這些繳款成為英國統治當局的最主要收入來源。這就是所謂的餉碼承包制。萊特進駐檳榔嶼後任命的第一任甲必丹，是曾經擔任吉打邦首任甲必丹的泉州同安人辜禮歡，[41] 他也是萊特從一八〇六年起開始實施餉馬專利權後，代表義興公司出面承包的第一人，初期這一組織主要由閩南人領導，粵籍會眾處於從屬地位。[42]

　　在檳榔嶼開埠初期，也同時出現了客家方言群的組織。據稱這些早期的客家移民，是以在廣東家鄉就已從事開礦生涯的礦工為主，他們在當地已組成祕密結社，因此在抵達檳榔嶼後，為了維護自身群體的利益，率先組成了會館與神權組織。

　　這些組織包括了仁勝公司（仁勝館）和仁和公司（仁和館）。前者後來改稱增龍會館（增城龍門館），大約成立於一八〇〇年之前；後者後來也改稱嘉應會館，約成立於一八〇一年。[43] 到一八二二年，惠州歸善人李興捐贈墨西哥銀元三百二十五元購置磚瓦屋兩間和地皮一段，成立惠州會館，也稱惠州公

司。[44] 次年，又有海山派的成立。[45]

　　這些組織中的客家移民，除從中國直接移入外，也有部分是更早時移往婆羅洲淘金的移民。他們在檳榔嶼從事木匠、鐵匠、鞋匠、裁縫等工作，[46] 錫礦開採業興起後大量轉往礦區開礦。

　　最早專門管理客家移民公冢（義冢）的組織，則早在一七九五年（乾隆六十年）就已存在。這個組織就是現在雄踞檳榔嶼鬧區的廣東汀州會館（廣汀會館）的前身。據其一八〇一年在公冢內所立的「廣東義冢墓道誌」碑、一八二八年的「廣東省暨汀州府詔安縣捐題買公司山地」碑和一八六〇年「新建廣東暨汀州總墳旁築涼亭碑」，說明了這個組織是個廣納閩、粵客家縣分移民（包括部分說廣府話縣分移民）的團體，甚至還一度接納漳州府詔安縣的客家移民。

　　詔安人為什麼願意加入客家人為主的廣汀組織內，檳榔嶼學者的研究認為是因為他們在說閩南話的移民中受到了排擠，由此可以推測，至少遲至道光八年（一八二八年），許多漳州詔安移民仍自認是客家人。[47] 這或可作為台灣許多祖籍詔安的移民後人是客家後代的一個旁證。

●已有兩百年以上歷史的檳榔嶼廣汀會館是廣東與福建客家人共有的公益組織。

　　不過，發展到後來，華人移民間的利害糾葛已不是地緣或方言關係所能簡單概括，義興公司內原來占主導地位的閩南勢力讓位於說客家、潮州與廣府話的廣府四邑（新寧、新會、開平、恩平）移民。[48] 他們全部退出後，在一八四四年另立建德堂（又稱大伯公會），[49] 後又與鄭景貴為首的增城和鄰近縣分客家移民勢力所代表的海山派（海山黨）結合，在爭奪錫礦權益的爭鬥中與義興公司對峙。同樣的，義興公司也招收了惠州會館的客家力量，形成義興派（義興黨）與海山派的對立。雖然兩個會館都屬洪門天地會，[50] 且彼此都是客家人，但根本就從未形成團結一致的局面，甚至到了一八六〇年代和一八七〇年代，更出現了為爭奪錫礦礦區的權益而相互廝殺的慘烈局面，給早期海外移民史寫下了不幸的一頁。

　　類似的會黨或幫會組織和抗爭局面，也出現於雪蘭莪和森美蘭的客家華人圈中。為了爭奪兩個地區的錫礦地盤，客家移民之間也形成了義興與海山兩個客家幫派，但與霹靂地區不同的是，雪蘭莪和森美蘭地區的義興派是由嘉應州客家移民主導，海山派則是由惠州客家移民所控制。

　　到了一八七〇年代，以客家人為主的華人移民間的相互抗爭，分別促成了這些勢力背後的馬來蘇丹和土酋之間的內戰，這就是有名的雪蘭莪內戰和拉律戰爭，[51] 並因這些內戰而招致海峽殖民地英國當局的介入，促成英國勢力對馬來半島的全面殖民占領。

　　進入英國統治時期以後，英國人因應國際上反對契約勞工的潮流，正式廢除引進中國「豬仔」的做法，但是橡膠業和其他種植業的興起仍不斷吸引自由移民從中國南下，整個馬來半島，從新加坡到檳榔嶼，成為客家移民的首選之地，到一九四七年，客家人口約一百五十萬，占半島華人人口的百分之二十五左右。[52]

五・新加坡的開埠

　　新加坡位於馬來半島的南緣，是個面積比檳榔嶼超出一倍多的島嶼，原屬柔佛（Johor）蘇丹所有，只有人口很少的土著漁民居住島上。一八一九年，萊佛士爵士在島嶼南側獲准設立商館後，它比檳榔嶼更為優越的商業地理位置，

立即顯現出來。一八二四年,英國東印度公司從柔佛蘇丹手中買下了這個島嶼,將它發展成為重要的貿易港口,才兩年半的光景,貿易量迅速超越了檳榔嶼和麻六甲的總和,將近三千艘船隻(以亞洲船隻為主)在此卸貨,以致兩地的華商紛紛移住這個新興的港埠,華人人數有上萬人之多。[53] 一八三二年海峽殖民地總部從檳榔嶼搬遷到此之後,其政治、經濟更有了飛躍的發展。

隨著一八六〇年代蒸汽動力遠洋航船的開航及蘇伊士運河的開通,新加坡居於歐亞海上通道的樞紐地位更形突出。一八七六年,英國人從巴西盜運出天然橡膠樹種籽,帶回倫敦皇家種植園發芽長出小樹苗,然後移植到錫蘭、馬來半島和新加坡等熱帶地區。雖然一開始的移植並不順利,但是到二十世紀初期,已長成林木。天然橡膠在東南亞種植的成功,更吸引了大批華工南下,以新加坡作為轉口港,前往南洋各地種植園工作。隨著同一時期汽車的出現,對橡膠的需求日殷,作為橡膠輸出中心的新加坡港地位更是如日中天。

新加坡這種地理與經濟上的優勢,自然而然成為吸引大批華人移民的場所,而且增長快速。在開埠初期,馬來本地人口仍占主流,為總人口的百分之六十以上,但是到了一八四九年,華人人口已首度超越馬來人口,幾達總人口的百分之五十三。此後,華人人口一直都居於多數地位。[54]

●新加坡是清代嘉應州、潮州、惠州和汀州客家人的重要移民地。

　　然而，由於檳榔嶼和麻六甲的華人商民最早移植新加坡，兩地都是以閩南籍移民占主導地位，因此從開埠以來，新加坡的華人移民中，都以閩南籍占多數，其次是潮州人、廣府人，再其次才是客家人，與海南人不相上下。據統計，從一八八一年至一九四七年，客家移民人數從六千一百多人逐步上升到近兩萬人，但是在華人移民中所占的比例卻從一八八一年的百分之七・一，不斷下降到百分之四・六，比例上微不足道；到一九八〇年和一九九〇年才有所提升，分別達到百分之七・四和百分之七・三（海南人百分之七・二和百分之七）。[55] 這種比率，與其政治家李光耀父子的光環所造成的新加坡到處是客家人的印象，實大相徑庭。

　　新加坡早期的客家移民主要來自嘉應州五屬（程鄉、鎮平、長樂、興寧和平遠五縣），潮州府的豐順、大埔，廣州府的赤溪（一九五二年併入台山縣），汀州府的永定、上杭，以及惠州府鄰近嘉應州的五縣（和平、龍川、紫金、河源、連平）。[56] 根據一八四八年一位潮州籍商人佘有進的計算，當時大約只有四千名人數的客家移民，多從事工匠和工人之類的下層行業，如鐵匠、鞋匠、金飾匠、建築工和伐木工等，不像潮州籍或閩南籍移民那樣，多為檳榔膏（俗稱甘蜜，Gambier）和胡椒種植商與經紀商，或各行各業的買賣人、商人和店主。[57]

　　與馬來半島的情況一樣，新加坡早期的這些客家移民，在新的環境中，也是依靠地緣性或方言性的社群來應對各種挑戰。惠州會館是最早成立的這類組織，成立於一八二二年（至一八七〇年才正式註冊），其次是次年成立的嘉應州移民應和會館和在一八二〇年代成立的豐永大公會（至一八七三年才正式註冊，代表豐順、永定和大埔三縣移民）。一八五八年又有茶陽（大埔）會館和一八七三年有豐順會館分別成立，永定會館則遲至一九一六年成立。[58]

　　從這些會館的出現，可以大體看出新加坡客家社群從早期起就已形成惠州、嘉應和豐永大三大派系。前二者是屬地域性的派系，豐永大卻是永定客家移民無法融入人數眾多的福建閩南幫移民，而與同說客家話的潮州大埔、豐順移民組合的產物。

　　但是，初期雖然出現三個客家派系並存的局面，卻沒有形成類似檳榔嶼或

馬來半島上那種嚴重對立的局面。從一八二三年起，各個會館面對身故會眾葬身之地的急迫問題，即已開始了跨越幫群或派系，甚至是與不同方言的廣府幫共同合作的局面。具體的事例是福德祠綠野亭公會的設立。

福德祠綠野亭是由祀奉土地神的福德祠，與埋葬死者的綠野亭墳山兩個機構結合的公會組織。前者由廣府幫與惠州客家移民（稱為廣惠肇，即廣州、惠州和肇慶）共同成立於一八二四年，在此之前一年，則有嘉應州、豐永大和廣府幫三個幫群因為經濟力量都相對薄弱，而聯手購買了二十畝的青山亭丘地，作為共同的墳地。這是客家人與廣府人在新加坡最早的聯手。[59]

到了一八四〇年，聯手購買青山亭的廣、客移民又再度攜手購買了二十三畝綠野亭墳地。當一八五四年廣惠肇重修福德祠時，得到了嘉應會館和豐永大會館的援助，由此催生了福德祠綠野亭公會的成立，也就是廣、客各大組織的大聯合，共同管理廟宇和墳山。這種體現了廣、客泛組織聯合的結構，在海外華人社會中是比較少見的。福德祠綠野亭公會在經歷了一百多年之後的社會變遷，至今仍繼續活躍於當地華人社會當中。[60]

五‧在北蘇門答臘的熱帶種植園

隔著麻六甲海峽與馬來半島平行走向的蘇門答臘島，在北側與檳榔嶼隔海相望的棉蘭（Medan，現為北蘇門答臘省首府），十九世紀時是馬來蘇丹的屬地，位處日里河（Deli River）上游，原來是當地的馬來人和土著住民巴塔克人（Batak）生活棲息的場所。一八六二年，荷蘭政府將蘇門答臘的北海岸置於其直接治理之下，第一任官員在一八六四年開始進駐日里河出海口處不遠的拉布罕（Laboehan）。

荷蘭將蘇門答臘北海岸納入治下之後，一位阿姆斯特丹煙草貿易商的兒子年豪斯（Jacob Nienhuys），在日里蘇丹的邀請下，開始嘗試在拉布罕種植煙草。第一批煙葉收成後，在歐洲市場獲得了很高的評價，年豪斯信心大增，繼續增加投資。其他投資者受到鼓舞，也加入在蘇門答臘北部海岸地帶的種植，短短幾年，煙草種植園已增加到十三所，到一八九〇年，更高達一百七十所。[61]

在種植業蓬勃發展的帶動下，勞工短缺的情況日益尖銳。當地馬來人和巴

塔克人不願從事炎熱高溫下的繁重體力勞動，種植園主又把目光投向了「吃苦耐勞」的華工身上。年豪斯首先就近從檳榔嶼和新加坡引進所需華工，但不足以滿足需要，因此又開始從中國直接輸入，包括契約勞工和自由勞工在內。此外，還引進一些印度和爪哇苦力。

這些勞工，除了在種植園勞動外，還有大量的人力從事煙葉加工和捲煙葉的工作。由於當地的煙葉最適於用作雪茄煙最外一層的包葉，因此用日里煙葉捲出來的雪茄被視作世界極品。[62]

從一九〇〇年起，世界橡膠的需求大幅增長，之後又有棕櫚油的出口。這些經濟作物，加上後來興起的茶葉、咖啡和可可等的種植與出口，給北蘇門答臘的熱帶種植園帶來了一片榮景。

一八六九年，年豪斯與幾位合夥人鑒於拉布罕是瘧疾肆虐的沼澤地區，另外創辦了日里公司，將總部設在離內陸二十多公里處的日里河上游及其支流巴布拉河（Babura River）交界處的小村莊棉蘭，十多年後，日里蘇丹也將住處遷移到此，建造了一所王宮，一個由歐洲人打造出來的熱帶種植城市開始在此成長起來。華人商家也陸續出現，形成了新的唐人街。這個唐人街與檳榔嶼的華人社會保持了密切的聯繫，並積累了雄厚的經濟實力，在晚清時期是南洋地區

●蘇門答臘棉蘭市的商業鬧區，是在清末梅縣松口鎮客家移民張煜南、張鴻南兄弟所開發街市的基礎上發展起來的。

地位僅次於新加坡和檳榔嶼的一個重要華人據點。

當時，從人口比例上也可以看出華人的實力。以一九〇五年為例，棉蘭華人人口已達六千四百人左右，占其一萬三千人總人口的將近一半，歐洲人居民只有九百五十人，而馬來人和土著居民加在一起的印尼本地人，也不過五千多人而已。

華人對棉蘭的移民人群主要為閩南、廣府、潮州和客家人，棉蘭華人廟宇的布局大體反映了華人方言人群的這種結構。一八七八年，落成的真君廟是潮州人所建，一八八〇年代，當地首富、梅縣客家移民張煜南（號榕軒）蓋有觀音宮，粵籍移民所建的關帝廟也供奉了客家人的大伯公（土地神），而後有一八九〇年閩南人在拉布罕所建的壽山宮的落成（閩南人據稱在一八六一年已經抵達拉布罕）。[63]

但是，這些人群的具體人口比例，由於一九六五年至一九九九年的三十幾年期間，印尼嚴厲實施了排華政策，不但禁止使用華文，也有意迫使華人完全「去中國化」，包括將中文姓名改成印尼姓名，造成了對華人歷史研究的斷層，因此，很難取得其確切的數據。大體上在一九三〇年時為閩南人居首位，將近華人人口的四分之一，達百分之二十四‧三，其次為潮州人，占百分之二十一‧八，再次為從事藝匠為主的廣府人，占百分之二十一‧一，客家人占百分之八‧七，主要為小商販和農場工人。[64]

進入二十世紀以後，華人繼續保持了占人口多數的優勢，到一九三三年，其人數已達到三十萬人，今天仍為當地兩百多萬總人口中最大的移民族群（含土生華人），共達五十萬左右。不過，因為受到新加坡和檳榔嶼的影響，流行使用閩南話，以致許多客家人也像在台灣一樣，已經被福佬化了。

六.環印度洋地區的流動

模里西斯 在西南印度洋上的模里西斯和留尼旺（Reunion）島，是環印度洋地區的重要客家人據點。模里西斯在一六三八年為荷蘭占據，引進了甘蔗種植。一七一五年改由法國占領，一八一〇年拿破崙戰爭時期復為英國占奪。

鴉片戰爭後，為英國人占領的香港與模里西斯建立了直接通航。一八四五

年，充當蔗園苦力的首批一百八十名華人契約工（主要是閩南人）從廈門經香港開始進入模里西斯，[65] 並有小部分由模里西斯轉販到法國人統治的留尼旺島。但因為種植園主喜好使用印度苦力，因此根據不完全的統計，到一八五一年，模里西斯只輸入了八百多名契約華工；截至一八四六年，留尼旺島只輸入近四百人，數量不多。[66] 更多移植到這些島嶼的是自由移民。

大約一八六〇年代之後，自由移民開始流入模里西斯，初期流入的多為廣府人（南海與順德兩縣移民為主），到十九、二十世紀之交才是客家人，主要來自梅縣地區。[67]

這些華人到來之後，多數是以開設零售店謀生，當時到達該處的一名英國人見證到：「島上每個偏僻角落都有華人的雜貨鋪。」[68] 但是因為當地法律禁止買賣土地，所以早期移民只將模里西斯作為前往留尼旺、馬達加斯加、南非和其他非洲地方發展的跳板，馬達加斯加和南非也因此成為南海與順德人和一些客家人的移民終極目的地，但更多的客家移民轉往法屬留尼旺島，尋求更好的經濟機會。

因此，截至十九世紀末期，模里西斯以客家人為主的華人人口也不過三千多人而已，尚未形成足夠規模的客家移民社會，但進入二十世紀以後，隨著移民人數的逐步增加和人口的自然增長，目前華人總數約四萬之多，占其總人口的百分之三左右，其中客家占有百分之九十左右。[69]

留尼旺 一八九八年，香港直航留尼旺島的航線開通，華人移民逐年以數百人的速度增長，到一九四〇年代初期，留尼旺華人已接近四千人，[70] 目前三萬多的土生華人（不計近年從法國本土或其他地方轉過來的華人新移民）占其總人口的百分之五，客家人占一半以上，其餘主要是順德人。[71]

印度 與模里西斯和留尼旺的海島型梅縣客家移民社會相對照的，是印度次大陸上出現的另一批梅縣客家人。

加爾各答是印度華人的最大集中地，最早到此定居的是十八世紀七〇年代一位叫楊大釗的廣東籍船員。據稱他因為得到當時的英國孟加拉省總督的賞識，獲得了流經加爾各答的胡格利河（Hooghly River，恒河下游）的大片土地，他招徠了大批華工，在這裡定居了下來。可是，幾年後，這些華工與他的

●印度客家華人已開始從
傳統的行業轉型，向現代
行業發展。圖為所生產的
客家招牌乾麵。

關係惡化，跑到上游的加爾各答另謀出路，從此加爾各答變成了華人移民的中
心。[72]

　　在整個十九世紀，加爾各答華人人數增長很慢，一八五八年時總共才五百
人。二十世紀以後，人口有了較大的增長，但是據一九五一年的人口統計，全
印度華人也不過是九千人而已。到一九六二年，中國與印度發生邊界衝突時，
已增加到一萬四千人，其中約兩千人住在孟買，其餘主要是定居在加爾各答。

　　但是，中印邊界衝突使印度華人移民的增長受到了重大影響，數千人遭到
遣返或移民歐美，到一九七一年時，印度的華人僅剩一萬一千人。

　　這些華人移民及其後裔，主要由專門從事鞣製皮革與製鞋行業的梅縣客
家人、從事木匠行業的廣東四邑人（新會、江門、開平、恩平）和從事傳統
拔牙治牙業的湖北天門人組成。在一七八四年的《加爾各答報》（*Calcutta
Gazette*）已出現廣府人做木工的廣告，《加爾各答雜誌》（*Calcutta Review*）
則是在一八五七年開始出現了客家人製做皮鞋的廣告。[73] 但是為人熟知的客家
人皮革鞣製行業，則是在一九一○年，才在加爾各答市區東側的沼澤區塔壩

（Dhapa，現稱Tangra）出現。

十九、二十世紀之交的印度，也是大英帝國統治下的殖民地型經濟，但是那時的梅縣客家人將它視為比動盪年代的中國更充滿機遇的地方。[74] 然而，當時擠進人口繁多的印度種姓社會的客家人，能夠插足的，只有被視為最低賤的賤民階層才願意投入的皮革鞣製行業，這個行業皮革來源豐富，競爭性少，加上一次大戰時，歐洲機器製革工廠紛紛解散，客家移民們將這些機器賤價買入，改進了當地的手工鞣製，因此賺錢的愈來愈多，工廠從一戰時期的十家增加到了一九八〇年代中期的三百家。

一九九〇年代後，印度政府基於環境考慮，污染嚴重的鞣皮行業面臨了被集中搬遷到新的工業園區的命運，許多小廠經營者因無力擴大投資，或年輕一代沒有經營興趣，已陸續關廠或設法移民國外（主要是加拿大多倫多）。目前在加爾各答的華人數目最多只剩下四千人左右。[75]

七・二十世紀後半期客家移民類型的多元化

一九五〇年之後，全球的移民格局出現了巨大的變化，其特點是二次大戰的結束和冷戰的出現，締造了吸納大量後殖民時期各國外移者的美洲與西歐移民世界。移民類型則從傳統的單純謀生型移民，轉化為包含知識型、專業型、政治型、婚姻型、宗教型等多類移民在內的多元性移民。

多元性的移民世界出現後，聚集了大量廣東、福建客家移民後裔的台灣、香港、東南亞、西印度群島與拉丁美洲地區，也因為作為西方陣營成員或受惠於冷戰對峙的因素，而向美國、加拿大和英法西歐國家不斷輸出留學生、專業人員或具有政治難民身分（如古巴客家移民）的新移民。其中又以富庶而又包容性大的美國和加拿大，成為各類客家移民的最後集中地。

一八四〇年代末期，因美國加州發現金礦，華人礦工開始從舊金山港大量湧進。至一八五二年，全美華人人數已達二萬人，多散居在西海岸。這些華人當中包含了一些客家人，一八五三年，他們在舊金山成立了新安會館（後改名人和會館），由程鄉、新安、歸善和赤溪四縣客家人組成。一八六〇年，為因應日益高漲的排華氣氛和種族隔離政策，舊金山廣府籍為主的華人組織成立了

聯合組織，稱中華會館，其客家成員組織有人和會館和花縣會館等。[76]

一八八二年，美國頒布了臭名昭彰的《排華法案》（*Chinese Exclusion Act*），明文規定華人及其眷屬不得入境。這項法案遲至一九四三年，即珍珠港事件後兩年才被廢除。在此期間，華人為求自保，放棄散居生活，舊金山成為他們最密集聚居的城市。

一九五三年至一九五六年，因冷戰關係，美國接納了一批「華人難民」。一九六二年，美國再度接納來自香港的一萬五千名「難民」。

從一九六〇年代起，因古巴實施社會主義，美古關係全面惡化，經濟遭到全面封鎖。原來住在當地的數十萬華人客家苦力的後裔，生活陷入極度貧困狀態，許多人冒著海上風浪，逃離古巴，進入鄰近的美國，構成了美國二、三十萬拉美華人的主要成分。[77]

也是從一九六〇年代起，台灣、香港、東南亞、西印度群島與拉美的華人留美學生日漸增多，尤其是一九六五年美國國會取消人口比例配額，給予台灣每年兩萬人的移民數額後，台灣客家留學生赴美留學的人數更迅猛增長。這些來自世界客家地區的留學生子弟，散居全美各地，但以紐約和洛杉磯最為集中，為擁有高知識的客家人在美國的主要聚居城市，此外還有舊金山、達拉斯、休斯頓、華盛頓等，也都是集中了客家高級知識分子的重要城市。

在此同時，隨著這些城市華人人口的增長，來自東南亞、印度、拉美等地的普通客家移民也不斷移入，為各地華裔人口的生活圈，增添了帶有不同地域風格的客家移民色彩，如馬來西亞和印度客家餐館的出現等。

除了美國之外，加拿大也是吸納了來自不同地區的客家移民的大國，多倫多就聚集了不少來自西印度群島（如千里達、牙買加和圭亞那）、巴西[78]和印度第二、三代客家子弟的城市。歐洲的一些大城市，也基於同樣的因素，接納了或多或少的各地客家知識分子和普通移民。至於日本，在二次大戰前，因殖民台灣的關係，曾經是一些台灣客家子弟的留學去處，戰後，也陸陸續續還有不少台灣客家子弟選擇到日本留學定居。

注釋

1—— Frank Athelstane Swettenham, *British Malaya: An Account of the Origin and Progress of British Influence in Malaya*（《英屬馬來亞：英國影響馬來亞的根源與進展》），1907年，第18頁。

2—— Els M. Jacobs, *Merchant in Asia: The Trade of the Dutch East India Company During the Eighteenth Century*（《亞洲商人：十八世紀荷蘭東印度公司的貿易》），荷蘭Leiden大學CNWS出版社，2006年，第203頁。

3—— 中國產錫，華工擁有比馬來土著更先進的開發錫礦技術，他們在礦場旁邊挖掘水溝，將所挖含有沙土的錫粒直接送進連接河流的溝中，當上層沙土用水沖掉後，剩下沉澱下來的礦粒就可置入鐵鍋中，放在加熱土坑上予以純化。當錫粒熔化後，上浮的錫水倒入容器中，降溫後即成為可以出售的錫錠。見上書，第201-202頁。

4—— 引謝清高，《海錄》，舊港條；見張應龍，〈客家華僑對東南亞採礦業的貢獻〉，載於鄭赤琰主編，《客家與東南亞》，第三屆國際客家學研討會專輯，香港三聯書店出版，2002年，第253頁。

5—— 同上，第253-254頁。

6—— 同上，第254頁。

7—— 袁冰凌，*Chinese Democracies, A Study of the Kongsis of West Borneo (1776-1884)*（《華人式民主：1776-1884年西婆羅洲公司研究》），第一章，載於http://www.xiguan.net/yuanbingling/index.asp。

8—— 華人稱之為「唠子」，稱馬來人為「番子」。

9—— 荷蘭人高延（J. J. M. de Groot）在其1885年所撰《婆羅洲華人公司制度》中，收集了華人公司中最著名的蘭芳公司最後一位首領劉阿生的女婿葉湘雲所抄寫的中文《蘭芳公司歷代年冊》（作者不詳，但該公司為客家人所辦，因此年冊也應當是由客家人所撰），其中記載的華人移民，均以其原籍地作為代表性稱呼，如對嘉應州移民是稱為嘉應州屬人，並沒有使用客家人或客人的字眼。因此可以推論，當時客家人或客人的稱呼，尚未在後人所稱的客家人或客人的中國原籍地和移民當中普及流行；但對潮州人則有使用鶴佬（即福佬）的稱呼，因此可以推斷鶴佬或福佬的稱呼在原籍地的中國使用得很早，已相當普及。《婆羅洲華人公司制度》一書中文本由袁冰凌翻譯，載於其網站：http://www.xiguan.net/yuanbingling/index.asp。

10—— Mary Somers Heidhus, *Golddiggers, Farmers, and Traders in the Chinese Districts of Kalimantan, Indonesia*（《印度尼西亞加里曼丹的掘金者、農民和貿易商》），Cornell University出版社，2003年，第31頁引W. L. Cator, *The Economic Position of the Chinese in the Netherlands Indies*（《荷屬印度群島華人的經濟地位》），Oxford出版社，1936年。

11—— 《華人式民主：1776-1884年西婆羅洲公司研究》，第一章。

12—— 其姓名據《蘭芳公司歷代年冊》，時人按客家人習慣稱他為羅芳伯，因此羅芳伯反成為其在許多出版物中的名稱。

13—— 《蘭芳公司歷代年冊》。

14—— 《華人式民主：1776-1884年西婆羅洲公司研究》，第四章。

15—— 據當時英國派駐婆羅洲領事Spenser St. John。他在1848年來到古晉（Kuching，今沙撈越首府，當時這裡是沙撈越拉土酋，即英國人布魯克的政府所在地），從石隆門逃過來的客家人（多數已是來自中國的客家人與達雅克原住民或馬來婦女所生的第二代）有六百人之多：除三條溝公司逃到該處的數百人外，還有一批約三千名住在邦嘎種地的客家人，在大港公司進占之前，也逃到了沙撈越，少部分人由英國人安置在古晉定居了下來，多數人則遷往石隆門加入採金人群的行列。參見Spencer St. John, *Life in the Forests of the Far East*（《在遠東叢林中的生活》），倫敦Smith, Elder and Co. 出版社，1862年，第341-343和353頁。

16—— 據荷蘭人進剿大港公司的指揮官A. J. Andersen的報告，廖二龍在中國的時候是天地會會員。參見《華人民主：1776-1884年西婆羅洲公司研究》，第六章。

17—— 綜合《華人式民主：1776-1884年西婆羅洲公司研究》第六章與《蘭芳公司歷代年冊》記載資料。

18—— 一些客家研究學者如羅香林對羅芳柏的蘭芳公司曾推崇倍至，稱其公司是世界第一個共和國；一些西方學者也稱其所奉行的制度是一種「共和」制度。但荷蘭研究學者高延（J. J. M. de Groot, 1854-1921）認為它是移民環境中，中國農村共和形式的村社（宗族）制度的產物，這是比較客觀的評價。

19—— 一八五七年，華人發起對英國人的武裝反抗前，從古晉到沙撈越與西加里曼丹邊境的的客家人口約四千五百人，主要住在石隆門開採金礦。見《在遠東叢林中的生活》，第353頁。

20—— 同上，第352頁。

21—— 同上，第354-381頁。

22—— Wendy Hutton, *Sandakan, History, Culture, wildlife and Resorts of the Sandakan Peninsula*（《山打根——山打根半島的歷史、文化、野生物和渡假地》），Natural History Publications （Borneo），2004年，第8頁。

23—— 張德來，《沙巴的客家人》，沙巴神學院出版，2002年，第7-8頁。

24—— 同上，第9頁。

25—— 同上，第10頁。

26—— 以上與太平天國相關的客家移民資料見同上，第10-11頁。

27—— 英人稱為Jesselton，現改回原來的稱呼Kota Kinabalu，即「中國寡婦城」的意思，但當地華人稱之為亞庇，現為沙巴州首府。

28——《沙巴的客家人》，第30頁。

29—— 詳見湯錦台，《閩南人的海上世紀》，台北果實出版社，2005年，第140-144頁。

30—— 但是，英國實際上並未提供任何援助，對此吉打蘇丹極度不滿，在一七九一年與英國船艦交戰後，因沿海防禦被摧毀，雙方簽署和平條約，確定英國占領檳榔嶼。

31—— Kingsley Bolton和Chris Hutton編，*Triad Societies, Western Account of the History, Sociology and Linguistics of Chinese Secret Societies* （《三合會：中國幫會歷史、社會和幫話西文書籍匯編》），Taylor and Francis出版，2000年，第五卷，第52頁。

32—— 同上（據官方人口普查紀錄），第52-53頁。

33—— Isabella L. Bird (Mrs. Bishop), *The Golden Chersonese And The Way Thither*（《黃金半島種種》），倫敦John Murray 出版，1883年，第188頁。

34—— 同上，第157頁。

35—— 同上，第211頁。

36—— 劉崇漢編著出版，《甲必丹葉亞來》，1991年，第6頁。

37——《黃金半島種種》，第188頁。

38——《黃金半島種種》，第261頁。

39—— 據一九三五年馬來聯邦統計，華人人口為七十一萬七千人，超過了六十四萬三千的馬來人口，比三十八萬七千的印度人人口超出近一倍。見《三合會：中國幫會歷史、社會和幫話西文書籍匯編》，第53頁。

40——《黃金半島種種》，第262頁。

41—— 辜禮歡的發家頗具傳奇性。據馬來西亞吉打州華人作家鍾錫金所著《吉打二千年》（*Kedah 2000 Tahun*，馬來西亞吉打州赤土文叢編輯部出版，1993年，第464-469頁）考證，「辜禮歡在當時是吉打州華巫社會受人尊敬的聞人，大家稱呼他為甲必丹厄萬（Capitan Che Wan，按：Che為先生的意思，即歡先生甲必丹）。他原是福建人，當時吉打州由暹羅控制，由於他與暹羅王族有很密切的關係，使他很方便從暹羅進入馬來亞。」「1786年7月17日，他和幾名印度基督教徒，從吉打至檳城

（按：檳榔嶼簡稱）見萊特，送他一條魚網，同年8月11日，萊特正式登陸檳榔嶼，……翌年5月7日，委任辜禮歡為甲必丹，管理當時的一二百名華人。辜禮歡以經商及種植起家。1806年也承包雅各市（James Town），今稱（Kampong Sungai Keluang，按：在島嶼東南方）的酒稅。1810年又標得喬治市（按：檳榔嶼首府，在島嶼東偏北方）的酒稅餉馬，遂成大富。」

辜禮歡生前娶兩名馬來婦女為妻，育有八子、三女，第三子辜安平回中國讀書，考中進士，曾在林則徐手下任官，後到台灣任職，他的孫子是甲午戰後引領日軍進入台北城的辜顯榮，曾孫是辜振甫；第六子辜龍池的孫子就是鼎鼎大名的國學怪才辜鴻銘。

42—— 張少寬，《檳榔嶼華人史話》，吉隆坡燧人氏出版社，2002年，第233頁。

43—— 張少寬，《檳榔嶼叢談》，檳榔嶼南洋田野研究室出版，2005年，第39-42頁。

44—— 檳城惠州會館簡介。

45—— 據謝詩堅《飛揚網絡》：http://seekiancheah.blogspot.com/2009/03/political-history-of-penang-by-dr-cheah.html。

46—— 張曉威，「十九世紀檳城華人方言群社會與幫權政治」，《海洋文化學刊》第三期（2007.12），第132頁。

47—— 關於上述碑石和詔安移民的說明與推論，係參照張少寬田野調查報告〈檳榔嶼廣東暨汀州會館史略〉一文；見張少寬，《檳榔嶼華人史話續編》，檳榔嶼南洋田野調查研究室出版，第25-31頁。

根據文中圖片，「廣東省暨汀州府詔安縣捐題買公司山地碑」所刻列參與捐款買地的廣府方言和客家方言移民群，分別來自以下各（府）州縣：惠州府、汀州府、香山縣、潮州府、詔安縣、南海縣、嘉應州、新會縣、增城縣、大埔縣、番禹縣、清遠縣、從化縣、順德縣。

從這個義冢管理組織的結構形式，也可推論，當時的檳榔嶼移民雖有客家方言的共同認同，但廣義上更認同本身是廣東人和汀州人，未將汀州和詔安移民列為福建人。

48—— 在咸豐四年（1852年）發生土客械鬥前，珠江口西側鶴山、新寧（台山）、香山、新會·番禹、開平等縣分仍居住許多客家人與福佬人（說潮州話的人群），詳見第六章第五節。

49—— 《檳榔嶼華人史話》，第239頁。

50—— 李永球，《太平華裔歷史人物集》，南洋民間文化出版，2002年，第1頁。

51—— 關於雪蘭莪內戰，將在下章說明。拉律內戰則是1861年至1874年期間，在兩位爭奪霹靂蘇丹王位的土酋幕後支持下，發生在今霹靂州太平鎮（Taiping，舊稱Larut）的華人間四次嚴重戰鬥。不論是雪蘭莪內戰或是拉律戰爭，最後都引起英國當局的介入，導致英國對馬來半島的殖民占領。

52—— 據馬來西亞客家公會網站在統計：http://www.hakkamalaysia.com/history.html。

53—— 黃中憲譯，彭慕蘭、史蒂夫·托皮克著，《貿易打造的世界——社會、文化、世界經濟，從1400年到現在》（Kenneth Pomeranz and Steven Topik, *The World that Trade Created, Society, Culture, and the World Economy, 1400 to the Present*），台北如果出版社，2007年，第102頁。

54—— 曾玲，〈從廣肇惠碧山亭金石與檔案看殖民地時代新加坡華人社會的"幫群"關係〉，香港中文大學，第二屆海外華人研究與文獻收藏機構國際合作會議論文，2003年3月13-15日。

55—— 參照張翰璧，〈新加坡當鋪與客家族群〉，附錄二，「華人方言群（1931-1900）」，載於鍾文典總主編，黃賢強主編，《新加坡客家》，廣西師範大學出版社，2007年，第110頁。

56—— Cheng Lim Keak, Patterns of Social Alignment: A Case Study of Hakka Associations in Singapore（「社會組合模式：新加坡客家社群的個案研究」），*Southeast Asian Studies*（《東南亞研究》），1995年3月，第32卷，第4期，第479頁。

57—— 嚴清湟，《海外華人史研究》，新加坡亞洲研究學會，1992年，第186頁。但據《新加坡客家人》，到了近期的1986年，客家人已在洋服、五金、白鐵、百貨／洋什貨、布匹、藥材、典當、金鑽、鞋革、眼鏡等業擁有大批商家。

58—— 「社會組合模式：新加坡客家社群的個案研究」，第484-485頁。

59—— 廣東土客械鬥前的廣州和肇慶府均住有不少客家人，因此當時這些組織是否由當地客家人移民而非說廣府話的移民主導，值得進一步探討。

60—— 同上，第485-486頁。

61—— 據專門研究棉蘭歷史的荷蘭學者Dirk A. Buiskool, "Persons who made a positive contribution to East Sumatra, period 1860-1942"（「1860-1942年開發東蘇門答臘的功臣」），棉蘭省立大學歷史與社會研究中心討論會論文（由Dirk A. Buiskool提供本書作者），2007年11月10日。

62—— 同上。另參看Dirk A. Buiskool, "Medan, a plantation city on the east coast of Sumatra,1870-1942"（棉蘭——1870-1942年蘇門答臘東海岸的種植城市），由Dirk A. Buiskool提供本書作者論文。

63—— 參考棉蘭《熟悉棉蘭傳統》（Medan Understanding Heritage）網站年表：http://medan.m-heritage.org/about_medan/4.html。

64—— 據《東南亞華人史》，第320頁統計。但這一統計中，客家方言群的人口似乎過度偏低，同時該統計中尚有剩餘百分之二十四·一之人群未列出其歸屬，推斷是第一代華人與當地土著婦女生下的土生華人，即俗稱的Peranakans。

65—— 《苦力貿易——1847-1874年中國勞工販售拉丁美洲史》，第135頁。

66—— 同上，第137頁統計表。

67—— Lynn Pan（潘翎），Sons of the Yellow Emperor, A History of the Chinese Diaspora（《炎黃子孫：海外華人的故事》），Kodansha International，1994年，第61頁。

68—— 同上。

69—— 據《中國僑網》2006年6月30日資料：http://国家侨办.cn/news/2006/0630/68/34596.shtml。

70—— Live Yu-Sion, "The Sinwa of Reunion: Searching for a Chinese Identityin a Multicultural World"（〈留尼旺的土生華人：尋找多元文化世界中的華人定位〉），載於Matte Thuno主編，Beyond Chinatown: New Chinese Immigration and the Global Expansion of China（《超越唐人街：華人新移民和中國的全球擴張》），第十一章，Nordic Institute of Asian Studies出版，2006年，第238頁。

71—— 《客家網》網站資料：http://www.hakkaw.com/xw07/2006-1-10/2006110200026.asp。

72—— 本段及以下相關段落的說明是根據Ellen Oxfeld（歐愛玲），"Chinese in India"，載於Carol R. Ember, Melvin Ember 和Ian A. Skoggard編輯，Encyclopedia of Diaspora, Immigrant and Refugee Cultures around the World（《移民百科全書：世界移民與難民文化》），Human Relations Area Files, Inc出版，2004年，第673-679頁。

73—— 一位名叫Colesworth Grant的英國人更早已在1848年的調查報告中提到，在加爾各答的Kasaitola街有二十五名華人鞋匠，這些鞋匠也顯然是早先的客家移民。見印度華裔梁慧萍所撰〈加爾各答的華僑華人：移民模式與職業特性〉，《華僑華人歷史研究》，北京華僑華人歷史研究所，2008年12月第四期。

74—— 同上。

75—— 致然，「頑強扎根的印度華人」，載於中國國務院僑務辦公室《僑務工作研究》，2005年第5期。

76—— 據曾露凌、譚雅倫合編，《美國華人移民血淚簡史》，原載《明報月刊》，1993年10月號。

77—— 據2009年4月19日紐約《世界日報》，2000年美國人口普查首次採用受調查人自行圈選族裔，有二十五萬至三十萬自選為拉丁美洲華人。

78—— 巴西在1960年代曾吸引了台灣桃園、新竹、苗栗等各縣的不少客家移民，當時主要聚居在聖保羅，但也有人住在巴西內陸和北部沿海城市。他們的第二代有許多選擇到美國留學和尋找工作機會，但也有一些家庭因受巴西經濟前景的影響，在上個世紀末陸續舉家搬遷回台。

10

第十章
峇峇與娘惹的世界

　　清初，為了打擊反清勢力和鞏固政權統治，海禁政策雖不若明初嚴厲，但對海外華僑的回國則屬行嚴格限制政策。康熙五十一年（一說是康熙五十三年，即一七一四年）下旨：「凡出洋久留者……解回立斬」。其後在康熙五十六年（一七一七年）雖有放寬，但仍宣諭「入洋貿易人民，三年之內，准其回籍，其五十六年以後私去者，不得徇縱入口。」雍正七年（一七二四年）和乾隆元年（一七三六年）又重申海外「棄民」在限期內不回國者，即不許歸國回籍。這項禁令一直延續到光緒十九年（一八九三年），因清朝政府需要海外華人資金，才告解除。[1]

　　在清代限制海外華人與母國往來的政策影響下，尤其是女子移民海外更受到經濟與社會條件的制約，因此在海外「棄民」的華人社會中，形成了一個獨特缺少「純華人女子」的僑生「華土結合」混血群體世界，這是曾經讓外人充滿了神祕感的土生華人的天地，也是千千萬萬前往海外出賣勞力的客家與非客家華人男子，為了尋找身心寄託、傳宗接代或保護辛苦賺得的財產而建立起來的安身立命場所。

●麻六甲是峇峇與娘惹文化的發源地。圖為麻六甲唐人街市。

一、源遠流長的南洋土生華人

海外土生華人社會在東南亞源遠流長。元代忽必略統一中國之後，曾派兵南征爪哇，兵士多為閩南人，在當地留下不少與土著婦女結合的小孩。曾跟隨鄭和航行南海諸國的鞏珍，在其《西洋番國志》記載，在今爪哇島東部一帶，住有許多閩粵移民，人數過千；在蘇門答臘島上的舊港，也多廣東和漳、泉之人。這些華人，應有相當比例，是流落到此的閩、粵之人與當地土著婦女生下的後人。

在北婆羅洲一帶，也住有許多土生華人後代。明朝張燮的《東西洋考》據民間傳說記載，曾經有一位統治北婆羅洲的蘇丹，是跟隨鄭和航行到此後留鎮其地的閩人後代，後來為統治菲律賓的西班牙人所逐，其國人遂在河流中放毒，西班牙人只好逃回馬尼拉去。

到了十八世紀，仍有不少閩南人到北婆羅洲種植胡椒，到十九世紀初期，才因經濟情況改變而逐漸消失蹤影。可是他們卻留下了不少遺跡。當地土著稱他們為Orang Kina，即中國人的意思；將當地的一座山稱為Kina Balu，即中國寡婦山，以紀念華人留在當地的土著妻子。現在的沙巴州的首府亞庇（Kota Kinabalu），即是以這座山命名的「中國寡婦城」的意思。葬身當地的許多華人移民的墳墓，到處散布在中國寡婦山的山坡上。[2]

到十九世紀六〇年代，在亞庇北部的一些村落，仍可發現許多會說中國話的華人，他們自承是中國人與毛律人（Muruts）和毘舍耶人（Bisayas，來自菲律賓中部蘇祿群島的土著）結合的後代，在一個村子裡，甚至連年輕女孩的前半邊頭髮也像清代男人一樣剃去。當時一位文萊統治者的家譜中，也記載有個華人蘇丹王國曾經統治過這一帶，[3]這證明《東西洋考》中所記載的並非傳說。

二、早期海峽殖民地社會中的峇峇與娘惹土生華人

到十八、九世紀，馬來半島上的海峽殖民地社會，針對土生華人開始出現了「峇峇」（音Baba）與「娘惹」的稱呼，以此區別由第一代華人所代表的「新客」華人社會。

峇峇是華人與當地馬來或土著婦女[4]結婚生下來的男子，女子則稱為娘惹。

但是，到後來，人們已逐漸將馬來半島的土生華人，不論男女，皆統稱為峇峇。

峇峇與娘惹這兩個稱呼的來歷與說法不一。一說是印度孟加拉土話，用以稱呼歐洲人小孩，印度人到了檳榔嶼後，以此稱呼華人兒童。另一說是馬來人尊稱華人為Bapa，後轉音為Baba，以統稱華人。娘惹則據稱是馬來人的Nyonya或印尼人的Nona的轉音，都是指夫人的意思；也有一說是從閩南話的娘娘轉音而來。[5]

峇峇與娘惹之所以引起注意和重視，是因為他們在海峽殖民地的華人移民社會和馬來本土社會的夾縫中，自成一個群體。他們最早出現在麻六甲，原因是當地只有男性的華人移民（第一代移民都習稱為新客，以閩南人為主），在新的環境中只能尋找當地土著婦女為伴，所生下來第二代，慢慢發展成自成一體的混血人群。[6]

一七八六年，英國人獲得檳榔嶼，緊接著在一七九五年又從荷蘭人手中得到麻六甲。由於檳榔嶼更為自由寬鬆的貿易環境，麻六甲的峇峇華人紛紛湧向該處尋找賺錢機會，只要開始存下一點錢，馬上討個當地婦女成家，[7]峇峇社會繼續在英國人的新殖民點擴散開來。一八一九年，英國人立足新加坡後，情況也是如此。

由於在英國人治理初期，峇峇人數多於新客華人，他們當中湧現了一批有商業才幹的人物，善於經營與殖民者及各種華人社會勢力的關係，特別是擁有從事大規模商業投資的信貸資金，可供有意投資的華人和峇峇用於錫礦的開採和甘蜜（檳榔膏）、胡椒與橡膠的種植，致富者大有人在。他們聚居主要大街，住在華宅中，彼此交往密切，子女相互通婚，因此，由商人階層構築的峇峇富人社會，成為英國治下的海峽殖民地的一大特色。

到了一八五一年，檳榔嶼的峇峇人數已將近九千人，新加坡將近四千五百人，一八六〇年的麻六甲的也有有六千人之多，[8]在殖民地社會中的影響力不斷擴大。甲必丹制度和餉碼承包制（即英國人給予甲必丹的鴉片、燒酒和賭場經營特權，見第九章第四節）的實施，以及會館與幫會組織方式的人際網絡，更給一些峇峇中的上層人物帶來了無上的權力與地位。

　　這個混血人群，在中國與馬來文化的交互影響下，產生了自己的專門語言，所講的話語既不像華語，也不像馬來語，而是兩者的混合變體（馬來語的成分多於華語），文法和詞彙更自成一格。據統計，一八七〇年，麻六甲的峇峇人群中，只有百分之二十的人會說華語。[9]

　　在文化上則是遵循中國傳統習俗與信仰，以男性為尊，崇敬祖先，燒香拜佛，峇峇繼續保留華人姓氏，留著辮子，頭戴瓜皮帽，穿清式罩衫褲子。過年過節，全家像華人家庭一樣，照過不誤，甚至更為隆重，從農曆新年到元宵，再如清明、端午、七夕、冬至，樣樣不缺。但在此同時，他們也尊重女方的習俗（但未納入穆斯林習俗），把巫人（即馬來人）的役鬼、降頭和驅邪信仰，融合到華人傳統信仰之中；穿著方面，女的則穿戴馬來服飾，髮髻上綴著別具風韻的馬來珠花。飲食方面也是馬來食物與中餐的混合。

　　但是，峇峇與娘惹群體，尤其是較富有的人家，對於土生馬來男人，異常排斥，家長對未婚子女的擇偶對象，選擇極為嚴謹。在同樣是找不到純華人女子為兒子婚配對象的情況下，做家長的只能從年輕的混血娘惹或馬來女子當中去挑選未來的媳婦；相對的，出於對普通馬來人的優越感，他們的女兒則幾無可能許配給馬來男子，只許外嫁或招贅純華人或峇峇男子。[10]

　　十九世紀二〇年代之後，客家礦工移民的到來，使得海峽殖民地由早期閩南商人所構建的峇峇社會，開始注入了客家成分。

三、海峽殖民地客家峇峇人群的出現

　　十九世紀九〇年代，峇峇的人口已有了很大的增長，三個海峽殖民地加起來的人數達四萬五千至五萬之間，占總人口的百分之九、十左右。其中麻六甲因為華人人口流向新加坡和檳榔嶼，到一八八〇年代時，峇峇只增加到七千到八千之數，新客華人達一萬人以上；新加坡和檳榔嶼在一八九一年的峇峇則分別有一萬六千人和兩萬三千人之多，新客華人分別為十二萬一千人和近九萬人。[11] 但因客家人口在各海峽殖民地的方言群中占少數比例，如在新加坡，在一八八一年（六千一百多人）只占其八萬六千多名華人總人口（包括九千五百多名峇峇人口在內）的百分之七・一，因此客家峇峇人數也是不多。

在這些峇峇家族中，檳榔嶼的鄭景貴、鄭大平父子是頗具代表性的上層人物。

鄭景貴是廣東增城縣新村圍的客家移民，父親鄭新發早年帶第二個兒子景勝南渡，在霹靂開礦。一八四一年鄭景貴二十歲時，奉母命來到霹靂投靠父親和二哥。此時鄭景勝事業有成，鄭景貴在他的支助下，也在太平一帶開採錫礦，由此致富。[12]

但將鄭景貴推向事業高峰的，卻是海山和義興兩個客家幫派的激烈鬥爭。當時的太平礦區分由增城客家人控制的海山黨和歸屬惠州客家人的義興黨隔區開發。鄭景勝和鄭景貴兄弟是海山黨的頭領。

從一八六一年到一八七二年，兩個幫派前後爆發了三次戰爭，死傷多人，並將霹靂州馬來蘇丹的繼承捲入了兩幫的爭鬥當中。最後是在一八七四年，在英國海峽殖民地政府的介入下，才結束了這場爭鬥。事後英國獲得霹靂州的統

●檳榔嶼著名客家華人鄭景貴家族是峇峇與娘惹的代表性家族，其生前居住的豪宅現已改為峇峇博物館。

治權，鄭景貴被任命為霹靂甲必丹，並繼續承包太平的原有錫礦開採，他的礦工人數最多時達六千三百人。此外，他還獲得霹靂州多處地方的賭博、鴉片、酒類和典當業餉碼權，所得均主要投資於檳榔嶼，使他成為該處首富。

除了與英國人的良好關係外，他也是清政府的忠誠支持者。他曾捐資十萬，資助一八八四年的抗法戰爭，並曾賑濟中國水災，是海外華人最早向清政府捐資者之一。

但是，在檳榔嶼，鄭景貴是以峇峇家族而著稱。座落在義興街（Church Street）的豪宅，從前是義興黨的總部，幾經轉手，最後落到他手中，現在闢為峇峇博物館。內部的陳設，不但顯現了他家族早期的財力，也向後人展示出一個上層峇峇家庭華巫結合的文化特徵與風格。

鄭景貴生有七子，均為典型的峇峇子弟，其中四子鄭大平在檳榔嶼較為出名。他長期居住檳榔嶼，接受的是英文書院的教育，畢業後協助父親的生意，後來自創公司，辦錫礦業，承包政府各種餉馬和從事種植業。一次大戰後期，獲准發行印有其名的一角錢鈔票。一九一八年獲任馬來聯邦議員，並於一九二一年就任霹靂最後一任甲必丹。此外，他還擔任過檳榔嶼中華總商會首屆值理，以及中國北洋政府農商部咨議，被殖民地政府委任為太平局紳士和被中國北洋政府授以四等文虎章。[13]

生活上，鄭大平喜歡運動與開車，曾多次環游世界，一九〇七年英國康諾特公爵（Duke of Connaught, Arthur William Patrick Albert）一家訪問檳榔嶼時，是由他開車帶著他們遊覽。他也是首位泅渡長江三峽的海外華人。

從鄭大平的資歷，大體可以看出，作為峇峇子弟，除了繼承父業外，他因為接受了英式教育，政治上更受英國殖民者的信賴，因而也享有更高的政治和經濟參與權，如成為議員和發行鈔票等。

從鄭大平的身上還可以看出，海峽殖民地的峇峇是中國、馬來和英國三元文化結合的產物，但同時也對中國（如擔任北洋政府咨議及接受其獎章）、馬來土地和大英帝國表現某種程度的忠誠。[14]

這些文化和政治特質，形成了峇峇子弟，也就是海峽殖民地華人有異於其父輩的外在（如接受英國式衣著與生活方式）與內心世界（如對中國不具有鄉

土與血緣眷戀的情懷）。所以到了峇峇這一代，在英國人統治的特定時空下，雖然他們對中國或許還有一些忠誠度，但事實上他們只不過是「試圖在殖民社會中確立身分認同和尋找所扮演角色的非正式精英人群」而已，[15] 這些人往往是殖民政府的公務人員或為其服務的捐客，既不完全屬於父輩華人移民的範疇，也談不上是殖民地社會中根基仍舊不深的客家人的傳承者。

然而，從十九世紀九〇年代，滿清政府開放婦女南下進入南洋之後，許多華人移民男子可以直接尋找華人婦女為對象，不想再與馬來或土著婦女結婚，而峇峇男子也熱衷以華人婦女為妻，因而土生華人的人口結構急劇出現了變化，即「純華人」的第二代開始在海峽殖民地出現，而原來的峇峇人口群當中也不斷增加了華人血統，減少了馬來成分。在此同時，隨著年輕「純華人」接受西式教育的人數日益增多，在文化、經濟各個領域日益活躍，使致他們與峇峇子弟之間的差別逐漸縮小。曾經被視為另類人群的峇峇娘惹及其獨特的文化，在進入二十世紀之後，除了被用來作為商業和文化促銷的道具之外，也就慢慢化為歷史的記憶了。

●檳榔嶼鄭景貴住宅（峇峇博物館）內的裝飾。牆上畫像為鄭景貴及其馬來妻子。

四、北蘇門答臘的客家土生華人

十九世紀七〇年代，荷蘭人進駐蘇門答臘北海岸地帶後，隨著華人移民的跟進，在當地也出現了一批類似於峇峇與娘惹的印尼土生華人。這些人群也是第一代華人移民與土著婦女所生的子女。在當地把新客華人（第一代華人）稱為Totoks，第二代之後的混血子女稱為Peranakans，即土生華人（或僑生華人）的意思。在西爪哇和與檳榔嶼聯繫密切的北

蘇門答臘一帶，也有人按海峽殖民地的習慣，把男子稱為峇峇，把女子稱為娘惹。

這些土生華人也像海峽殖民地的峇峇與娘惹一樣，不會說華語方言，而是以華語方言（閩南話）與馬來話（即當地的印尼話）混合而成，並夾雜一些荷蘭話的中華馬來話（Babasa Melayu Tionghoa）作為溝通工具，慢慢的，他們成為第一代華人之外的另一個人群。

但是，在荷蘭人的殖民統治下，不論是在爪哇還是在蘇門答臘，其民族政策都將華人歸類為外國東方人（Foreign Orientals，與阿拉伯人、印度人同類），以有別於歐洲人（主要為荷蘭人）和印尼本地人。[16] 每個族類都以不同的法律加以規範，土生華人雖然與新客華人之間有差異，但荷蘭人仍將其一律視作華人看待，受到相同的法律管轄，並同樣繳納華人人頭稅。一八七二年的法規更規定，在公共場所的打扮穿著不得不符其族裔身分，因此，在相當長時間內，土生華人男子與第一代華人一樣，必須留辮子，穿清朝式的衫褲。[17]

此外，二十世紀之前，荷蘭人也不准土生華人接受或學習荷蘭文化，[18] 導致當地的土生華人，除極少數外，很難像海峽殖民地的峇峇一樣，接觸西式教育和接受西方文化的洗禮，更遑論超越華人的生活圈尋求更大的發展空間，包括追求歐洲人所享有的管理層職位與地位。直到一九〇八年荷蘭人改變態度，針對華人子弟開辦荷蘭語教育，並於一九一〇年通過法律承認土生華人是荷蘭屬民後，情況才開始轉變。[19] 許多富有的華人家庭把小孩送進荷蘭語學校，以爭取更好的就業機會。

這些接受了荷蘭語教育的土生華人子弟，後來有很多人在荷蘭人的公司當職員，也有不少人成為醫師、律師或工程師。

到了十九世紀末期，清政府開放婦女南下之後，與海峽殖民地一樣，土生華人當中也不斷增加了「純華人」的成分和減少了馬來血統。但是，這些二代華人本身開始出現了繼續認同中國還是向本土化轉變成為印尼人的分歧。從一九二〇年後荷蘭人的人口統計，可以看出這種轉變。

一九二〇年，荷蘭人開始按照是否以印尼話（馬來話）作為日常用語的標準，對華人人口作出區別普查統計。該年在其統治下的印尼全區，說印尼話的

土生華人總數為三十一萬一千人，占華人總數的百分之三十八‧四，說華語（方言）的新客華人為四十九萬八千人，占華人總數的百分之六十一‧六。到一九三〇年時，土生華人總數為四十二萬八千人，占華人總數的百分之三十四‧七，新客華人為八十萬五千人，占華人總數的百分之六十五‧三。[20]

值得注意的是，在華人移民歷史悠久的爪哇本島（連同其東北外海的一個小島馬都拉，Madura）的土生華人數遠超過新客華人，分別為二十六萬九千人和十七萬人（一九二〇年），以及三十七萬六千人和二十萬六千人（一九三〇年），這說明擁有雅加達、泗水等大城市的爪哇本島華人認同「本土化」（印尼化）的速度和程度，遠高於包括蘇門答臘與西婆羅洲在內的城市化程度較低的其他島嶼與地區，[21] 後者一九二〇年的土生華人數只有四萬二千人，新客華人數高達三十八萬三千人，到一九三〇年時，十年之間，土生華人數只增加一萬人，達五萬二千人，新客華人達五十九萬九千人。到一九六〇年代，印尼政府開始排華、強迫華人改印尼姓徹底印尼化為止，這種趨勢一直不變。[22]

蘇門答臘與西婆羅洲等外島上，已經居住印尼多代的土生華人，包括客家華人在內，堅持不放棄其華人認同和華人身分的另外原因，既有早期荷蘭人種

●印尼爪哇島西端的萬丹（Bantam）一帶，自明代以來即有華人足跡，在該處留有漳州和惠州客家人的墓地。圖為當地香火鼎盛的觀音廟。

族分類政策的影響，也有海外華人堅持不放棄其中國認同的因素。在清政府的號召下，居住棉蘭的客家富商張煜南（張榕軒）、張鴻南（張耀軒）兄弟受到檳榔嶼富商張弼士的影響，在一九〇三年帶頭捐資一百萬兩銀子修建潮汕鐵路。這些行動，以及當時孫中山在海外宣傳其革命運動，都有力強化了印尼華人的中國認同，並促成十九、二十世紀之交，荷蘭人高壓統治下不論是土生或新客華人民族主義意識的高漲。這也是為什麼遠離荷蘭人統治的爪哇中心地帶的外島地區，不向印尼化低頭的土生華人人口統計偏高的主要原因。

　　在這些土生華人當中，客家後代高度集中地區是在西婆羅洲，但是由於該地的整體經濟較為落後，所以多分散在農村地區，有些家庭仍保留濃厚的原生態客家方言。至於住在爪哇和蘇門答臘本島的客家土生華人，尤其是在雅加達或棉蘭等大城市地區，由於受到印尼化和閩南化的影響，也像台灣的福佬客一樣，其客家認同和客家特性早已完全消失了。

五、西印度群島、拉美與夏威夷的另類客家混血後裔

　　隨著十九世紀苦力貿易興起後，客家華人男性勞工與自由移民向美洲和其他地區的擴散，與當地婦女結合後的混血子女，在亞洲以外的地區，形成了另類客家混血後裔。

1.西印度群島

　　在西印度群島，歐洲人殖民者與黑人生下的混血小孩稱為Creoles，在南美洲和菲律賓的西班牙殖民地，與當地土著生下的後代則稱為Mestizos。但是，在這兩個地區，華人男子，不管是自由移民或是苦力，在華人婦女獲准進入以前，與黑人或印第安人婦女或是與歐洲人的混血後代女性生下的小孩，並沒有統一的稱呼。

　　這些華人混血人群在各地的人數不一。例如在引進華人苦力數達十二萬人以上的古巴，西班牙殖民當局對華人婦女的進入有嚴格的限制，因此一八七四年苦力制度結束後，留在當地的六萬八千多名華人，根本不可能娶到華人婦女。在經歷了一段在地化的過程後（主要是依靠擔販和開小店謀生），不少人

與黑人或黑白混血婦女生下的小孩，與後到的華人自由移民，共同組成了當地的華人社會，直到一九五九年古巴共產革命勝利前，一直掌控著當地的雜貨店零售行業。[23]

然而，從一九五九年以後，經歷了美國對其長達半個世紀的封鎖，古巴經濟一蹶不振，華人當中的有錢者大量流散到美國，目前剩下的已經成長了兩三代以上的混血華人後裔，只剩兩萬人左右，[24] 即使當中有不少是客家苦力後裔，但與客家人事實上已難以聯繫在一起了。

在這些客家混血華人後裔中，有很多人參與了卡斯楚（Fidel Castro）的革命建國運動。其中有一位很有名的客家第二代，雖然父母均為客家移民，但他與他的兄弟都與當地婦女結婚，已完全融入了當地社會，也算是脫離客家的一代了。

這位傳奇人物就是古巴共產黨創始成員之一的邵正和將軍（Moisés Sio Wong，莫伊賽斯‧邵‧黃）。他一九三八年出生在古巴，父親是廣東增城的移民，一九五七年在馬埃斯特拉山（Sierra Maestra）加入紅軍，擔任排長，跟隨卡斯楚打遊擊，次年調派到拉美著名的共產鬥士切‧格瓦拉（Ernesto Che Guevara）之下，參加解放中部城市的戰鬥。一九六一年，在美國發動的古巴流亡者入侵豬灣（Bay of Pigs）的失利戰鬥中，擔任守方的第七步兵師師長。從軍職退休後，致力於開展古巴與中國的民間關係，[25] 於二〇一〇年二月十一日病逝，享年七十二歲。

在西印度的英屬殖民地，以客家人及其後代為主的華人人數遠比不上古巴，苦力貿易結束後，留在當地的第一代人數只有數千人而已。據西印度群島一八八一年的人口普查報告，以英屬圭亞那最多，近四千四百人，千里達居次，有一千二百多人，牙買加一百四十人。但因從這一時期起，英屬圭亞那有不少華人流向牙買加和千里達，因此到一九一一年，牙買加反而超越了其他地區，當年的第一代華人人數已增加到一千六百多人，千里達一千一百多人，英屬圭亞那六百三十多人。[26]

此後，隨著這些成為自由移民的苦力，在當地與黑人婦女的結合（少數與白人婦女結合，主要是葡萄牙契約移民），至一九四三年，牙買加近一萬四千

名華人中，有五千五百一十五名有色華人（即父母當中有一方是華人，一方是其他膚色人種）。一九四六年，千里達華人數增至五千六百多人，英屬圭亞那為三千五百多人（均含土生與非土生華人）。[27]

從一八六○年代起，為了鼓勵華工定下心來，在甘蔗種植園安心工作，英國人放寬了華人勞工攜帶妻子和家屬的限制，英屬圭亞那移民署長柯士甸（John Gardiner Austin）甚至在廣州親自坐鎮，對攜帶妻子前去的華工給予二十美元的獎金。[28] 但是，因華人婦女傳統上不願遠離家鄉，而且清政府嚴格限制婦女出境，所以只能花錢在土客械鬥後失去男性家屬的女性客家婦女當中，尋找願意前往的對象。但即使如此，從比例上，與男性華工數目仍相差懸殊。如一八七三年十二月，從廣州黃埔港前去圭亞那的船隻，載運的三百八十八名華人當中，有三百一十四名是男性，只有四十名是婦女，其餘為男女孩童和嬰兒。[29] 因此，華人在當地仍以異族通婚為主。這種情況到十九世紀結束，華人婦女移民增多以後，才有所改變。

但是，由於西印度群島的華人從進入西印度群島開始，信仰基督教的情況就很普遍，一位千里達的作家在他一九四五年的著作中觀察到，「作為一個種族，相對來說，外表上他們仍比較像華人，只有在很小的程度上與島上其他族人相混。但是在文化上，他們幾乎與他們原來的國家完全脫節，世界上沒有其他地方的華人是脫離得如此完全徹底的。連舊金山、紐約，甚至是倫敦的華人居民，都還會過他們自己的節日，……在千里達這裡卻是在模仿白人商人的宗教和習俗。」[30]

與馬來半島的情況一樣，西印度群島這些英屬華裔（客家裔）後代當中，產生了許多醫師、律師、法官和專業人物，現在多散居加拿大與美國。在客家後人當中最著名的是，曾經出任圭亞那首任總統的鍾亞瑟（Raymond Arthur Chung），他是法官出身，是新安縣客家移民的後代，在一九七○年，圭亞那獨立成為共和國後，就任首任總統，任期十年，於二○○八年去世。

另外，全球知名的黑人女模特兒坎貝爾（Naomi Campbell），是牙買加籍華裔（因早期牙買加華人移民幾乎全是是客家人，因此推測是客家裔）與一位住在英國的牙買加裔黑人芭蕾舞者所生，不過她才出生兩個月，父親就離棄母

女兩人而去，此後父女一直沒有見過面。[31]

2.秘魯

秘魯引進的華人契約工的數量僅次於古巴，達十一萬人之多。這些契約工合同期滿後，也因找不到華人婦女為伴，只能與下等西班牙人婦女或西班牙人與印第安人所生的混血女性結婚。幾代繁衍下來，形成了大量的混血華人，到一九七五年時，其人數已達到十八萬人，其中一半住在首都利馬。[32] 目前這些混血華人和土生華裔人數高達一百二十萬人。[33]

與其他地方的華裔習慣不同的是，在十九世紀，秘魯的華人苦力通常會由僱主給他們取西班牙名，這種做法，有利於他們在契約期滿留在當地後融入秘魯人的社會，因為他們可利用這個名字在當地找到一個條件較好的秘魯家庭，租他們的土地耕作，為他們幫傭，並得到保護；如與當地女孩結婚，生有小孩，就認主人夫婦為小孩的教父教母，建立起更密切的關係。這種情況一直延續到十九世紀末期華人自由移民和華人婦女逐漸湧入後，在地化的華人才重新被納入新移民所建立起來的華人社會中。[34]

●利馬唐人街。

一八九一年，香山縣客家人為主的移民，在利馬的唐人街建蓋了同陞會館，成為一八八六年清政府駐秘魯公使館創建的華人總會館通惠總局轄下的八大廣東會館之一，當年只有會說客家話的才可加入。其前身是設在利馬市郊苦力登岸地點卡耀的同義堂，當初是為了照料在卡耀登岸的客家人而設。每年七月中旬關公誕辰（農曆六月二十二日）前後，住在秘魯的客家人及其後人代表會齊聚一堂，在會館內上香，為客家人在秘魯延續信仰香火，提供見證。

3.夏威夷的另類峇峇與娘惹

十九世紀華人移民從單身苦力人群向混血家庭轉化的過程，不單在馬來半島、印尼諸島和拉美與西印度群島的客家移民社會中一再出現，在夏威夷也不例外。

由於華人婦女移民人數不多，早期夏威夷絕大多數的華人男性移民都沒有成家。據估計，在進入二十世紀之前，只有一千兩百至一千五百名華人男子與夏威夷人婦女或夏威夷人與白人所生的混血女子共同組成家庭，尤其是在農村地區和小市鎮裡。在華人與當地人組成的這些家庭中，子女多半在母親的親屬圈內活動，與華人的關係較為疏遠。[35]

從一八九〇年代，清政府開放婦女移民後，華人婦女，主要是已移民華人男子留在國內的妻子，才逐步向夏威夷移民。據人口普查，這類華人婦女的人數在一八九〇年將近六百人，一九〇〇年為一千四百人左右，一九一〇年為一千五百人以上。[36] 相對的，一九一〇年已婚華人男子數也增加到五千六百多人。 因此，從十九世紀末期起，父母均為華人的土生華人的人數比例開始相應上升。

由於夏威夷早期的客家移民在移居之前，已受到更多基督教傳教士的影響，因此，在當地安頓下來之後，也更易於放棄本身的傳統習俗與信仰，接納西方宗教信仰，融入當地的多元文化之中。從一八八〇年代到一九一〇年代，有很大比例的客家人成為基督徒，參與組織華人教會，及開展基督教青年會活動。相對的，作為華人本位的客家組織，雖然在一九一〇年，已有一些當地出生的客家華人在推動成立自己的方言組織，但是要到一九一八年，才有第一個

會館的出現。這個會館就是目前夏威夷最大的客家組織崇正會的前身,即是仿照歷史較久的舊金山客家組織的名稱而成立的人和會館。[37]

六.美國本土客家

在美國本土,歐洲白人移民是主流人口,華人並未經歷類似於東南亞、拉美或夏威夷那種透過與當地經濟地位低下但人口較眾的土著人口大量結合而實現本土化的過程。不過,在華人移民流入美國的初期,華人婦女移民也同樣受到了極大的限制,一八六〇年,男女華人移民的比例是一比一百八十六,在將近三萬五千名華人移民中,只有一千七百多名是女性,男性卻多達三萬三千多人。直到一九〇〇年,女性移民的比例從未超過百分之七。[38]

早期女性移民的稀少,造成了美國華人男女關係的扭曲。在華人集中的城市如舊金山,除少數有錢商家有幸攜有家眷或娶得華人婦女為妻外,更多的是獨身男子,因此受騙以結婚名義進入或從加拿大偷渡賣入美國的妓女占華人婦女的多數。一八七〇年,在加州的三千五百三十六名華人婦女中,約有二千一百五十多名是從事賣淫行業。[39] 即使有幸未被賣入娼門的商人婦,也因奇貨可居,往往被丈夫強迫深居簡出,幾乎無法與外面世界接觸,形同居住牢獄之中。[40]

當一八六九年,受聘鋪設橫貫美國的中央太平洋鐵路西段的五千名華工因工程竣工而遭解散後,大批獨身男子開始四處流散,尋找工作。除多數留在加州外,一部分被招募到北方太平洋鐵路繼續從事鋪建路軌的工作,一部分到南方的路易斯安那和密西西比州填補內戰之後獲解放的黑奴遺留的工程。約有五百人抵達紐約,從事各種低下行業,其餘散居在從西雅圖到佛羅里達的美國大陸各處。

客家男子本來就是華工中的少數,因此與華人婦女結婚的人數更少。散居各處的獨身客家男子只能像其餘華人男子一樣,尋找非華人婦女為結婚對象。他們的對象有白人(例如紐約的愛爾蘭貧窮婦女移民)、黑人(如路易斯安那州獲得解放的黑人婦女)、黑白混血婦女和印第安婦女等等。

然而,華人與非華人婚生的子女,特別是與黑人所生的小孩,因為受到華

人移民的嚴重排斥，往往成為華人社會之外的隱形人，無法像在東南亞或拉美地區的華人混血人群一樣，成為與一、二代華人一起壯大當地華人社會的一員。

與白人結婚的華人也不見容於美國主流社會。一九〇六年八月六日的《紐約時報》報導稱，有三百名紐約市白人婦女嫁給華人男子，但卻嘲弄這些華人男子在白人女子面前抬不起頭，乖乖聽妻子的話，對她們崇拜有加。[41]

類似於華人與黑人通婚所生的子女，華人與白人所生的子女，也同樣隱形於華人社區之外。但白人把他們視為「身心道德衰弱」，「只會降低（白人）種族的優越性」。[42]

十九世紀末，最早以華人與白人混血女孩的身分，並以水仙花（Sui Sin Far）的筆名，在美國發表短文描述心路歷程的作家愛迪茨・伊頓（Edith Maude Eaton），在她著名的短文「一個歐亞人腦海中的記憶片段」（"Leaves from the mental portfolio of an Eurasian"）中，提到了一位從東岸搬到加州的半華半白女孩，千方百計把臉搽得白白的一層，裝成白人一樣，並且不敢向男友透露自己的華人血統。這個故事說明了這類混血華人的社會處境，但他（她）們不願向華人社會認同，寧可成為主流社會中的隱形人。

因而，傳承華人社會的主要責任就落到了住在唐人街以內的第一、二代華人身上。一九二七年，客家崇正會在舊金山唐人街的成立，是華人在美國本土發展的困難時期努力傳承客家薪火的重要典型。

早期在美國出生的第二代客家華人當中，最著名的人物包括了出生在舊金山的廣東歸善縣移民的後代廖仲愷。他出生於一八七七年，一八九三年父親在舊金山病逝後回國，後往日本早稻田大學預科求學，畢業於中央大學政治經濟科。一九〇三年與妻子何香凝向孫中山毛遂自薦，成為他的重要助手，一九二五年在廣州遇刺身亡。

進入二十世紀以後，在排華法案的限制下，在美華人移民人數增長緩慢，初期反有所減少，從一八九〇年的十萬人以上減至一九一〇年的九萬四千多人；到一九五〇年，才慢慢增加到十五萬人。但在總人口中所占的比例卻不斷下降，從一八九〇年的百分之〇・一七降至一九一〇年的百分之〇・一，再降

至一九五〇年的百分之〇‧〇八。[43]

　　在整個二十世紀上半期，華人受到美國主流人口打壓歧視的情形更為嚴重，因此作為逃避歧視與保存文化的堡壘的各地唐人街，益形蓬勃發展。在唐人街內幾乎見不到與異族通婚的家庭（紐約市和波斯頓唐人街有個別例外情況）。出了唐人街，華人混血人群只能是隱性存在，不像東南亞的峇峇與娘惹那樣，雖然從語言到文化上都有所脫節，但在經濟和政治上，卻繼續與當地的華人主體人群保持一定的聯繫。

　　二次大戰後，歐洲老牌殖民帝國的風光不再，美國取而代之，在世界上獨領風騷，從經濟上到文化上，吸引了各國的移民，來自世界各地的華人，也不斷從台灣、香港、東南亞、印度、西印度群島和拉美各國湧入。特別是一九六五年移民法改革後，對台灣、香港等地華人的移入有所放寬，家庭移民為主的第一代華人新移民人數快速增長，改變了十九世紀排華法案出現後，土生華人作為美國華裔人口主體的現象。隨著七〇年代末期中國大陸的開放，到美國留學和親屬移民的人數更迅猛增長，據美國人口普查局二〇〇七年全美社區調查最新數據，全美華人總數達三百五十三萬八千多人，占美國三億一千六百多萬總人口的百分之一‧一七左右。

　　在這些華人中，有一百三十一萬是美國出生，兩百二十二萬八千多人是美國以外出生。所有這些華人，又有百分之九十，即三百一十八萬四千多人為純華人血統；其餘百分之十，即三十五萬三千多人自認是兩個以上種族混合的混血華人。這些混血華人，大體分成兩類，一類是華人與白人、黑人、拉丁裔或黑白拉丁混血人種結婚生下的子女，另一類是華人與日本人、韓國人、東南亞人（或東南亞的混血人種）等亞裔人種結婚生下的後代。

　　由於從七〇年代以後，美國社會經歷了越戰、黑人解放運動和婦女解放運動的洗禮，白人價值觀不斷受到衝擊，種族歧見慢慢降溫，華人與非亞裔所生膚色較深的混血人群，不再成為社會中的隱性人群。然而，他們雖然是從華人群體中衍生出來的人群，但他們不屬於華人社會，而是與其他混血人群一樣，屬於整個美國社會。從這個角度來看，即使華人混血人群中也包含了一些客家人的後代，但除非其自我認同為客家，與目前人們概念中的客家人，實際上已

屬不同的人群。

　　但就美國客家人的總體情況而言，因為二十世紀後半期以來，自台灣、中國大陸、東南亞和其他地區新移民的補充，從西岸到東岸的主要城市陸續出現了不少新的客家社團，舊有的也進一步得到充實。其中又以七〇年代以後，台灣留學生和移民在各地自發組成的客家組織尤為活躍，為海外的客家人開拓了交流的平台，也增加了客家人的能見度。在此意義上，客家人不失為美國本土華人中的活躍人群；在加拿大和南美洲的巴西等地，情況也是如此。

●紐約市是美國東部台灣、東南亞和印度客家移民家庭最集中的地區。圖為皇后區華人闆市法拉盛。

注釋

1—— 李恩涵，《東南亞華人史》，第147、150頁。

2—— 參見Spencer St. John, *Life in the Forests of the Far East*（《在遠東叢林中的生活》），第327頁。

3—— 同上，第329、331和332頁。

4—— 據美國人類學家斯金納（G. William Skinner）在其"Creolized Chinese Societies in Southeast Asia"（〈東南亞混血華人社會〉），載於Anthony Reid編，*Sojourners and Settlers, Histories of Southeast Asia and the Chinese*（《過客和定居者：東南亞與華人史》），夏威夷大學出版社，2001年一文中的引述，

5—— 張木欽，《荷蘭街口夕陽斜，峇峇文化：一次文化統合的奇異經驗》，馬來西亞大將事業社出版，2000年，第33頁。

6—— 1641年荷蘭人從葡萄牙人手中奪得麻六甲，此後峇峇與娘惹社會開始成形。據美國人類學家斯金納（G. William Skinner）引述的資料，到1678年，大約有850人住在麻六甲華人住家內，其中多數是華人與包括北蘇門答臘的巴塔克人（Batak）和東爪哇的峇里人（Balinese）奴隸在內的馬來土著結合的家庭。這850人當中，127名是華人男人（戶主或家長），140名是自由婦女，93名是成年男奴，137名是成年女奴。另有219名兒童，其中60名可能是女奴隸與華人戶主所生的子女。見〈東南亞混血華人社會〉，第56-57頁。

7—— 同上，第57頁。

8—— 同上，第58頁。

9—— 《荷蘭街口夕陽斜，峇峇文化：一次文化統合的奇異經驗》，第81頁。

10—— 〈東南亞混血華人社會〉，第52-53頁本文及注5和注6。

11—— 麻六甲峇峇與新客華人（即第一代華人移民）人口據〈東南亞混血華人社會〉，第58頁；新加坡華人人口據《東南亞華人史》，第261頁表一，檳榔嶼華人人口據張曉威，「十九世紀檳榔嶼華人方言群社會與幫權政治」，《海洋文化學刊》，第三期，2007年12月，第116頁，表1。但因麻六甲數字將峇峇人口與第一代華人移民人口區分，新加坡和檳榔嶼數字則未加以區分，而是將峇峇人口計入華人人口內，因此以上各項數字不能作籠統比較。

12—— 以下鄭景貴背景是據李永球，《移國——太平華裔歷史人物集》，南洋民間文化出版，2003年，第1-8頁。

13—— 同上，第44-45頁。

14—— Clive J. Christie, *A Modern History of Southeast Asia-Decolonization, Nationalism and Separatism*（《東南亞現代史——非殖民化、民族主義和分離主義》），Tauris Academic Studies出版，1997年，第31頁。

15—— 同上。

16—— Leo Suryadinata, *Pribumi Indonesians, the Chinese Minority and China-A Study of Perceptions and Policies*（《印尼人、華人少數民族和中國——認知與政策研究》），Marshall Cavendish Academic出版，2005年，第10頁。

17—— 〈東南亞混血華人社會〉，第69頁。

18—— 同上，第91頁。

19—— 同上，第92頁。

20—— 《印尼人、華人少數民族和中國——認知與政策研究》，第86頁統計表。

21—— 如雅加達市西邊緊鄰的的登格郎市（Tangerang），是華人後裔最為集中的低收入區，多為包括大批客家移民在內的苦力後代，居民多不會說華語，但仍堅持燒香拜佛。這些人已是完全印尼本土化的峇峇與娘惹。

22—— 據《印尼人、華人少數民族和中國——認知與政策研究》一書作者的估算（第86頁），到1971年為止，爪哇和馬都拉的土生華人數為124萬人，新客華人只有401,300人，而蘇門答臘等外島的土生華人數只有197,000人，新客華人數卻高達1,443,000人。

23—— Kathleen Lopez, The Revitalization of Havana's Chinatown: Invoking Chinese Cuban History（〈重振哈瓦那的唐人街：介紹古巴華裔史〉），*Journal of Chinese Overseas*（《海外華人》），（總第5期），第185頁。

24—— 周莉，〈古巴華社掠影〉，《僑務工作研究》，2004年第五期。

25—— 邵正和中文姓名及其父親的籍貫（廣東增城），是據曾長駐哈瓦那並與邵正和相熟的新華社記者孫光英發表於《新華網》2004年9月21日的文章〈再憶古巴華人區〉；其參加古巴革命的經歷是據Mary-Alice Waters, *Our History is Still Being Written, the Story of Three Chinese-Cuban Generals in the Cuban Revolution*（《我們的歷史並未終結：古巴革命中的三位華裔將軍》），Pathfinder Press出版，2007年第七版，第21-22頁。

26—— 《西印度群島的華人：1806-1995年原始記錄歷史》，第280頁，表2。

27—— 同上，第286-287頁，表8、9；英屬圭亞那數字據第281頁，表3。

28—— Trev Sue-A-Quan，「客家人移民圭亞那的經驗——四個家庭的經歷」。

29—— 同上。

30—— 《西印度群島的華人：1806-1995年原始記錄歷史》，第275頁引Jean de Boissiere, *Trinidad: Land of the Rising Inflexion*（《千里達：騰起中的大地》）。

31—— 據《維基百科》網站資料。

32—— 劉宏主編，*The Chinese Overseas*（《海外華人社會》），Routledge Library of Modern China出版，2006年，第一卷，第242頁。

33—— 《中國僑網》網站資料：http://big5.chinaqw.cn:89/node2/node2796/node2882/node2893/index.html。

34—— 《中國移民網絡和文化變遷：1900-1936年秘魯、芝加哥、夏威夷》，第141頁。

35—— 《過客與定居者，夏威夷的華人移民》，第162頁，數字引自Romanzo Adams。

36—— 這些是當時夏威夷已婚華人婦女的數字，但因1910年以前，夏威夷幾乎所有已婚華人婦女均為中國出生，因此均作為從中國移民的婦女計算。在此之後的人口統計中，華人已婚婦女的數目中已包含許多當地出生的混血女子，因此難以計算實際從中國移民的人數。見《過客與定居者，夏威夷的華人移民》，第160、165頁。

37—— 同上，第257頁。

38—— Benson Tong, *The Chinese Americans*（《華裔美國人》），Greenwood Press出版，2000年，第26頁。

39—— Huiping Ling, *Surviving on the Golden Mountain, A History of Chinese American Women and Their Lives*（《金山求生——華裔美國婦女及其生活史》），State University of New York Press, 1998, 第1頁。

40—— 同上，第49頁。

41—— 同上，第38-39頁。

42—— 同上，第189頁。

43—— 美國人口普查數據。

11

第十一章
三個客家人的故事

　　清代客家人從原鄉移民外地，無疑是艱辛而又心酸的歷程。就像千百年來不斷遷徙的客家先民一樣，無論是到台灣、東南亞，或是美洲大地，每一位外移者，都有著一段以血淚凝成的奮鬥故事，他們的子孫在新的土地上，沿著開拓者的足跡，不斷寫下新的生命篇章。

　　在這些人物當中，不管是開拓者還是他們的後人，有些人留下了難以磨滅的輝煌事蹟，他們是移居地歷史的創造者；有些人在中國最黑暗悲慘的時候，回到祖輩的土地上，為中國人民獻出了自己的一切，甚至生命；有些人從祖輩開拓出來的土地上成長茁壯，雖然沒有偉大的事功，但他們秉持客家精神與風骨，熱愛家園，以自己的心血回饋家園。馬來西亞的葉亞來、千里達的陳友仁，和台灣的戴國煇，就是這樣的人物。從他們的身上，我們看到了流向五洲四海的客家人和他們的後代，血液裡所蘊藏的不向逆境低頭的客家風骨，也見證了千百年客家先民所傳承下來誓向強權和不公抗爭的無畏氣慨。

一・吉隆坡的開拓者葉亞來（1837-1885）

　　葉亞來（或葉阿來）[1] 是十九世紀中後期馬來半島錫礦開採業鼎盛時期，在異地尋找活路的千萬華人礦工當中脫穎而出的一位客家代表性人物。他也是馬來西亞立國史上享有崇高地位的一位華人開拓人物。

1.馬來叢林之犢

　　一八三七年（道光十七年）鴉片戰爭爆發前夕，葉亞來出生在惠州府歸善縣秋長鎮（現屬惠州市惠陽區）周田村粵東沿海平原上一個典型的貧困客家農村裡，是從嘉應州梅縣移民到此的葉氏家族後人，後來在國共合作抗戰期間，積極投入抗日戰爭的國民革命軍新四軍著名將領葉挺，就是他同一家族的一員。

　　歸善縣是珠江三角洲上鄰近香港的一個農業縣，到處是由充沛的東江水系澆灌的的肥沃田野，但是鴉片戰爭前後人口的壓力和馬來半島錫礦業的出現，帶動了年輕男子向南洋一帶的大量外移。

　　一八五四年（咸豐四年），在太平天國和紅巾起義的動亂中，年僅十七歲

的貧苦農民葉亞來，隨著紛紛南下的周遭移民，從家鄉來到了麻六甲。當時的麻六甲是英國東印度公司海峽殖民地屬下的一個重要據點，在明代鄭和艦隊到訪之前，漳州一帶的許多客民們即已到此經商和開墾。華人移民及其後代一直是麻六甲的主要經濟支柱。

錫礦的發現促成當地華商資金的投入，從廣東招引大批農民工南下開礦。葉亞來到麻六甲後，在一位族親的介紹下，先前去麻六甲北方不遠處的榴槤洞葛（Durian Tunggal）礦區工作，不久又轉到吉山（Kesang，從榴槤洞葛往東的一個小地方），在一位族叔處當店員。可是只待了一年，因為染上賭癮，被這位族親打發回中國；在搭船途經新加坡時，又賭輸了這位族叔送給他的回國盤纏，灰溜溜地再回到麻六甲。因感臉上無光，他避開了族親，步行前去蘆骨（Lukut，在今森美蘭州蘆骨河出海口處）尋找生路，[2] 從此轉變了他的人生際遇。

葉亞來是在一八五六年左右抵達蘆骨的，在當地一位惠州同鄉張昌（譯名，相關英文著作稱Chong Chong）經營的礦場中充當礦工和廚子，並在三年

●葉亞來在廣東惠州秋長鎮故居不遠處建蓋的新宅，但因早逝未能回國享用。

的停留時間中積累了小小的資金。隨後又轉到了後來成為森美蘭州首府的芙蓉（Seremban），與當時擔任雙溪烏絨土邦的華人甲必丹盛明利麾下兩名重要副手劉壬光和葉亞石結識。這三人都是惠州人，同鄉的關係，使他受到賞識，成為劉壬光的重要助手。

盛明利在當地有很高的聲望，他先是在一八五八年開設了海山錫礦公司，頗有收獲。但是，就在葉亞來投靠他的公司後不到一年，當地兩名土酋因為爭奪華人稅收和保護費的問題爆發了戰爭，盛明利的勢力也捲入了這場戰鬥之中，但不幸失利，被迫逃離時，卻遭到敵對土酋斬首，據傳頭顱落地時流出了白色的血液，因其平時為人仗義，同鄉們將他的遺體送回麻六甲安葬，後因白色血液的傳說，被馬來半島各地華人供奉為「仙師爺」。

作為盛明利主要副手的劉壬光，在戰鬥中腳部受了傷，躲在同鄉處養傷後逃回了麻六甲。葉亞來的大腿也受了槍傷，由同鄉們守護著，待傷勢好轉後才一起逃往蘆骨。

戰事結束後，雙溪烏絨的華人與馬來人達成了和解，並共推盛明利的另一副手葉亞石繼任華人甲必丹。但葉亞石經營賭場，無意插手管理華人事務，便建議由葉亞來接任這項職務。這時葉亞來仍在蘆骨養傷，接到邀請後立即回到了雙溪烏絨，從此一躍成為華人檯面上的人物。

葉亞來在這個職務上只停留了一年左右，於一八六二年受到劉壬光的邀請，搬到了吉隆坡。劉壬光之所以邀請他，又與吉隆坡的開發有密切的關聯。

2.草創初期的吉隆坡

大概在一八四〇年代起，蘆骨的惠州商人葉亞四，開始在今吉隆坡市北面十幾英里處的間征山（Kanching Hill）山腳一帶勘探錫礦。擁有此地封地的土酋阿卜杜勒·薩馬德（Abdul Samad）是雪蘭莪蘇丹穆罕默德（Sultan Muhamad）的外甥，聞訊後也投入了錫礦的探測，很快找到了礦源，吸引了一些華人前去開採，一個新的小市鎮遂在此興起。

穆罕默德蘇丹為了擴大錫礦開採的稅收和利益抽成，將原本封給了一無所成的長子蘇雷曼（Raja Sulaiman）的巴生河（Sungai Klang）流域的封地，轉封

給女婿阿卜都拉（Raja Abdullah）。阿卜都拉獲得這份權益後，立即與擁有蘆骨封地的兄弟賈瑪特（Raja Jumaat）合作，向麻六甲的兩位有錢華商借得了三萬元，於一八五七年開始投入新的勘探。

　　兩個兄弟首先從蘆骨調集了八十七名華人，到離巴生河出海口約四十英里的內陸一帶勘探，最後選定巴生河上游東側的安邦（Ampang，在今吉隆坡市中心東方不到八公里處）作為第一個礦區。然而熱帶原始叢林的熱病，很快奪去了大部分礦工的生命，一個月內只剩十八人存活了下來。

　　在阿卜都拉的要求下，賈瑪特又再從蘆骨選調了一百五十名華人苦力前去支援。兩年後終於採出了第一批錫礦。

　　安邦的興起，吸引了有意利用當地礦工發財的蘆骨惠州客家籍華商丘秀，和已經投資間征礦區的另一惠州客家人亞四的興趣。他們相中了巴生河與其支流鵝麥河（Sungai Gombak）會合處右側船隻可以從海口上行的終極地點，以供應生活必需品和燒酒、鴉片與賭具等物吸引礦工前來，在叢林中清理出空地，搭建了幾間棚屋，並開設出一家雜貨舖，由此沿著自然踩出的路徑，可以運送

●吉隆坡唐人街鬧區
建於葉亞來惠州公司
原址的惠州會館大廈
兼商業大樓。

供應品到安邦礦區去。店舖開出後，礦工們經常到此聚會，別的商家也聞風陸續到此開店，後來成為馬來西亞首都的聞名城市吉隆坡，就這樣在這裡誕生了。

隨著人口的快速增長，需要有頭有臉的人物協調彼此關係，丘秀以眾望所歸，順理成章被推舉為首任甲必丹。由於劉壬光擔任過盛明利的衛隊長，所以丘秀也決定邀請他前來擔任同一職務。正好劉壬光在蘆骨的戰鬥中受傷逃回麻六甲後，也沒有從事什麼重要職務，於是一口答應，在一八六〇年來到了吉隆坡。

但是，劉壬光抵達吉隆坡後不到一年，丘秀就過世了，經過與丘秀兒子的競爭後，他接任了第二任的甲必丹。不久他便邀請葉亞來前來吉隆坡。

一八六二年，葉亞來正式離開了雙溪烏絨，來到了吉隆坡，擔任礦場管理的職務，由此走上了人生的坦途。不到幾年他陸續開設了自己的礦場和一家中藥舖，並與當地出生的一位華人女孩成了婚。

這時，由於雪蘭莪邦蘇丹穆罕默德的年事已高，須指定繼承人選，邦內各地區土酋因涉及錫礦權益和稅收利益，激烈爭奪王位。經過三年的爭執後，該邦政務議會選出了擁有間征封地的穆罕默德外甥阿卜杜勒‧薩馬德（Abdul Samad），於一八五九年繼任蘇丹之職。可是，此時薩馬德也年紀老大，無力有效治理，導致了已被其父穆罕默德蘇丹剝奪巴生河上游封地的土酋蘇萊曼的兒子馬迪（Raja Mahdi），與接管封地的姑丈阿卜都拉之間兵戎相見。

在這場戰事中，阿卜都拉以失敗告終，逃亡麻六甲。馬迪成為巴生河流域封地包括吉隆坡和安邦的新統治者。可是在這場戰事中，以客家人為主的華人勢力卻被捲入了馬來人之間的爭執，並造成彼此之間的相互殘殺。

3.客家華人移民的內鬥與雪蘭莪內戰

這一時期，雪蘭莪境內的華人主要分布在蘆骨、間征和吉隆坡-安邦三個產錫地區發展出來的市鎮內。其中蘆骨和吉隆坡-安邦華工主要是惠州府客家移民，在間征的主要是嘉應州客家移民。雖然在廣東原居地，嘉應州與惠州相鄰，惠州移民的上幾代人也主要是來自嘉應州，兩地語言腔調相似，生活習慣

雷同，但是在雪蘭莪境內，兩者關係卻形同水火，都加入不同的幫會相互對抗。

當時馬來半島上有兩大華人幫會組織，一個是義興黨，另一個是海山幫，前者會員主要是嘉應州客家移民，後者主要是惠州客家移民。因此，間征和吉隆坡-安邦也形成了義興黨與海山黨對立的局面。

前面已經提過，間征礦區是由惠州人亞四最先開闢的，但出礦後嘉應州人陳亞泉和蕭敬五在薩馬德蘇丹的兒子慕沙（Raja Musa）的支持下也到此開設礦場，經營鴉片與煙賭，其中陳亞泉很快成為這裡的首富。

但是由於間征甲必丹職務的人選問題，陳亞泉與當地嘉應州同鄉產生爭執，他氣憤之下將產業賣給亞四，離開了已經經營七年的間征，前往巴生河口南方的冷岳（Kuala Langat），依附退隱到此的薩馬德蘇丹。

正好這時吉隆坡的甲必丹劉壬光身罹重病，知道自己不久於人世，想推薦亞四兼任吉隆坡和間征兩地的甲必丹。可是，亞四專心於經商，推辭了劉壬光的好意。經商量後，兩人決定推舉此時正在巴生（Klang）替劉壬光管理當地業務的葉亞來繼任吉隆坡甲必丹。

一八六八年，劉壬光去世後，葉亞來正式繼任吉隆坡甲必丹一職。與此同時，他的事業也有了很大的發展，在就任後大力投資於新礦場的開發，到第二年年底，已成為擁有五千名礦工的場主，並獲利十萬元以上。

但是，就在他任職五個月後，間征的惠州人亞四因接下陳亞泉的產業，引起當地嘉應州人的不滿，想盡辦法要將他趕走。恰好這時葉亞來從前在蘆骨礦區的惠州人僱主張昌想要奪取亞四在間征的生意，帶了二十多名隨從到間征，聯合當地的嘉應州人向亞四滋事。亞四受不了這些壓力，只好放棄在當地的經營，準備轉到吉隆坡去，可是在途中卻遭到張昌殺害了。葉亞來獲訊後，立即向當地土酋借兵征討間征的張昌，但被逃脫，並導致他與間征嘉應州人關係的惡化。

而另一方面，奪回巴生河封地統治權的土酋馬迪，與薩馬德蘇丹之間，因馬迪拒絕向其繳交稅款而鬧翻關係。蘇丹為此取消本來要將女兒嫁與馬迪的婚約，另將她許配給吉打邦蘇丹的弟弟東姑‧姑丁（Tuanku Kudin），並封新婿

為雪蘭莪邦的攝政。東姑‧姑丁與先前被馬迪趕走的阿卜都拉的兒子伊士邁爾聯手，在一八六九年逐走了馬迪。

但此時葉亞來卻因二度出兵間征搜索張昌，發生手下殺死一百名左右嘉應州移民的事件，導致與蘇丹關係惡化。為此他親赴巴生向薩馬德蘇丹負荊請罪，獲得既往不咎的處分。

然而，再度逃脫的張昌並未停止活動，一年後逃到了冷岳，結識了與蘇丹王室有仇的一位上層人士車社和（當地華人對他的稱呼Che Soho的譯名，原名Syed Mashor），此人是帶有阿拉伯血統的帶兵官，東姑‧姑丁曾派他去間征鞏固防務，但接到了弟弟遭到殺害的消息，他懷疑是東姑‧姑丁的妻舅也就是蘇丹的兒子所為，因此對東姑‧姑丁懷恨在心，遂與張昌聯手，開始收買人馬和購買補給，準備襲擊吉隆坡，背後並得到了流落在雪蘭莪的土酋馬迪的支持。

葉亞來獲悉後，立即向東姑‧姑丁攝政報告，並派弟弟葉德鳳前去新加坡招兵買馬。

一八七〇年九月，張昌與車社和的聯軍自間征南下，一場進攻吉隆坡的戰爭即將展開。攻方兵力將近三千人，守方也有二千人左右。但攻守雙方的主力，其實都是客家礦工。

這場戰爭表面上是華人之間的戰爭，實質上卻是葉亞來一方背後的東姑‧姑丁攝政與車社和所代表的反東姑‧姑丁勢力之間的戰爭，因此是雪蘭莪馬來人之間的一場嚴重內戰，故又稱之為雪蘭莪內戰。

張昌的兵馬抵達安邦後，準備由該處出擊吉隆坡。葉亞來得悉消息，隨即派兵主動進攻，張昌一夥不敵潰敗，但次年五月即重整旗鼓，試圖再度進攻，又同樣遭到葉亞來人馬半途擊潰。自此張昌銷聲匿跡，僅由車社和繼續領軍對抗。

八月，東姑‧姑丁與葉亞來商定，主動出擊駐扎車社和在吉隆坡北方烏魯雪蘭莪的據點，但這次的行動徹底失敗，過後又發生部屬叛亂的事件，車社和趁機對吉隆坡發動全面進攻。

一八七二年四月，進攻吉隆坡之戰打響。戰鬥持續了三個多月，葉亞來以

兩千多兵力，苦苦支撐，但因援軍遲遲未至，東姑·姑丁委任的荷蘭人軍事指揮官范哈根（Van Hagen）庸碌無能，加上巴生河的後援路線為敵軍切斷，到八月底決定棄守。城破之時，葉亞來僥倖逃出，但隨他作戰的部下卻有一千七百多人不幸死於敵手。

葉亞來逃抵巴生面見了東姑·姑丁後，矢志收復吉隆坡。此時車社和聲勢如日中天，雪蘭莪大半地區均已為其占領，但葉亞來不為所動，滿懷信心地為收復失地積極準備。不僅他的弟弟葉德鳳返回惠州招募到三百名同鄉子弟，東姑·姑丁也認真施以援手，提供了近一千名兵員。

一八七二年十一月十五日正式誓師反擊，抵達吉隆坡外圍後，遇雨暫停行動，一拖就拖到次年三月雨季過後方才恢復攻擊，在東鄰鄰邦彭亨（Pahang）派軍相助下，葉亞來部第三天即全面擊潰車社和，甲必丹勝利凱旋。

此後吉隆坡進入了從戰後的破敗中全面恢復和加速發展的繁榮時期。英國殖民勢力也正好於一八七四年從新加坡海峽殖民地進入了雪蘭莪邦，由於戰後東姑·姑丁的勢力仍不足以鎮壓因馬迪等引起的政局不穩，英國人遂藉口派員駐扎雪蘭莪統治中心的巴生和冷岳等地，並成立軍警隊伍。

4.現代吉隆坡的奠基人

一直到一八七九年英國殖民勢力的政務官員首度進入為止，戰後的吉隆坡從一片廢墟恢復成為欣欣向榮的市鎮，無不處處灌注了葉亞來的心血與汗水。

首先是他必須盡快促成已經荒廢的礦場恢復生產。他從巴生、雙溪烏絨和中國引進勞工，修復礦區，礦主們紛紛返回，錫礦的生產很快地回復到戰前的情景。

其次是作為英國統治之前吉隆坡的實際領導人，他大量舉債重建市區，再由錫礦的生產還債。新加坡、麻六甲的許多華人富商都成了他的債主，但因戰後幾年錫礦價格低賤，日子過得萬分艱難，直到一八七九年世界錫礦價格飛漲後，才擺脫困境，吉隆坡的建設也才踏上正軌。至今吉隆坡的老市區中心仍保留了他當初建設的格局，他為這個城市從最早的華人礦工城鎮，發展成為後來的現代都市，打下了良好的基礎，也付出了最後的心血。

英國統治勢力進入後，他仍舊以甲必丹的地位繼續履行管理華人的公職。此外，他在礦場經營上也頗有斬獲，他在安邦礦區擁有四百多畝礦場，在吉隆坡市區內也擁有大片房地產。

一八八四年，他打算回到闊別三十年的惠州老家探視，卻因肺病無法成行。這位現代吉隆坡的奠基人與締造者於次年四月病逝，年僅四十七歲。過世後，繼續受到當地華人的崇敬，感念他締造吉隆坡的功勳，在市中心內，他原來的辦公舊址附近立有廟宇，長久祭祀他。

葉亞來是第一代客家華人以勤勞的雙手和不屈不撓的精神在異域開花結果的典範。他值得後人懷念，不僅是因為他勇挑重擔，結束了華人之間以弱肉強食的熱帶叢林法則自相殘殺的爭鬥，從而為後到的華人移民開闢出一片安身立命的土地，也是因為他以客家人在逆境中求生的毅力與勇氣，為散布各處的客家子弟樹立了成功的榜樣。

●葉亞來生前為紀念仙師爺盛明利和四師爺，捐地集資在吉隆坡唐人街興建的仙四師爺廟。他去世後，後人又將其神像立於廟內。目前香火鼎盛。

二.從太平軍戰士的後代到民國利益的維護者陳友仁（1878-1944）

在二十世紀前期中國的動盪年代，一位在西印度群島千里達島出生的「客家之子」陳友仁（Eugene Chen），抱著強烈的革命情懷，投入了國民黨的左翼陣營，擔任過民國外交部長，並曾經在外交戰線上留下了值得歌頌的事蹟。但是，從他的家世，也讓我們瞭解了不少早年華人契約工在西印度群島的生活與處境。

一八七八年，陳友仁出生於千里達的一個客家家庭。他的父親陳桂新是來自廣東順德的客家移民，木匠出身，參加過太平軍，當過東王楊秀清的貼身侍衛，太平天國覆亡後，化裝為商販逃到香港，作為契約華工，賣身到牙買加種植園。[3]

由於一八六四年陳桂新在太平天國覆滅前的作戰中，有一條腿中了子彈，後來不得不鋸掉，裝上木腿，因此抵達牙買加後，生活、工作都異常艱辛。

契約期滿後，他當了剃頭匠，然後轉到了東加勒比的法屬馬提尼克島（Martinique），遇見了曾在北京前門外做裁縫的深圳梁姓客家人一家。[4]

這家人擁有幾家店鋪，在華人當中小有聲望，雖然陳桂新只有一條腿，但是他們把大女兒梁瑪麗（Leong Marie 譯音，在中國出生）許配了他。兩人大約在一八七五年在法蘭西堡（Fort-de-France）成了親，不久就搬到千里達島，在島嶼西南方的大城聖佛南多（San Fernando）定居了下來。當時這裡是甘蔗種植業的中心，是千里達最大的城市，他們在城郊買了一塊小地，種有青菜和熱帶水果。

陳友仁在一八七八年出生，是他們的長子，之後還有一個女兒和四個兒子，最小的兩個是兒子，未到成年即已夭折。陳桂新本人在最小的兒子出生前不久離開了人世，幾個小孩都由他的妻子靠著路邊菜攤一手養大，表現了一個客家婦女堅強的本質。年幼時期的陳友仁，帶著幾個小弟弟和妹妹，跟在母親身邊，得到了很好的生活磨練。

不到台灣七分之一大小的千里達島是個英國殖民地，英語為官方語言，陳友仁從未上過華文學校，因此只精通英文，並能說流利的法文，但完全不通華文。[5]他在聖佛南多上完小學後，因為成績優異，獲得了前往首府西班牙港的天

主教學校聖瑪莉書院（St. Mary's College of Port-of-Spain，中學制學校）上學的獎學金，這是塑造他人生命運的起點。

上中學時，陳友仁認識了緊鄰的一所天主教女校一名叫艾西（Asy，全名 Alphonsine Agatha Gantheaume）的混血女生。她是住在千里達的一名法國人後裔與家中的黑白混血女奴所生的小孩。這名法裔千里達人在島上擁有許多地產，家財萬貫，雖然艾西帶有混血女孩的特徵，兩人的交往顯然會受到周圍各自人群的議論，但是兩個不同族裔和文化背景的年輕人仍一直相戀下去。

十六歲中學畢業後，陳友仁脫離了華人圈地位低下的生活圈子，進了主流社會工作，在一家白人律師事務所當實習生，並於四年後考取了普通律師（solicitor，英國制度處理普通民事的律師）執照，成為當地華人中的第一位有照律師。他在翌年（一八九九年）與艾西結了婚，婚後可能在有錢丈人的幫助下，成立了他自己的律師事務所。在這段期間，他幫助兩個弟弟完成了中學學業和進入律師事務所實習，並取得了普通律師執照，成為他的合夥人。

●陳友仁在千里達西班牙港就讀的聖瑪莉書院。（本圖由陳元珍女士和Jay Chen提供。）

　　他的事務所是島上華人第一家，主要辦理公證和財產過戶等一般業務，但是對於不通英文和法律制度的華人來說，提供了不少方便，因此開業以後，業務蒸蒸日上。另外他妻子的混血背景也給他的事務所帶來了不少黑白混血族裔的業務，社會地位與個人財富隨之水漲船高。

　　在十年左右的時間裡，他擁有了幾片可可樹種植園，幾塊海岸地，還有數棟豪宅與渡假屋，成為西班牙港當地等級森嚴的純白人區的首位非白人住戶。艾西買了一輛豪華自用馬車，由一名黑人車夫駕駛，為白人獨領風騷的千里達島增添了一道濃重的色彩。

　　陳友仁與艾西先後生下了八個小孩，這些子女並不是陳家在千里達出生的第一代「峇峇與娘惹」。他的父親陳桂新曾經與一位婚外相交的黑白混血女孩生過一個私生女兒。

　　在八個孩子中，長女、次男、三男、三女早夭，倖存下來的兩男兩女，長子陳丕士（Percy Chen）後成為律師，為中共建國後，周恩來在香港倚重的民間對外聯絡人，四男陳依範（Jack Chen）曾經長期從事中國對外的英文宣傳工作。

　　隨著業務的開展，陳友仁在老家聖佛南多市（San Fernando），開設了第二間事務所。他的父親生前有外遇，陳友仁回到老家開業後也不例外，在這裡有他與艾西之外的另一位黑白混血女孩生下的雙胞胎女兒，她們只比長男陳丕士小一、兩歲。

　　但是，金錢與愛情並不能滿足陳友仁對生命意義的追求。在英國殖民文化的影響下，他把倫敦作為朝拜聖地，試圖從那裡探索出他的人生真正道路。大約在一九〇三至一九〇六年間，他首度前去倫敦旅行，也開始接觸當地的華人社區，獲得了中國的一些消息。在此之前，由於不懂中文，加上千里達處於世界邊緣的地位，他對中國的瞭解十分有限，也缺乏深入瞭解的興趣。但是，到了倫敦之後，他改變了想法，開始對中國的事態高度關注。從一九〇六年起，他年年前往倫敦，而且一定到華人區去更深入追蹤中國的時局變化。

　　一九一一年，這年三十三歲，在執業十二年後，他結束了律師事務所的業務，帶著妻小搬到了倫敦。陳家在倫敦的生活無憂無慮，有廚子，有穿著黑色

傭人制服的女僕招待客人。或許是為了充實自己，也可能是為了準備進入法學院，取得大律師資格，陳友仁安頓下來後，在倫敦大學選修了哲學、經濟學和政治學等課程。沒想到，這一年中國發生了天翻地覆的變化，滿清政權被推翻了，孫中山當時人在美國，立即啟程經倫敦回國，他在倫敦向當地華僑華人發表演說，呼籲他們回國為新生的共和國作出貢獻。陳友仁是當天在場的聽眾之一，受到孫中山演說的激勵，他內心產生了動身前往中國投身於中國革命的強烈激情。

在說服了艾西後，陳友仁在次年一月搭乘西伯利亞鐵路火車頭等間，踏上了前往北京的征程。經同車友人公共衛生專家伍連德（出生於檳榔嶼的廣東新寧籍華裔）的介紹，他獲得了新政府交通總長、美國康乃爾大學博士施肇基的賞識，在他身邊擔任秘書，他也發揮他英文寫作的專長，經常投稿到一家由德國銀行出資，為西方在華勢力鼓吹的英文《京報》（*Peking Gazette*），分析時政。

●一九〇六至一九一一年孫中山多次蒞臨檳榔嶼，裕榮莊是他的住所與革命行動策劃基地之一。

　　這段時期，他也結識了擔任黎元洪副總統英文秘書的郭泰祺。一九一四年，在他的支持下，陳友仁獲得了黎元洪幕後的資金支助，買下了《京報》，擔任其總編輯。接任《京報》後不久，他獲悉了擔任民國大總統的袁世凱準備稱帝的消息，多次在報上發表文章抨擊，揭穿袁世凱的陰謀，讓西方列強瞭解中國的真正民意。由於他辦的是英文報紙，袁世凱政府不清楚他背後有什麼列強勢力支持，因此遲遲不敢對他下手。

　　最後袁世凱在內外反對下宣告取消帝制，不久病逝，由黎元洪接任總統，但實權卻掌握在擔任總理的軍閥段祺瑞手中。段祺瑞找來日本人當靠山，與他們訂定祕密協議，應允出賣東北和蒙古的資源給日本，並宣布加入歐戰，準備在戰後將德國人在山東的權益轉交給日本，換取日本人的金錢支持。一九一七年五月十七日，陳友仁在他的《京報》帶頭發難，將這項賣國交易公諸於世，譴責段祺瑞出賣中國。

　　段祺瑞老羞成怒，派人將《京報》查封，並將陳友仁投入監獄。幸好在中外友人的奔走下和英美勢力的介入下，五天後，黎元洪宣布撤除段祺瑞的總理職務，改由廣東新會（今江門縣）裔英國律師出身的伍廷芳（新加坡出生，母親為客家人）代理內閣總理，再過兩天，陳友仁被釋放。經與友人商議後，為了自己的人身安全，不久他取道天津坐英國船隻南下上海，經廖仲愷的介紹與孫中山見了面，成為他的國際事務顧問，並加入國民黨。同時還繼續本行，創辦英文《上海時報》（*Shanghai Gazette*），宣傳孫中山的革命。

　　這一年俄國十月革命成功，孤立無援得不到西方勢力支援的孫中山，在宋慶齡和陳友仁的勸說下，向新生的俄國政府伸出了觸角。

　　歐戰結束後，一九一九年在巴黎舉行和會，北洋政府派出以外交總長陸徵祥為首的代表團出席，孫中山在廣州成立的護法政府也派出王正廷率代表團赴會，陳友仁作為成員隨團與會。南北兩個代表團為戰後德國在山東的權益是否讓與日本的問題爭執不下，鼓動中國派出民工參加歐戰的美國威爾遜政府兩面三刀，表面上保證幫助中國爭取應有的權益，但實際上卻與日本暗渡陳倉。弱國無外交，作為北洋代表團團長的陸徵祥臨陣逃脫，躲到瑞士治病，由駐美公使顧維鈞代理北洋代表團發言。

　　這年四月二十二日，美國政府宣布配合英、法、義等國，支持日本對山東的權益要求，換取日本對威爾遜總統國際聯盟構想的支持。中國如刀俎魚肉，任人宰割。面對列強欲迫使中國接受和會和約，承認日本在華權益，北洋代表團與南方代表團意見更趨對立，前者傾向簽字，後者強烈反對，顧維鈞暫時不敢簽字。

　　在危急關頭，陳友仁經法國左派友人的幫助，從俄國政府派出的專人手中得到了早前美國與日本交換中國利益的密約《藍辛-石井協定》的內容，交由李大釗創辦的北京《晨鐘報》，在五月二日率先揭露了西方列強與日本的陰謀，兩天後，中國近代史上著名的「五四運動」在北京爆發，學生和民間抗議活動在全國蔓延，人民普遍覺醒，成為中國徹底改變沉淪命運的起點。而中國代表團也終未在《巴黎和約》上簽字。

　　巴黎和會後的陳友仁回到了倫敦，與暌別數年的妻小見面（一九一三年曾回倫敦一次）和充電，並徵得妻子同意，將留在千里達的一些產業出售，償還《上海時報》的債務。

　　回國後的幾年內，陳友仁的主要著力方向，是與宋慶齡和廖仲愷等孫中山身邊的國民黨左翼力量一起推動國共合作。

●陳友仁與孫中山夫人宋慶齡合影。（本圖由陳元珍女士和Jay Chen提供。）

一九二四年十一月下旬，孫中山應控制北京的基督將軍馮玉祥的邀請，率宋慶齡、汪精衛、戴季陶、孫科、李烈鈞、于右任、陳友仁和共產國際顧問鮑羅廷（Mikhail Markovich Borodin）等十餘人隨行，從廣州北上，商談國是，途徑天津時與張作霖先行會面，但在天津時，他的肝癌已病入膏肓，抵達北京後，於翌年三月十二日在鐵獅子胡同住宿處病逝。

孫中山逝世後，國民黨代表團南下回廣州，陳友仁留在北京創辦英文報《民報》（*People's Tribune*），宣傳廣州革命勢力。但是，幾個月後，八月二十日廖仲愷於廣州遇刺身亡，過了數日，陳友仁的報社也遭張作霖的人馬闖入，將他用手銬帶到天津，投入監獄。直到十一月下旬張作霖部下、天津警備司令郭松齡起兵造反，監獄群龍無首，才得以獲釋。

雖然陳友仁暫時獲得人身安全，但張作霖的密探到處緊隨，不得已，在安排好報社人事後，他在年底回到了廣州，不久接替胡漢民擔任國民黨在廣州成立的國民政府的外交部長。

回到廣州不到半年，他的妻子艾西因罹患乳癌在千里達病故，年僅四十八歲。她與陳友仁聚少離多，除了照顧子女的需要外，兩人種族的巨大差異，也可能是一直沒有前往中國與丈夫住在一起的重要原因。

為了信守對亡妻生前的承諾，除長子陳丕士已婚與家人留在千里達任執業律師外，陳友仁決定把兩個女兒茜蘭和友蘭（友蘭在倫敦出生）及男孩依範從倫敦召到中國團聚；但陳丕士因想逃避失敗的婚姻，自行主張由他本人帶著大妹茜蘭先行前往中國。小妹友蘭後來在學期告一段落後，才與依範一起到中國。

一九二六年七月九日，蔣中正（字介石）在廣州誓師北伐，八月二十七日客家團長葉挺（葉亞來族人）的部隊占領湖北汀泗橋鎮（在武漢市之南）後，軍閥吳佩孚部接連潰敗，九月十日北伐軍占領了武昌，

十一月十六日，國民政府宣布遷都武漢。在北伐軍北進的聲勢下，天津租界區的英國人感受到中國人民氣上升的壓力，在一個星期後，逮捕了區內十七名國民黨人，將他們交給了重新控制北京的段祺瑞政府（掛名總理為顧維鈞），段祺瑞立即將其中七人處決。漢口市民義憤填膺，於次年一月三日向當

地的英租界區發動了十幾萬人聲勢浩大的抗議示威，英兵開槍，打死了一名示威群眾，數十人受傷。一月五日，武漢民眾舉行盛大追悼會，據稱有三十萬人集會，憤怒聲討英人打死示威群眾惡行，並決定全省大罷工，遊行隊伍衝進了英租界，占領其巡捕房。

一月六日，江西九江民眾聲援漢口示威，也衝向英租界，北伐革命軍獨立第二師支援民眾，趁勢占領了九江英租界。

作為外交部長的陳友仁，在這個歷史的關鍵時刻，受命與英人交涉。英國駐漢口總領事盛氣凌人，在漢口的美、日、法等各國列強出動四十幾艘戰艦，陳列長江之上，對國民政府和武漢市民施壓。此舉激起了中國各地民眾的憤慨，從香港到重慶，各地聲討英國的聲浪此起彼落，陳友仁見民氣可用，善用他對英國人國情與民性的深入瞭解，充分發揮外交手腕，迫使英國特使歐邁立（Owen St. Clair O'Malley）在二月十九、二十兩日，分別與他簽署了將漢口與九江租界交還中國的協議，開啟了近代史上，作為弱國的中國在當時仍然強大的大英帝國之前，以外交手段爭回國家權益與聲譽的先河。

然而，由於共產黨人在策動此次漢口、九江的群眾抗英行動中，發揮了主導作用，北伐軍司令蔣介石在一月九日，雖曾應宋慶齡和陳友仁之邀抵達漢口，祝賀民眾勝利奪回租界，但是在這次的探視中，也加深了他對共產黨勢力膨脹的顧慮。

二月二十六日，國民黨中央政治會議要求共產國際撤回在漢口指導抗英行動的鮑羅廷。四月六日，汪精衛從法國回國，抵達漢口，就任國民政府主席，堅持繼續容共。四月十二日，蔣介石在上海發動剿共，周恩來匆促脫逃，十七日胡漢民、蔣介石等在南京宣布另組國民政府，國民黨左右勢力自此分裂。陳友仁與宋慶齡聯名發表《討蔣通電》。

七月十三日，中共宣布正式退出國民黨，朱德、周恩來等人在八月一日發動南昌暴動；汪精衛政府也開始剿共，罷黜鮑羅廷。十四日蔣介石下野，九月初汪精衛遷都南京，寧漢復合。但國民黨極右勢力旋將汪精衛趕走，十一月以後，蔣介石回到上海，以武力逐步完成了一統國民黨和國民政府的局面。

處在汪、蔣、共鬥爭的漩渦中，陳友仁的政治生涯從此進入了逆境。六月

底，國民黨中央執行委員會訓令他和宋慶齡經上海坐船出國訪問蘇聯，遠離政治中心。陳友仁帶著茜蘭和友蘭，陪同宋慶齡在八月下旬搭乘蘇聯船隻抵達海參威，乘坐火車前往莫斯科。陳丕士和陳依範則早一個月，陪伴鮑羅廷避開上海，經西北戈壁沙漠轉乘火車前往蘇聯，在十月初抵達莫斯科（陳丕士後由莫斯科返回千里達）。

在莫斯科等待兩個兒子期間，陳友仁與宋慶齡曾應蘇聯政府的邀請，前往高加索地區渡假一段時間，他的兩個女兒茜蘭和友蘭未隨行。因為蘇共官方《真理報》出於政治動機，有意誤傳他們是去共渡蜜月，引起了西方記者對兩人緋聞的揣測，國民黨右翼也刻意加以渲染。

為了躲避外界的揣測，陳友仁將小女兒友蘭送往英國讀書後（茜蘭和依範均留在蘇聯進修，分別學芭蕾舞和宣傳畫，陳依範後在中國從事國際宣傳），隻身前往巴黎過流亡生活，宋慶齡則轉赴柏林。

在巴黎期間，宋慶齡往訪，介紹他認識了大力支持蔣中正鏟除左翼勢力的國民黨元老兼富商張靜江的四女兒張荔英，當時張女仍在習畫，原抱終身不嫁之志，但與陳友仁相愛之後，改變初衷，兩人在一九三〇年成婚，當時女方二十四歲，男五十二歲，宋慶齡特意出席了婚禮。張靜江萬萬沒有想到的是，他的女兒會與曾經的政敵結婚。[6]

一九三一年，國民黨再度分裂，孫科、胡漢民、汪精衛等，於五月二十一日在廣州另立政府，與南京政府對抗，邀請陳友仁回國任國民政府委員兼外交部長。但不久九一八事變爆發，國民黨內謀求合作，以蔣介石下野為條件，於年底取消廣州政府，由林森任南京政府主席，孫科任行政院長，陳友仁繼續擔任外交部長。但僅一個月，孫科內閣宣布解散，陳友仁回到了廣州。

次年一月二十八日，日本海軍陸戰隊發動戰爭，進攻上海，蔣介石出任國民政府中央軍事委員會委員長，非其嫡系的十九路軍英勇抗敵，但實力懸殊，在得不到中央支援的情況下，黯然撤出；利益受損的列強勢力出面調停，中日間暫時停火，十九路軍奉調前往福建剿共。

一九三三年十一月，十九路軍在福州發動閩變，反對蔣介石剿共和對日妥協政策，成立中華共和國革命政府，陳友仁出任其外交部長。蔣介石調動江西

剿共大軍十餘萬人進攻，於次年一月下旬，平息這場事變，陳友仁受到通緝，
再度流亡巴黎。

一九三七年，全面抗日戰爭爆發，矢志抗日的陳友仁在次年春天遷居香
港，但因蔣中正對他深痛惡絕，未能進入中國投入這場全民聖戰。一九四一年
十二月，太平洋戰爭爆發，日軍占領香港，將他逮捕，後轉押上海法租界，
予以軟禁，日人和汪精衛的人員不斷勸誘他加入汪氏降日政權，均遭堅拒。[7]
一九四四年五月，因牙病由日軍駐上海司令官派醫診治，可能是遭日人毒手，
宣告不治，含恨走完了一個千里達客家之子投身中國人民反殖反帝事業的最後
人生，在世六十六年。

五月二十一日的《紐約時報》為陳友仁發表了一篇訃聞：

「英國出生的出版家和政治家陳友仁，曾經四任中國政府外交部長，並在
政治命運低潮時期兩度流亡，為國民黨早期黨員，並且是最早支持孫中山的成
員之一。時為蔣介石委員長不留情面的敵人，時為其表面的盟友。但是，從
一九四一年起，顯然是在一九二〇年代和一九三〇年代多次尖銳交涉過的日本
人的看管下長居上海。當蔣介石與蘇聯友好時期，陳友仁是俄國控制下由鮑羅
廷和布魯歇（Bluecher，又名加侖將軍，為軍事顧問）非正式管理的武漢政府的
外交部長。一九二七年漢口政府垮台後，鮑羅廷表演了著名的穿越戈壁沙漠大
撤退，陳友仁則與左翼色彩的中國領導人一起逃亡俄羅斯。」

陳友仁的人生之路，是一條與眾不同的超凡道路。他的身上流著太平天國
戰士的血液，他放棄了優渥的生活，在父輩的土地上找到了新的出發點。為了
獻身孫中山與中國人民爭取平等立足於世界的革命事業，他受到軍閥的迫害、
日本與西方列強的排斥，以及國民黨右翼的打壓。

然而，在困難的時刻，他沒有動搖信念，繼續一往無前，以揭露西方與日
本勾結出賣中國利益的陰謀，點燃了五四運動的火花，並向他所熟悉的殖民母
國大英帝國挑戰，完成了收回漢口與九江租借的不可能任務。雖然，之後由於
時局的局限，他未能於後續發揮更大的作為，並最後在侵略日軍的軟禁下抱恨

以終，但是中國近代的歷史，將永遠記載這位偉大的「客家之子」的事蹟。

三. 熱愛台灣的讀書人戴國煇（1931-2001）

一九三〇年代日據時期的台灣，位於西北部桃園台地上新竹與中壢兩大城鎮之間的平鎮庄（今平鎮市），仍然是個農田處處、埤塘星羅棋布的客家鄉村地帶；一戶戶被搖曳生姿青蔥茂密的竹子包圍起來的農家民居座落在紅壤地上，雞犬相聞；夏天赤膊著上身坐在牛背上的農家小孩，曬得黑黑的，點綴出北台灣的客家農家景色。這就是一生熱愛台灣的歷史學者戴國煇生長的故鄉。

戴國煇在一九三一年出生於平鎮庄北勢村，兄弟姐妹人數眾多，上有三個哥哥，七個姐姐，下有三個妹妹，他排行十一。戴家是廣東嘉應州鎮平縣（今蕉嶺縣）移民的後代，到戴國煇時已是第十八代。[8] 家裡除有田產外，還經營茶園，擁有碾米廠和布店，比起周圍的貧苦佃農，家庭環境較為優渥。

他的祖父和父親，都是懷有強烈漢家情懷的客家人，在日本人的統治下，一生堅持「漢賊不兩立」，絕對不學也不說日文；日本占台初期，他祖父因與丘逢甲一起抗敵而坐牢，[9] 他父親對廣東客家原鄉更有濃厚的故土情懷，在中日戰爭時期，偷偷找到一位出征廣東復員的同村軍伕，打聽唐山客家祖地的境遇。

戴國煇在這種家庭背景的薰陶下，從小形成了對日本殖民主義者的強烈批判理念。[10]

就在他出生前一年，台灣發生了震動全島的霧社抗日事件，這個事件的後續社會效應，顯然對他成年後，選擇研究史學的人生道路有著很大的影響。

霧社位在中台灣今南投縣仁愛鄉，是台灣先住民中賽德克族[11] 的住地。事件起因於日本人占據台灣後，對先住民採取高壓歧視的政策，激起當地馬赫坡部落頭目莫那魯道聯合各部落村民，在一九三〇年十月二十七日，利用日本人在霧社舉行運動會的機會，向日人發難，襲擊派出所，殺日本警察和在當地工作的日本人。事件發生後，日軍出動飛機、大砲和國際禁用的毒氣反擊，將這場抗日事件平息。在彈盡援絕下，前前後後自殺者有莫那魯道一家和兩百多名先住民，被殺者三百多名。

　　戴國煇後來花了十年的時間，以日文編著了《台灣霧社蜂起事件——研究與資料》，讓日本人和世界瞭解霧社事件的真相。這是他為台灣史研究所作出的一項重要貢獻。

　　戴國煇小學上的是平鎮客家小孩就讀的宋屋公學校（今宋屋國小），初中考上了當時桃園、新竹和苗栗一帶客家人子弟最嚮往的新竹中學，但讀到初二時日本人戰敗投降，台灣光復。從小學到初中二年，他接受的是完全的日文教育，奠定了日後駕馭日文的良好基礎，但這種能力不是用於美化日本殖民台灣的歷史，而是成為他有力批判日本侵占台灣的手段。

　　從初中三年起，戴國煇開始展現了對政治的強烈興趣，並以實際行動投入政治活動，這在當時的年輕客家人子弟中是比較少見的。

　　事情的源起是日本投降後，國共內戰又起，美國支持國民黨一方。就在一九四六年耶誕夜，在北京發生了著名的美軍強姦北大先修班女孩沈崇的事件，[12] 一場反美反國民黨統治的風暴席捲了全國，次年一月九日，台北也出現了聲援北京學生的遊行。十六歲的戴國煇，當時正在台北，準備轉學到全台最有名的的建國中學，也參加了這次的遊行。對他來說，從少年邁向青年成長階段的這場參與，以及接續下來在二二八事件第一現場的經驗，都是難得的政治洗禮。

　　參加聲援北京學生遊行的次月，戴國煇順利轉入了建國中學初中三年級就讀，但不到一個月就爆發了震動全台的二二八事件。他在事件爆發中心的台北煙酒公賣局前，親眼看到了憤怒的民眾在毆打一個不會說閩南話的無辜大陸人小孩。由於他當時不會說閩南話，也被一些痛罵「支那人」、「清國奴」的暴動青年，強迫唱日本國歌，證明自己是「台灣人」。

　　作為一個落單在台北市的客家子弟，這段經歷及親歷的各種社會亂象，使他過早承受了台灣光復與國共交替的大時代轉變，台灣社會的劇烈動盪與新舊轉變，也促成了他日後撰寫《愛憎二・二八》一書，試圖從一個也是台灣人的客家人角度，在當時權力相互傾軋的國民黨統治當局官員、戰後天真地想要融入新的權力結構中的台灣人上層精英，以及對中國的認識猶是一張白紙的台灣平民百姓之間，勾勒出至今仍無法被公正描述與客觀認知的歷史。

　　一九四九年，國民黨政府從大陸撤逃台灣前夕，宣布全台實施戒嚴令，將台灣人民置於高壓軍事統治之下，次年韓戰爆發，台灣時局更為動蕩。這年夏天，戴國煇高中畢業，為了逃避台北的白色恐怖與壓抑的政治氣氛，南下台中農學院就讀農經系，暫時避開了台灣政治的是是非非，平靜地渡過了四年的大學生活和服完一年預備軍官義務役。

　　一九五五年，像許多前往海外留學的大學畢業生一樣，他走上了赴日留學的道路，先後在東京大學農經系就讀碩士和博士班，在一九六六年以論文《中國甘蔗糖業的展開》獲東大農學博士學位。

　　這段日子中，大學時相戀的同系學妹林彩美女士與他成婚，林女士是苗栗縣通霄鎮的閩南人，但有四分之一客家血統，[13] 是他的賢內助。

　　從一九六七年起，他獲聘為日本亞細亞經濟研究所研究員，後升至主任研究員，於一九七六年辭去該職，改任立教大學史學教授，同時任教學習院大學（為皇族學院），是第一位在日本皇族學院任教的中國人，後升至國際中心長，直到一九九六年回台任職為止。[14]

　　這段期間，也是海外台獨運動在日本萌芽發軔的時期，國民黨當局全力對付，派出不少人馬在日本活動，監視在日台灣留學生和台灣人社區。戴國煇雖然人已在日本，但免不了又被捲入了台灣人與國民政府間的政治漩渦之中。

　　一九六〇年四月，台南人王育德等在東京創辦《台灣青年》雜誌，鼓吹台灣獨立，這是從留日學生中，對國民黨統治的合法性宣戰的早期文宣期刊，對台灣當局所造成的衝擊可想而知，也必然促成台灣駐外官方力量對留學生的過濾與監控。恰好就在一個月後，東京大學成立了中國同學會，[15] 戴國煇獲選為第一、第二屆（一九六一年）總幹事，並舉辦過「讀書會」，[16] 處於政治風浪中心的台灣駐日大使館，猶如驚弓之鳥，將他夫婦列入了政治黑名單中，並吊銷護照，不准回台。到一九六九年，他們的回台之路才被解禁。

　　戴國煇在擔任東大同學會第二屆總幹事那一年，因邀請當時在台灣農業復興聯合委員會（農復會）任職的李登輝前去同學會演講「台灣農業的發展現況與展望」，兩人建立起良好的友誼。在此之前，李登輝曾分別就讀台大和美國愛荷華州立大學農經系，學術上的同行使兩人的關係拉近，但是，後來的發

展，卻不幸讓他因為這種友誼，最後抱憾離開人世，這是熱心過人的他所始料不及的。

在戴國煇被禁不准返台期間，他在日本的小家庭經歷了長男興宇、次男興寧先後出生的喜悅，和二哥國堯英年早逝的傷痛。戴國堯長住東京，戴國煇能到日本讀書是靠他的資助，並因為他的開導，拋棄了厭惡普通日本人不願留在日本的心態，努力考取東京大學。

也是這段期間，在日本的台灣人社區當中，則以一九六五年五月，國民黨政府成功策反最早在日主張台灣獨立的廖文毅[17] 放棄台獨主張返回台灣，震撼了在日台灣人僑社。

一九七一年一月底，台灣留美學生在聯合國前示威，反對美日私相授受琉球群島和釣魚台列島；不久後續的保釣運動，分裂成支持台北政府和支持北京政府兩個陣營，同時隨著台灣獨立運動的主力從日本轉移到美國，海外台灣人社區進入了台獨與反獨兩種主張交相抗衡的政治活躍期。

緊接著一九七二年二月底，美國總統尼克森的訪華，給全世界帶來了巨大的震撼，不只台灣深受衝擊，連日本政府也感受到了中國進入西方主導的政治舞台所帶來的巨大壓力。

面對中國突破美國圍堵的新局，在日本和美國的台獨主張者，強化了堅持對抗大陸的強硬路線，這條全面排斥中國的路線，後來成為李登輝與陳水扁執政時期的基本路線，但也導致台灣社會，因為兩岸之間的難以相互妥協，付出了沉重的代價。

戴國煇身處複雜而又敏感的海外環境，他跳脫抗爭性的政治活動，本著對台灣的熱愛，試圖從台灣近代歷史的研究當中，探索台灣的出路。他召集了一些台灣人和友好的日本人，組織讀書會「東寧會」和「華人研究會」，討論時局與發展。其中「東寧會」稱呼源自鄭成功之子鄭經統治台灣時期，對首府台南與台灣的稱呼，後來演變為「台灣近現代史研究會」，展現出他對台灣的熱愛，已由單純的感情關懷，逐漸深入到系統的詮釋。

促成他研究台灣和台灣歷史的主要原因是，他認為當年在東京的主要台獨人物如廖文毅、王育德和邱永漢的台灣史觀高度媚日，把日本當成帶領台灣進

入近代資本主義社會的救世主。這種言論也錯誤地引導日本人民，誤認日本帝國主義者也做了好事。他以明清時期就開發出來的台灣糖業為例，說明台灣早就進入十七至十九世紀世界資本主義糖業貿易的大循環；日本帝國主義者，利用台灣富庶人家的資金參入繼續開發台灣糖業的資本，種植甘蔗的台灣人則不過是被其榨取剩餘勞動價值的勞工而已。對日本殖民者戰敗後在台灣「留下」糖業何來「感謝」的理由？[18]

　　這是他人生道路上專注投入台灣史研究的重要時期。以十年的功夫由他主持並與研究會成員共同研究出版的《台灣霧社蜂起事件——研究與資料》上下兩冊，是其具體的成果。

　　在日本的土地上，勇敢地站出來挖掘霧社事件的真相，無疑是需要一股正義感和特殊的勇氣的。當時風起雲湧的世界性學生反抗運動，給予了他這種力量。如他在該書序言中以及「霧社蜂起事件的概要」一章中提到的，以霧社事件作為研究的主題，是受到了美國發動的「越戰」和毛澤東的「文化大革命」所導致的世界性學生造反運動的啟發的，是對日本帝國主義者假文明之名、師承美國白人屠殺印第安人的惡行而集體屠殺台灣先住民的行徑所作的有力揭發。

　　一九八三至一九八四年期間，他安排獨女興夏至美國上學，並以訪問學者身分在美國停留了一年，與在美的台灣人社區有著廣泛的接觸，忙碌地遊走在留學生與留美學人當中。另透過與葉芸芸女士的接觸，開始以梅村仁的筆名撰寫〈二二八史料舉隅〉，在她與一些台灣人朋友合辦的紐約《台灣與世界》雜誌上連載。其中的內容後來經補充改寫，寫成「愛憎交錯的前史」和「病變的後遺症及影響」兩篇，並由葉芸芸編寫「悲劇的發生、經過和見證」篇，由他本人定稿總成為《愛憎二‧二八——神話與史實：解開歷史之謎》一書，於一九九二年出版。

　　戴國煇在自序中提到，他與葉芸芸是基於「非國府、非中共、非台獨的第四個立場」撰寫此書，希望能夠把二二八的真相，客觀公正地還原出來，不希望有人利用國府當時的不當戒嚴禁制，置歷史的真相於不顧，誇張失實地作政治性煽動，加深省籍矛盾，建構「台灣民族論」，凝聚其「台灣人意識」。一

個不隨波逐流的客家台灣人的本色，以及他的基本政治主張，在此表露無遺。

一九八五年，因台灣原駐日代表馬樹禮調任國民黨中央委員會秘書長，戴國煇才真正從台灣的黑名單中除名，得以自由回到台灣。一九八六年一月三日，他由客家親戚、時任國民黨中常委兼內政部長的吳伯雄安排，由二號門進入總統府，見到了當時已任副總統的李登輝，單獨長談良久。一九八七年八月底，又再度獲得接見。這些接見，促成了兩個老朋友的政治結合。

這一年，身體狀況不斷惡化的蔣經國，解除了在台灣實施已有二十六年之久的戒嚴令，並開放跟隨國民黨撤退到台的老兵們經第三地返大陸探親。這一連串的動作，為台灣與大陸重新建立民間接觸奠定了基礎。

一九八八年一月，蔣經國過世後，李登輝繼任總統。上台初始，為了穩定權力，他在政策上不敢大幅更張，宣布持續「三民主義統一中國」的一個中國政策。私下，他繼續與戴國煇保持密切的友誼，以總統友人的身分，分別在二月四日和八月二日予以接見。

同年十月底，戴國煇跟隨執教的立教大學代表團，第一次前去中國大陸，與天津南開大學締結姐妹學校關係。這是他對中國大陸的首度接觸。

一九八九年，戴國煇出版了《台灣總體相——住民、歷史、心性》，這是他對台灣史的第一部系統日文著作，是為日本人所描繪的台灣簡單輪廓，也可以說，是他就台灣的何去何從，對李登輝和台灣社會提出的一個讀書人期望。他引用了台灣一位坐了二十多年牢的老政治犯的話說：但願台灣海峽的「擬似國界」，早日開放，期待兩岸人民能夠攜手對人類作出貢獻。

一九九一年八月，戴國煇再度前往北京參加「海峽兩岸學術研討會」，回台後，在九月二十四日面見李登輝，報告他在大陸參加會議的情況，以及參觀福建永定李登輝祖地的心得、台灣接班人事問題，以及之前他前往德國旅行的「德國統一話題」等等。

值得一提的是，身居高位的李登輝，直到一九九六年贏得台灣首屆總統直接民選為止，一直都感到權力地位不十分穩固，對國民黨原有核心人物，如李煥、郝柏村等人，甚至對發生軍事政變的可能性，一直保持戒慎態度。為了避免大陸介入政爭，他向對岸發出了示好信號。一九九一年二月，台灣成立了海

峽交流基金會，並通過了《國家統一綱領》，四月底基金會代表團訪問大陸，年底大陸「海峽兩岸關係協會」成立。一時兩岸關係似乎在展現新的氣象。

　　在私底下，李登輝更頻繁地利用密使管道，直接溝通北京上層，並掌握大陸對台態勢。這些管道除了一九九一年夏天，其已為人熟知的秘書室主任蘇志誠、前中國電視台董事長鄭淑敏，透過台灣知名的國學家南懷瑾與大陸高層接觸的管道之外，據知尚有更早曾永賢與陳建中的祕密聯繫。當然可能還有更多。

　　曾永賢是苗栗縣客家人，調查局出身。據二〇〇八年五月四日香港《亞洲週刊》的報導，他是李登輝早年參加台灣共產黨組織時期的密友，曾追隨過老台共人物謝雪紅。因他的哥哥常住大陸，遂透過住在天津的親侄女的關係認識了解放軍大校常燕生，再認識主持軍方對台情報事務的將領、也是客家名將葉劍英的兒子葉選寧。[19] 李登輝在與國民黨內部的權力對手周旋時期，可能是擔心大陸扯後腿（如透漏其參加過共產黨組織的背景），曾在天安門事件之後不久，於一九九〇年派他祕密前往中國大陸，透過葉選寧的安排，與當時的中國國家主席楊尚昆見過面。之後又見面數次，直到一九九六年飛彈危機後，曾永賢與大陸方面還一直聯繫。[20]

　　在此同時，李登輝也利用共產黨的舊識、曾經從事國民黨組織工作的陳建中，在同一年，以回陝西老家探親的名義，會見了當時擔任人大副委員長的小學同學習仲勳以及鄧小平、楊尚昆等多名高層領導人，向他們轉達了李登輝希望與大陸和好的意願。[21]

　　就在李登輝私底下與大陸熱絡溝通的時期，顯然是在李登輝的安排下，戴國煇不同尋常地與也是台灣對日本上層溝通的密使曾永賢有了聯繫。

　　一九九二年三月二十五日，兩人第一次見了面，曾永賢到政治大學歷史研究所找他。三天後李登輝就又召見他。四月一日，在台北一家圖書公司再度與曾永賢見了面。這時他長達一年的日本學術假期已滿，準備回到東京辦理學校的復課手續。這次見面之後兩三年內，戴國煇與李登輝身邊人馬的聯繫更趨頻繁，除了台灣、日本兩頭跑的曾永賢外，與他書信聯絡的有秘書室主任蘇志誠、常見面的有曾永賢介紹的台灣駐日國防部武官上校楊六生（後轉安全局任

職）；但是他也仍舊經常前往大陸旅行開會，並返台面見李登輝，同時又與統派、獨派的摯友繼續密切往來。

除了學術、政界的繁忙外，一九九四年一月，他也抽空把一九八〇年代以來的演講和文章整理出來，針對夾在台灣與大陸之間的台灣人心結問題和客家人的認同問題，集合成書，出版了《台灣結與中國結——睪丸理論與自立・共生的構圖》。這是他從一個客家台灣人的背景出發，從對日本殖民統治台灣的批判切入，再以解讀世界歷史走向的視野著眼，總結提出了台灣與大陸之間的自立-共生關係理論，也就是他著名的「睪丸」理論，即大陸是男人人體，台灣是其睪丸，既不能進入其體內，兩者又無法脫離，必須共生共榮，共同迎向未來。

這個理論是在中國大陸發生天安門事件後，尚未從西方的經濟制裁中完全恢復元氣的一九九一年提出的，其中最有預見性的言論是：「中國大陸已逐漸地形成為台灣社會經濟的hinterland（腹地）」，「往後，美日兩大國的衰退更明顯化時，我們可以進一步地切身體會到台灣經濟與大陸經濟之間的真正互動關係。」[22] 經歷了二〇〇八年以來的世界經濟衰退之後，這個預言已經成為真實。

在睪丸理論之外，戴國煇也常直率地討論客家認同的問題，這是在受到占人口多數的閩南人包圍的台灣方言社會中，許多客家人不敢直接公開面對或挑戰的問題。他在書中驕傲地表明，「我是客家系台灣人」，[23] 並明確指出了日本殖民當局最早在一九〇五年十月的的戶口調查中，將台灣「本島人種族……根據其原住地，大致分為閩族……和粵族」，[24] 即福建人和「客家族」的謬誤，[25] 這種把台灣客家人說成「粵族」的官方提法，在整個日本殖民統治期間，一直為台灣總督府沿用。但是，即使到了今天，為了迎合台灣現實的政治，一些研究學者也自覺或不自覺地把從來就將自己視為漢人一支的客家方言人群稱為「客家族群」，或將其歸納於「台灣民族」之下，不也是同樣值得再議嗎？

一九九五年，台灣進入首次總統民選階段，國民黨內的競爭白熱化，李登輝以訪問美國作為向台灣與世界宣示其進軍國際的決心，北京以對台「試射」

飛彈，回應美國允許其在母校康乃爾大學公開發表演說，宣示其台獨理念。從七月至次年三月二十五日選舉結束為止，共發動了兩個波次，以飛彈試射為主的海峽軍事演習。在兩岸軍事危機聲中，李登輝與連戰的搭配，以百分之五十四的選票，戰勝了脫黨競選的原國民黨人林洋港、郝柏村及其他競選對手，成為國民黨內權力爭奪的絕對贏家。

可是在這個混亂的時局中，已因經常往返大陸和與統派往來，而被視作帶有強烈親中或統派色彩的戴國煇，卻更加得到李登輝的信任與重用，在其就任直選總統後不到兩個星期內即接到聘書，擔任國家安全會議諮詢委員，進入其安全體系的內圈。這或許是李登輝希望借助戴國煇可能對大陸發揮的某種功能，[26] 但是，從戴國煇本人來說，則是視為可以影響李登輝的大陸觀的機會，因而決定離開立教大學，回台灣就職。

他帶著妻子和大量心愛的藏書離別了居住長達四十二年的日本，葉落歸根，寄望能在李登輝身邊發揮作用，為心愛的台灣獻策獻計，對兩岸關係發揮正面作用，可是不待李登輝任期屆滿，就被朋友的不諒解與政治的現實擊垮了。

原來與他相熟的一些朋友，以他與李登輝原是不同理念與信仰的兩種人而勉強湊在一起，對他不能理解，甚至直接對他提出責難。知他之人，雖然不相信他有「奴氣」與「媚骨」，會為了一點俸祿而低頭彎腰，放棄所堅持的原則，但對他之所以走進總統府的真正原因仍私下不斷揣測。

對他更大的打擊是兩岸關係不但沒有止血，反而加速惡化，這違背了他加入李登輝團隊的初衷。

一九九八年六月，美國柯林頓總統，為了修補因一九九五年李登輝訪美而受到傷害的中美關係，於訪問中國時，在上海的座談會上，口頭宣示了「不支持台獨，不支持兩個中國與一中一台，不支持台灣加入以主權國家為成員的國際組織」。在北京壓力下，柯林頓所作的這項宣示，等於正面宣告，李登輝一方面與大陸私下祕密溝通、一方面與中國愈行愈遠的做法，至此已完全失效。戴國煇繼續留在李登輝團隊中，也不再具有任何意義。

針對柯林頓的宣示，李登輝要求相關單位和幕僚研究對策，開始考慮調整

其回應大陸壓力的安全團隊，在次年五月成立了「強化中華民國主權國家地位專案小組」，準備跳出兩岸海基、海協兩會在模糊的「一個中國」基礎上接觸的框架，設定新的台灣定位策略。

在李登輝積極調整兩岸戰略的過程中，戴國煇早已體認到不適於繼續留任，他想急流勇退，但一直延宕，找不出適當的機會開口。於私，一開口，兩人數十年交誼就要中斷；於公，他似乎還想最後進言。然而，待「強化中華民國主權國家地位專案小組」一定案，未待他開口，李登輝已對他下達逐客令。

五月十一日，曾永賢到戴國煇住處，告知將要重新編組人事的消息，其實就是通知他將不予續聘。李登輝本來預定五月十九日召見他，但延到六月十一日，兩人才最後一次見面，從此所有的人情債一筆勾銷，無官一身輕。可惜天不假年，在他離開李登輝，轉而任教文化大學教授台灣史後僅一年多，就因肝病而辭世，享年七十。

●戴國煇照。（照片由林彩美女士提供。）

　　他走後，夫人林彩美女士與家人，決定把他的骨灰撒在台灣海峽上，他的客家祖先從大陸跨海來到台灣，他最後也從台灣海峽回到了無數客家先民的行列中。

　　戴國煇是跨越兩個無法平順銜接的時代而成長起來的的歷史產物，在他的身上，投射了台灣人在日本侵略中國的戰爭夾縫中掙扎生存，並受到戰後日本殖民主義勢力的殘餘繼續影響其政治、思想與文化的歷史。

　　他的一生並不顯赫多彩，除了學術上的成就外，在其他方面並沒有赫赫事功。他離世後也沒有什麼太大的哀榮，有的只是一些朋友和門生對他的追憶。但他留下了寶貴的精神財富，即盡了一個讀書人的本分，對哺育他的家園，始終盡心盡力，有所堅持。他自甘進入與其認真、不投機、不奸詐的天性無法相容的政治決策圈中，試圖發揮一點影響力。雖然到頭來證明只是個人的一廂情願，但他知其不可為而為之的精神，更凸顯了他那鄉下出身的客家人單純質樸的本性。

　　雖然他走的時候有遺憾，生前的一些政治理念也不見得人人認同，但他活著的時候，一直表現了他「生為客家系台灣人」的尊嚴，同時也的確像他對其他客家人所呼籲的那樣，把所作所為，從關心台灣擴大到關懷全中國和全世界的層面。

　　他走後，台灣經歷了從陳水扁到馬英九執政的過程，兩岸關係也從李登輝時期的起伏不定，轉入目前相對穩定的階段。然而，兩岸之間仍充滿太多的變數，和戰之間，僅一線之隔。台灣需有更大的智慧走出當前的困局，我們需有更多的人，像戴國煇那樣，用放大真愛台灣的胸懷，看台灣的歷史，從世界的走勢，為生我們養我們的這塊土地，共同探索出可以走得更廣更長的道路。

注釋

1—— 葉阿來是與其同時期的客家人對他的習慣稱呼，但其本名為葉德來，字茂蘭。

2—— 本段及以下關於葉亞來的活動細節主要參考：S. M. Middlebrook, Yap Ah Loy（《葉阿來傳》），*Journal of the Malayan Branch, Royal Asiatic Society*（《皇家亞洲協會馬來亞分會期刊》），Vol. XXIV, Part 2,July, 1951（第二十四卷，第二部分，1951年7月）及李業霖主編，《吉隆坡開拓者的足跡——甲必丹葉阿來的一生》，華社研究中心出版，1997年。
Middlebrook於1921年起在馬來亞服公職，翌年赴廣東研習兩年。1942年日軍入侵新加坡後被日本憲兵隊俘虜，一九四四年遭到日人殺害。《葉阿來傳》前十五章原為作者自一九四〇年起，根據葉亞來後人提供的資料和其他文字資料撰寫的手稿，後為日本憲兵隊沒收。日本戰敗後由其遺孀領回並打字整理。最後由J. M. Gullick補充第十六至十八章後出版。
李業霖主編的《葉亞來的一生》，主要是根據以上《葉亞來傳》的內容由程道中編譯而成，並補充評價文章和年表資料。

3—— 據李恩涵引王炳毅，〈早年外交家陳友仁〉，台灣《傳記文學》，第六十七卷，第二期（1995年8月），載於《近代中國外交史新研》，2004年，台灣商務印書館出版，第238頁。至於陳桂新的確實籍貫，目前有順德或香山等說法，均難以確證；唯一可以確定的是他參加了太平軍，是客家人。

4—— 以下陳桂新、陳友仁的經歷，除另註明外，主要參考陳友仁二媳婦陳元珍的英文陳家傳記 *Return to the Middle Kingdom：One Family, Three Revolutionaries, and the Birth of Modern China*（中文本書名《民國外交強人陳友仁——一個家族的傳奇》），Union Square Press出版，2008年。

5—— 據陳元珍女士告知本書作者，陳友仁完全不能說客家話。

6—— 張荔英於張靜江在巴黎經商時期出生法國，一直在法國長大和求學。在江蘇湖州南潯古鎮的張靜江故居展覽中，保留有張荔英與陳友仁兩人向張靜江表白她們的愛情與婚姻信念的書信。張荔英的書信中，展現了當時一個海外華人女子打破世俗尋找自己愛情生活的感情世界。婚後他始終與陳友仁同甘共苦，在日軍入侵香港陳友仁被捕並軟禁上海後，一直靠賣畫維生。據陳元珍女士告知，陳友仁去世後，她曾短暫再婚，但離婚後一直以陳友仁未亡人身分對外活動。另據網路「上海近代史年表」，她曾於1953年5月在都城飯店舉辦個人畫展。1954年起定居新加坡，在新加坡南洋美術學院任教，1993年去世。新加坡美術館收藏有她一百多幅畫作。

7—— 王光華，「華僑革命外交家陳友仁」，載於順德人民政府網：http://sdwsqw.shunde.gov.cn/data/main.php?id=665-1210038。

8—— 據林彩美女士提供資料。

9—— 見《愛憎李登輝——戴國煇與王作榮對話錄》（《戴國煇文集9》），遠流出版社，2002年，第73頁。

10—— 參看夏朝聯合會網址刊載戴國煇雜文〈隱痛的傷痕〉和〈令我臉紅的四十年前的往事〉：http://www.xiachao.org.tw/i_f_page.asp?repno=234和Ihttp://www.xiachao.org.tw/i_f_page.asp?repno=235。

11—— 賽德克族是台灣先住民中的一族，原被列為泰雅族的一支，經族人多年的正名運動後，2008年4月，賽德克的族名獲台灣官方正式認可。現有總人口約六、七千人。

12—— 沈崇事件的發生是否人為導演，至今仍存有爭論，但事件發生後，迅速演變成全面反美反國民黨統治的運動，國共雙方在當中政治角力，對後來國民黨形勢的逆轉，影響極大。近年來台灣頻繁的政治運動中，類似利用偶發事件或對未實際發生的事件操作社會民眾心理與政治形勢的手法，經常得到重複運用，且屢試不爽。

13—— 據林彩美女士提供資料。

14—— 以下有關戴國煇的歷年主要活動，除另註明者外，均據林彩美等著《戴國煇這個人——含生平事記與著作目錄》附錄部分的事記（《戴國煇文集》12，2002年，遠流出版社）。

15—— 在一九七〇年代末期，中國大陸開放大批學生留學歐美日以前，作為兩岸留學生主流的台灣留學生在歐美日的學生組織，因台灣官方堅持台灣代表全中國的立場，一般均以「中國同學會」命名，凡稱「台灣同學會」的，通常都被認為是與「台獨」運動有聯繫的組織。至於早期一些台灣留學生在東京大學成立的同學會，在戴國煇等人的堅持下，也取名「中國同學會」，並不代表其認同國民黨當局的立場，更多的是表達超越台獨思維的理念，同時因其不受台灣官方幕後掌控，因此也招致當局的猜疑與監視。

16—— 早期台灣當局認為丟失大陸，是因為中共善於組織讀書會，以吸引高級知識分子加入其組織的緣故，因此對台灣海外留學生組織讀書會極其敏感，常將參與者列入政治黑名單。

17—— 台灣雲林縣的福佬客。

18—— 見戴國煇，《台灣史研究——回顧與探索》（《戴國煇文集》1），第7-8、15頁。

19—— 葉選寧在1989年天安門事件後國際圍堵中國大陸之時的另一對台作為是，在澳門面見王永慶，說服王永慶到大陸參觀。王永慶回台後在《聯合報》發表文章，鼓勵台商西進，促成台商紛紛搶進大陸，購買廉價土地，開辦加工廠房；此舉也帶動港商、日商大舉跟進，打破了西方對中國大陸的經濟圍堵，造成至今仍長盛不衰的榮景。

20—— 據記者鄒景雯所撰《李登輝執政告白實錄》（2001年印刻出版公司）第192頁，李登輝直到2001年任屆滿卸任為止，都與大陸領導人「始終維持一條溝通聯繫的祕密管道」。

21—— 後來李登輝對大陸變臉，陳建中深覺受到利用，愧對中共，直到2000年才再度訪問大陸，前往福建，當時任福建省長的是習仲勳的幼子習近平。

22——《台灣結與中國結——睪丸理論與自立·共生的結構》（《戴國煇文集》4），第94頁。

23—— 同上，第123頁。

24—— 同上，第195頁。

25—— 最早把客家人稱為「客家族」的，是受聘為日本政府外事顧問並執教於帝國大學的德國人里斯（Ludwig Riess），他在其一八九七年出版的著作《台灣島史》以此稱呼稱客家人。

26—— 由於李登輝至其任屆滿仍與大陸保持祕密聯繫，而身邊擺著一個帶有「親中」色彩的戴國煇，也不無將其作為向北京傳達未與大陸全面為敵信息的作用。

12

第十二章
客家路漫漫

　　客家人是經歷千年以上的時間所形成的漢族方言民系，它是中國的南方人口當中，與粵語系、閩南語系和贛語系居民共存的漢人方言群體，是閩粵贛結合區歷代漢、畬兩族山區居民，經歷了長期共同反抗統治者壓迫與橫征暴斂的戰鬥行動中，融合漢化而成的產物。

　　明朝中後期，客家人作為一個日益成熟的民系出現在中國東南地區後，開始向外擴散。清初防範台灣鄭氏政權的沿海遷界令解除後，汀、嘉、潮、惠四州客家人口大量向廣東全境擴散，並與周圍粵民摩擦四起，周邊不同方言人群常以其居住地區如嘉應州、潮州、汀州之民等稱之，並不時冠以棚民、崖佬、來人、客子等歧視性稱呼。咸豐、同治年間，與粵系本地居民間的「土、客械鬥」，進一步刺激了客家人群客家意識的抬頭。

　　到鴉片戰爭前，本屬東莞一帶，粵語系居民對粵東山區移民的「客家」稱呼逐漸為客家人接受，再經客家學者的鼓吹，自此客家人的名稱開始普及開來，慢慢擴及客家移民遷居的省分與縣分。但是，在台灣，客家或客家人稱呼的普及，還是近數十年客家研究走上學校講壇以後的現象；在許多客家人家當中，仍稱自己為「客人」，並稱所說的話語為「客話」，而不使用「客家人」或「客家話」的提法。

　　鴉片戰爭後，客家人成為舉世注目的焦點，這不僅是因為香港本屬客家移民縣分新安縣，也因為震動大江南北的太平天國反清運動的主要領導人和大量戰鬥人員均為客家人。此外，數以十萬計的客家苦力走出國門，被販售到東南亞、環印度洋地區與拉丁美洲，充當世界奴工，成為十九世紀西方資本主義勃興時期，積累創造財富不可或缺的廉價勞力。廈門、香港、澳門作為拐騙客家苦力轉售海外的大本營，來到珠江口彈丸之地香港的歐美傳教士與研究者們，紛紛將目光投到了客家人身上，他們深入客家人地區，把客家人當成傳教和研究的對象，此後一個半世紀以上的時間裡，東西方學者對客家的研究始終沒有間斷。

　　隨著客家人群在全球的擴散，客家總人口粗略估計達六千萬至八千萬人之間，其中中國大陸約六千五百萬人，台灣約四百六十萬人，世界各大洲計約四百六十萬。[1] 如此眾多的人眾，透過自身、家庭或周圍人群的作用，建立起

自身的客家認同。客家人從清初自客家搖籃地區的閩西與粵東地區向外擴散以來，不論遷徙或散處何方，只要與客家集體的聯繫沒有被切斷，大體都一直保持了其作為客家一分子的認同，雖然這種認同的強弱，因人因地因時而異，所認同的集體，也可以從小至居住地的客家人群，到大至全世界的所有客家人。但有了這種集體的認同，客家人才能夠在世界各地，身處逆境而仍不斷延續客家集體的存在，並不斷發展壯大。

一・維繫客家集體認同的無形力量

　　有五種無形的力量維繫著這種集體的認同，即客家意識、客家方言、家族與地域認同、對外在壓力的反彈，和政治與經濟力的介入。

1.客家意識

　　客家意識是維繫客家人的精神紐帶，從清初客家移民大量外移開始，許多客家士人學子，從外界對客家人的歧視與偏見中展開了客家自我覺醒的行動。他們不斷努力創建和充實客家意識，以期建立客家人的自信心與自豪感。這種與猶太人試圖建立猶太意識，或現代人試圖建立各種主義的嘗試，並無本質的差別。

　　客家意識的核心是中原意識。以嘉慶十三年（公元一八〇八年）惠州豐湖書院山長徐旭曾的〈豐湖雜記〉提出客家中原論為起點，歷經首任台北府知府林達泉的〈客說〉、台灣客家丘逢甲、外交家黃遵憲、報人溫仲和及溫廷敬和學者羅香林等的補充闡釋，再經西方傳教士和學者的鼓吹，到二十世紀上半期已深植海內外客家人心。

　　作為中原意識的補充，「中原士族後裔論」、「正宗漢人論」等血統論也流行一時，然而，這些論證卻經不起現代生命科學和歷史研究的推敲，代之而起的是目前為較多學者接受的「漢、畬融合論」或「南方漢人論」。因而，中原意識作為客家核心意識的作用，已迅速消退。

　　對於早期遷徙台灣與海外的客家移民而言，與中原意識同樣重要的是原鄉意識。原鄉意識的名稱源於台灣著名客家作家鍾理和的小說《原鄉人》，書中

的原鄉是指作者祖輩的故鄉，即廣東嘉應州，和擴而大之的中國。作者以日據時期一個台灣客家小孩的思維，透過對原鄉的憧憬、迷惘與失落的情懷，表述了作為一個客家人的強烈原鄉意識。[2]

大體台灣光復之前的台灣人，包括客家人在內，雖然已是在台灣牢固生根的世代，但都或多或少帶有這種強烈的原鄉意識，尤其是在思想較為敏銳的知識分子當中。這種原鄉意識結合中原意識，成為早期台灣客家人客家意識的主體。

在早期居住東南亞、美洲或其他國家與地區的客家移民當中，也帶有濃厚的原鄉意識。但是兩者之間有本質上的不同。在日據時期的台灣，客家人是日本國民，在相當程度上，原鄉意識是產生於作為日本統治者子民的無奈和對落後的中國恨鐵不成鋼的心境。然而，在東南亞或其他地區，早期的華人移民即使已經在當地成家立業了，但仍保持強烈的過客心態，原鄉對許多人來說，不過是期待有朝一日能夠衣錦還鄉光宗耀祖的夢鄉而已。

不過，不論動機如何，直到二十世紀中期，中原意識與原鄉意識的結合，牢固確立和強化了台灣與海外客家人對客家集體的認同。

●日本據台時期，台灣的客家人保留了強烈的原鄉意識和中原意識。圖為苗栗公館一個清朝裝束的客家知識分子家庭。

　　與中原意識相輔相成的是客家人的反抗意識。由於從宋代以來，在南方山區中養成的反抗性格，在歷史上的一些重大事件中，每有熱血客家先民和客家人奮身投入反抗入侵者和壓迫者的鬥爭中，他們的行動往往影響、改變或創造了中國的主流歷史。如宋末客家先民在文天祥號召率領下勤王抗元的行動、大批客地軍民追隨南宋末代皇帝在崖山海戰中以身殉國的壯烈事蹟、天地會的反清復明、太平天國的抗清、日本占台初期台民的武裝抗日、國民黨的黃花崗起義、朱德的南昌起義、毛澤東井岡山工農紅軍第一軍的締建，處處都有客家先民或客家人的身影存在。這些壯烈歷史背後的反抗意識，成為不斷激勵客家子弟在不同領域努力奮鬥的動力。

　　客家文化意識也是客家意識的組成要素。客家文化意識是基於對客家文化的體認而形成的文化理念。

　　客家文化由客家習俗、信仰、節慶、祭祀、飲食、住所、山歌、採茶戲等各種生活事物組成，但是其表現形式並非千篇一律。例如，各地客家建築風格不一，土樓有方有圓，在台灣則有夥房屋；而且防禦性的土樓並非客家所獨有，在清初遷界前，在漳、潮沿海地區極為普遍，常以「寨」或「堡」稱之。再如馬來西亞客家人奉祀土地神的大伯公廟，有的建造得極為富麗堂皇，在台灣的客家人區，則往往只是簡單座落在田頭街角而已。又如近年在台灣流行的客家桐花祭和觀光擂茶，是為了推動觀光產業而出現的新生事物，並非客家人的傳統文化產物，因此在其他客家地區並不風行。

　　但即使如此，這些與生活息息相關的事物，及其所產生的客家文化意識，正是從日常生活中凝聚客家認同的有力黏合劑，雖然在都市地區已迅速消失，但是在各地的客家農村地區，卻是維持客家認同於不墜的最積極因素。

2.客家方言

　　客家方言（或客語、客話、客家話）作為一種方言，常被視作確定客家人身分與認同的最重要標誌。客家方言只有口語，沒有統一的書寫文字。

　　客家方言的腔調因地而異，使用最多的是源自嘉應州的梅縣腔和四縣腔，兩者口音相近，稍有變調。四縣是指雍正十一年（一七三三年），程鄉升格為

嘉應州後所領有的長樂（今五華）、鎮平（今蕉嶺）、興寧和平遠四縣，與州治所在的程鄉縣（今梅縣）同稱嘉應五屬。清初從客家大本營的嘉應州沿東江流域向珠江三角洲方向移民時，也將嘉應州腔帶到了紫金、惠東、惠陽、新安（即今深圳和香港）、東莞等珠江三口以東縣分及珠江口西側的順德、鶴山、香山（今中山、珠海）、新會、新寧（今台山）等縣。

據《中國語言地圖集》的最新分類，[3] 客家話的分布發展至今，因清中葉後廣東的土客械鬥與人口遷徙，出現了很大的變化，目前梅縣、蕉嶺和平遠屬粵台片嘉應小片客家話區；大埔、興寧、五華、豐順、紫金等縣屬粵台片興華小片客家話區；惠東和惠陽及惠州市北面的新豐縣，屬粵台片新惠小片客家話區；博羅、惠州市屬惠州片客家話區；粵北韶關與英德市之間的清新縣和英德市部分地區屬粵台片韶南小片客家話區；翁源、南雄、始興、英德、仁化屬粵北片客家話區；龍川、和平、連平與河源屬粵中片客家話區；惠來、陸豐、普寧、順德、東莞、中山、佛山以及珠江口以北以西北江、西江及其支流潭江和陽江流域大部分地區及雷州半島屬客家居民點區；揭西與粵西南的羅定、信宜、高州和廉江四市部分地區屬不分片客家話區；從化屬客家話與粵語區；揭陽、深圳、香港、海豐、陸豐、花縣、清遠與增城已成為其他語言或方言區，不再是客家話區。

廣東省之外，武夷山東側閩西明溪、寧化、長汀、連城、清流、武平、上杭與永定被列為汀州片客家話區；武夷山西側贛東南地區寧都、興國、石城、瑞金、會昌、信豐、安遠、尋烏、龍南、定南和全南等縣，被列為寧龍片客家話區；贛中南與贛西南庾都、大庾、贛縣（不含贛州）、南康、上猶、崇義至湘東南的桂東與汝城兩縣，屬庾桂片客家話區。另贛西北與湖南交界處有圍繞銅鼓市的銅鼓片客家話區，為明末清初閩粵贛交界區客家人的移居區。

此外，廣西省有多處縣市存在不分片客家話區；四川省圍繞成都市北自綿陽南至宜賓市（不含資陽市）、川東北巴中市、川東北與重慶市交界明月山西側墊江（屬重慶市）與鄰水（屬四川省）兩縣之間，以及川西南西昌市有多處客家居民點區；海南省儋州市南郊區有小片不分片客家話區。

鴉片戰爭後，廣東客家苦力和自由移民大量外移。這些移民多來自珠江三

角洲區域，其中包括了大批說客家話的移民，他們是輸往古巴和秘魯的華人苦力的主要組成部分；加勒比海英屬圭亞那、牙買加和千里達的客家契約工主要來自東莞、歸善和新安三地；印尼勿里洞島和西婆羅洲加里曼丹省主要吸收嘉應州和惠州客家移民；馬來半島和印尼蘇門答臘的客家人也以粵東移民及其後裔為主，新加坡以嘉應五屬為主；印度和印度洋上的模里西斯與留尼旺島主，要是梅縣客家移民。因此，大體可以說，海外客家人也以說嘉應州話的客家人為主。

　　早期台灣的客家移民多來自嘉應州，所說的客家話為四縣腔，而不是梅縣腔。但四縣的客家腔調相互間差別很大，尤以鎮平腔和平遠腔接近，與長樂和興寧腔差異較大。台灣的四縣腔主要是鎮平腔，與平遠的客家話，同被《中國語言地圖集》歸類為「粵台片」中的「嘉應小片」客家話，興寧、五華客家話則被歸類為「粵台片」中的「興華小片」客家話。因此，嚴格來說，流行於台灣桃園、新竹、苗栗、高雄、屏東、台東等縣的四縣客家話，應為鎮平腔即蕉嶺腔，不是籠統的四縣腔。

●台灣客家腔調分布圖。本圖參考行政院客委會文史天地館網頁製作。

除了鎮平腔外，在台灣還有很多客家人說海陸腔。海陸腔源於受到潮汕話影響的海豐和陸豐渡台移民，即俗稱半山客的客家話，主要分布於桃園、新竹、花蓮等縣。

另外還有分布於苗栗縣與台中縣交界處，大安溪中游與大甲溪中游兩側的客家人大埔腔。大埔腔源於原屬潮州府的大埔縣，《中國語言地圖集》將其與興寧、五華、豐順腔歸類為「粵台片」中的「興華小片」客家話。

尚有源於潮州饒平縣的饒平腔，分布於桃園縣、新竹縣，苗栗縣部分地區。饒平縣介於閩粵兩省交界近海處，其客家話受潮汕話的影響，也受到鄰近的詔安話的影響。

與饒平腔相近的是詔安腔，分布於雲林縣崙背、二崙和西螺一帶。[4]

以上各種方言腔，雖然限制了客家人本身的方言溝通，但都是客家人自我認同的主要標誌。

3. 家族與地域認同

家族，是自唐末北方先民南移以來維繫群體生存延續的根本手段，一姓家族聚村而居的居住形式，是在大陸客家祖地聚落的特點。

實現同姓聚族而居，需有一段時間過程。大抵移民新到一處，因人數不眾，多與異姓雜處；但隨時間推移，當中一姓人數成長高於他姓，即產生推擠作用，將別姓人家趕往外地，或逼其改姓人數較多者之姓，予以兼併，甚至將人口少的弱小姓氏家族消滅，由此慢慢形成一姓獨大。[5]

在客家大本營的粵東北地區，由於南宋末抗元行動後，人口大幅減少，從明朝初年開始由閩西汀州大批移入人口補充，到清初康熙遷界令解除之前，時間長達三百多年，因此家族發展有足夠的時間跨度，從移民初期的多姓共居，經由排斥、推擠和消滅等過程，最後形成到處一姓獨大的局面，往往一村一姓人口上萬並不為奇。相對的，遷界令解除之後，客家人從客家大本營向珠江三角洲和粵西方向流入的地區，如深圳市北側的龍華與觀瀾兩鎮的客家村，則仍有百分之六十為多姓村。[6]

一般來說，同姓家族都是以村落形式定居，共推一個共同的地物，如大榕

樹作為發祥標誌，共設祠堂或祖先靈堂，共同祭祀，共掃祖墳。最好是族內有一功名人物，彰顯家族的顯要地位。依靠這些象徵性事務，由有權威或號召力的成員，統籌協調全族事務，從而將全族的力量凝聚一起，並號令族人一致對外行動。

　　大概從明代起，為了對抗入侵，客家地區從贛南到閩西、粵東的許多村子都建成帶有防禦作用的村寨，四周設以圍牆或建樓房為防禦工事。明朝中末葉，朝廷對這一地區的多次軍事行動，都遭遇到村寨易守難攻的難題。鄭成功舉兵抗清時期，派兵圍攻的饒平烏石寨，是明朝中葉對抗抗倭將領俞大猷的張璉集團，依山勢建築的許多小寨構建而成，其中最堅固的是用石子砌成的小樓，鄭成功部將黃廷久攻不下，擬用挖地道添塞炸藥之法破之，寨中軍師平和人朱亮令人在周圍置放水缸，探視缸內之水有無搖動，予以識破，烏石寨終不得破。

　　目前一些客家地區成為觀光景點的圓形和方型土樓，即為漳州、潮州沿海地帶，防禦倭寇、海盜和鄭成功抗清勢力的許多村寨構思在客家內陸地區的具體體現，內中多設有暗道或暗室，以利海上私商或從盜者藏匿白銀財富。通常

●明初蘇東坡後代子孫在廣東河源縣義合鎮東江之畔所建的蘇家圍，是聚族而居的典型古老村落。

致富人家都托詞是因行善獲老天指點從地下挖出，不敢吐露真實來源。

清初客家祖地貧苦農民移民遷徙台灣後，許多人家仍保持聚族而居的傳統，其住所俗稱「夥房」，大的數代同堂，小的父母子女同住。台灣的村莊也不如大陸龐大，主要是多姓雜居。但是在人群聚居的規模上，雖然不如大陸客家祖地，但一村一鄉，以大姓家族為主的現象並非不存在。如簡姓為南靖客家後人，在南投草屯鎮有一千三百戶，在南投鎮有一千戶，在桃園大溪鎮有六百戶。[7]

隨著台灣開發步伐的加速，同姓族人不斷向全島各地分散，聚族而居的現象逐漸淡化。然而，一些傳統家族的功能仍舊繼續保存下來，如一年一度分散全島的同一家族子孫同聚來台祖墳前掃墓祭拜（俗稱「掛紙」）等。到了現代，姓氏堂號和家族族譜，仍為延續祖先和宗族認同的有力工具。

在東南亞，家族成員或同鄉間的相互接應與互助，是早期客家移民在移居地得以生存發展的一個重要原因，但是，帶有幫派或會黨性質的地域性組織的作用更不可忽略，如十八、十九世紀在北婆羅洲採金的客家人公司，是按客家祖地的縣分來結幫結派，或十九世紀中期馬來半島霹靂州，有惠州客家移民的義興黨和增城客家移民的海山黨在錫礦開採利益上的鬥爭等。這種地域性幫派或會館組織，在台灣早期客家移民社會中是缺乏的，這可能是由於東南亞早期移民是屬於資本主義初興時期最底層的生產勞動者，如種植園苦力和礦工，而台灣早期移民是屬於封建社會開墾土地的自發農民或佃農。尤其是在台灣，神明信仰如五穀神農大帝、觀音或閩南信仰中的媽祖娘娘，對於苗栗縣客家人群的凝聚和吸引作用遠大於地域的考慮。

隨著十九世紀歐洲殖民者在東南亞各地建立了牢固的管轄統治之後，當地客家移民也從地域性的幫會組織，逐步轉向地域性的會館組織，如嘉應會館或惠州會館等。但是也有許多跨地域性的組織，如各地客家公會等。至今地域與跨地域的客家組織並存的現象，也是海外各地客家人組織的普遍特色，例如紐約廣東客家僑民中，有屬於惠州客家移民的惠州工商總會，也有跨地域的崇正會為客家移民服務。

4. 對外在壓力的反彈

清初客家人離開閩粵贛山區向外大規模移民後，開始了與外界大量接觸的歷程。但是接觸的經驗並不是美好的。這些來自山區的人群，面對的是充滿了歧視、偏見與懷疑的外在打壓環境。早於客家人在珠江三角洲定居下來的廣府人，即俗稱的「本地人」，作為「先來者」，與後到的客家人之間摩擦不斷。

移民台灣的客民，也有著類似的不愉快經驗，主要是要面對閩南方言人群的挑戰。乾隆六年（一七四一年），福建分巡台灣道按察使司副使劉良璧重修的《福建台灣府志》卷六〈風俗〉篇指出，台灣「始隸閩中，漳、泉之民多居焉，……久則粵人（指客家人）墾耕、商航販載，蟻聚雲屯，華靡相耀，亦自成一俗也。」也就是說，在距清朝領有台灣近六十年的當時，漳泉之民移民台灣在先，後來才有粵籍客家人到台。因此，清初遷界令解除後，兩者開始移入的時間差，雖大約只有二十年左右，但一先一後，主觀上實已形成閩南人群是主，客家人群是「客」的先入為主之見。氣勢優劣對比，從一開始就已形成。

尤其是清朝統治的初期，台灣屬福建管轄，統治大權多掌握於閩省大員手中，他們將客家移民歸類為潮民或粵民，存有嚴重歧視與偏見，因此，經常是以負面態度看待客家移民，地方志中也每作出負面描述。[8]如康熙五十六年（公元一七一七年）的官修《諸羅縣志》中，將其視作「獷悍無賴下貧觸法亡命」之人，因此，社會上形成的主觀對立其實早已存在。

閩南方言人群的經濟優勢，更直接導致客家人群社會形象的低下。《諸羅縣志》卷八〈風俗志‧漢俗〉篇稱，墾民當中，當佃農、傭丁的主要是客家人，當「頭家」的則以漳、泉之人為多；卷七〈兵防志‧陸路防汛〉篇則稱北路（即作為清初台灣政治中心的台灣府界曾文溪以北至台灣最北端的諸羅縣諸羅縣地區）流民「大半潮之饒平、大埔、程鄉、鎮平、惠之海豐。」文中將他們比擬為明朝時多次侵犯閩西、閩南地區的「潮寇」，是「盜牛胠篋（音「曲竊」，即撬開盜竊之意）、穿窬（音「虞」，穿窬即爬墻之意）行凶而拒捕者」。

官方主導的偏袒閩南移民人群的縣志言論既是如此，無疑助長了閩、客之間的對立情緒。客家移民中出現了兩種極端反應。一是康熙六十年（公元

一七二一年）底層移民，即大批客家傭工和佃農跟隨潮州海陽縣人杜君英，與朱一貴領導的閩南下層移民合力祭起反清大旗。但因兩者的勉強合作很快就破局，客家人群遭朱一貴徒眾大批屠殺，導致起義迅速失敗，為台灣早期移民史上留下一段憾事。

另一種反應是，無法認同作亂閩眾的南部客家莊莊民，轉向清人效忠，重創朱一貴部眾。亂事平定後，清室給予高度評價，南路六堆之民建「忠義祠」。此後，在相當時間內，與統治方合作的「義民」模式，成為閩粵移民爭相效法以對付作亂者的模式，同時閩、客、漳、泉等不同方言群之間也結怨日深，至乾隆朝林爽文事件，「義民」效應發揮到極致。至今，作為現代全台客家人群的表徵，以表現客家人對強勢的閩南方言人群的潛在反彈意境的「義民」崇拜與「義民」信仰，仍是團結台灣客家人群的最有力精神支柱之一。

從珠江三角洲至粵西，客家人群也是以武裝對抗的形式，表現對周遭人群打壓勢力的反彈。

武裝對抗具體表現在咸豐、同治年間長達十三年的土、客械鬥，其起因與朱一貴事件有點類似。先是因太平天國之亂的影響，天地會粵語系人群（俗稱本地人）與客家方言人群合作攻打廣州城，習稱洪兵起義，但久攻不下，亂事蔓延，周邊各縣客家移民村莊受到本地人重創，紛紛組成自衛武裝力量。此舉得到了清政府和廣州當局的鼓勵，從遭到洪兵重創的鶴山縣客家村莊開始，加入戰鬥的「客勇」們，在反擊洪兵的同時，擴大打擊面，向本地人村莊發難。本地人回擊，冤冤相報，土客械鬥禍延粵西各地，雙方受害者各數十萬人，大批已經立足珠江三角洲的客家移民，再度被迫西遷粵西和今廣西東部各縣。

這場從對立面凝聚了兩廣客家認同的近代悲劇，與康熙、乾隆年間發生在台灣的朱一貴和林爽文民變驚人的類似，台灣、廣東兩者當中的客家人群，都是為了反擊對立人群而站在擁護統治方的一面；在亂事中，也都分別以「義民」和「客勇」的自發形式組成了打擊對立人群的武裝力量。所不同的是，台灣的義民得到了清朝皇帝的高度嘉許，在廣東的客勇則被清朝官員視為尾大不掉、避之唯恐不及，最後遭到強迫西遷的命運。

在東南亞，客家人群則是透過自發的會館或幫會組織，形成對抗閩南移民

的團體。如早期的檳榔嶼，在一七八六年開埠後，由於閩南籍移民財雄勢大，人數眾多，感受到敵意與歧視的客家移民人群，早在一八〇〇年前後就已成立客家會館自保，[9] 如仁勝公司（仁勝館，後改稱增龍會館）和仁和公司（仁和館，後改稱嘉應會館）為其例子。

　　但是在十八、九世紀婆羅洲和馬來半島開發初期，因客家人數較眾，無論在婆羅洲，或是在馬來半島北部的霹靂州或南部的森美蘭與雪蘭莪，都是相互自殘互鬥，與受到外力打壓而產生的反彈沒有必然的關係。這段歷史經驗，反映了客家人本身集體性格中的弱點。

5. 政治與經濟力的介入

　　政權統治者往往利用不同方言人群間的矛盾，各個擊破，以鞏固政權。從鼓勵「義民」到利用「客勇」打擊作亂人群，俱是如此。早期西方殖民者利用建立甲必丹制度，給予特殊人群鴉片專賣和賭館開設特權，則是以政治特權結合實際經濟利益，以某一方言移民人群，壓制其他移民人群的典型事例。

　　在整個西方殖民時期，客家移民人群在不同地點不同時期，曾分別是這種制度的受害者與受惠者，如檳榔嶼開埠時期，受到壟斷甲必丹地位的閩南移民人群的打壓。但是在印尼棉蘭草創初期，由梅縣松口人張榕軒和張耀南擔任甲

●東南亞的客家會館，多是早期移民時期互助自保、共同應對外在壓力的組織。圖為吉隆坡嘉應會館。

必丹，客家人的經濟地位如日中天，兩兄弟開辦銀行，熱心公益，在中國和東南亞各地樂善好施，捐款給大清海軍，與檳榔嶼客家富商張弼士合資興建輪船公司和開辦潮汕鐵路，受到大清政府的獎勵，並獲得功名，成為南洋華僑的典型人物。當時這種政治與經濟力的結合，在凝聚南洋客家人的認同和提昇他們的聲譽與地位方面，發揮了常人難以達成的功效。

在選票成為政治利器的時代，人口群的效應進一步得到發揮。在台灣，客家人群從專制獨裁時代默默不開口的「隱形人」，一躍成為選舉時代左右選舉結果的關鍵人口。但是，由於經濟實力遠不及占人口多數的閩南人群，因此在台灣，無論是在政壇的實力上或是經濟影響力上，遠遠不如閩南人群。

近年來，本土文化成為吸引遊客、吸取投資、增加地方知名度的賣點，客家文化成為客家縣市施政的重要內容。從大陸的客家原鄉到台灣的客家村落，到東南亞的客家聚落，都在不斷尋找切入點，作為當地客家文化的代表。二〇〇八年，客家與非客家地區的福建土樓被聯合國列為世界文化遺產後，尋找有待挖掘延續的客家文化遺產，例如客家話和客家山歌，或是古客家村落，將成為推動客家人找尋失落的客家記憶的積極動力。

二、處境與對比

客家人一路走來，異常艱辛，發展到今天，確實不易。然而，展望未來，客家人作為一個群體，其前途卻充滿了不確定性，這是全球客家子民不能不共同嚴肅面對的重大隱憂。

導致客家前景堪憂的因素很多，但根源只有一個，就是世界的變化太快，傳統凝聚客家認同的力量，已不足以維繫客家人集體生命的延續。

具體的體現是使用或通曉客家語言的人口正快速流失。據台灣客家委員會副主委劉東隆，公元兩千年統計，全球會說客家話的人口有三千五百萬人，到公元二〇〇五年時，只剩三千萬人，五年內流失五百萬人。[10] 其原因很簡單，人口的快速流動與大眾傳媒的無孔不入，導致客家話使用機會的喪失，不會說客家話的人口隨之上升。隨著國語／普通話的日益普及，年輕一代不會說客家話的愈益普遍。

　　即使是在客家莊地區也是如此。據台灣苗栗縣銅鑼國小校長陳玉英統計，客家莊經常使用客家話的只有百分之二十二；十三歲以下的年輕人，可流利使用客家話的只有百分之十一‧七，估計幾十年後，客家話會在台灣消失掉。[11]

　　在大陸和東南亞地區，存在著同樣的問題，除了農村和偏遠地區仍保存著說道地當地腔調的客家話人口外，在城市地區年輕人口當中，客家話也正快速流失。即使是農村地區，像福建南靖的客家土樓住戶中，亦發現有客家居民已被說閩南話的人群取代的現象。在廣東的惠州和深圳等經濟發達城市，客家人口消失得更快。因此，客家話的流失已成為普遍性的問題。

　　隨著客家語言的流失，曾經凝聚了一代又一代客家人的許多客家文化元素，包括信仰、飲食、歌唱、藝術、建築、習俗等等，也都跟著流失掉。例如閩、粵、桂、台與黃梅戲享有同等聲譽的客家採茶戲，因經費、人才難繼和無法與時俱進等因素，已有式微之勢；[12] 許多表現客家文化精華的節日慶典，在現代生活節奏下，難以在都市生根，城市長大的年輕一代根本無緣體會；展覽館中能夠代表客家文物的多為一些粗糙原始的農具和粗碗粗甕之類的器皿，難有高雅精緻之品，不容易引起觀眾的共鳴；許多大陸明、清客家古村落建築，或是海外客家華人在原籍地所建蓋的祠堂房館及內部的裝飾等，如不能很好的整修保護，慢慢就會消失掉。客家文化無法傳承，年輕一代自然難以產生客家認同。

　　面對客家發展的不明前景，多年來許多有識之士和機構團體一直都在積極搶救，或從小學到研究所的整個教育體系著手，或利用平面與立體媒體，面向全社會，多方位地幫助年輕一代認識客家，以期增加他們的認同。這些努力產生了一定成效，但是由於所牽涉的是在快速變化的時代步伐與前所未有的城鄉人口流動和世界人口交流中，如何保存古老的客家語言文化，從而使客家民系能夠延續下去的巨大問題，並不是單靠少數個人和機構團體所能簡單解決，必須以新的思維去應對這個問題。

　　在這方面，同樣是不斷經歷顛沛流離，但卻歷久彌新的猶太民族的發展歷史，為我們提供了很好的啟示。

　　按照摩西率領以色列人（希伯來人的自稱）逃出埃及的傳說，猶太人的祖

先希伯來人在這個地球上的歷史已長達三千多年以上。

至今猶太人人口才一千三百一十萬，只占客家人口的六分之一左右（按全世界客家人口八千萬計算），但與客家人一樣散處世界各地，其中百分之四十以上住在以色列，其餘住在美國、英國和其他國家，住在以色列以外國家和地區的猶太人，多數不能說以色列的猶太人所使用的希伯來語。

然而，猶太人人數上雖比客家人少了很多，而且大半不能說希伯來語，但是他們在世界上的能見度和活動身影卻無所不在；他們在世界上的貿易金融網絡，在一定程度上支配了國際金融商業活動；他們的科技、軍事研發能力，可在世界上排名前列。

經過了三、四千年的浮沉，猶太人還能在世界各民族之林中高占一席之地，甚至往往左右世界第一強國美國的政策走向，所依靠的不是他們在全世界的人口總和，也不是以色列貧困的土地資源，而是他們在逆境中求生求勝的驚人意志和民族的智慧。因此，他們沒有被時代淘汰，而是適應時代繼續大步前進。

猶太人與客家人有一些相近的特性，例如注重家庭、注重習俗傳統、注重子女教育、吃苦耐勞和注重金錢價值不揮霍等。

但是，猶太人也具有與客家人很不相同的特點，即多數人只共同信仰猶太教，只崇拜唯一的真神耶和華（耶穌之父）；客家人也有信仰，但這種信仰是中國人傳統的多神信仰，不是排他的上帝信仰。還有，全世界的猶太人都有共同的精神家園，耶路撒冷是他們心目中永遠的聖地；客家人的精神家園是祖宗家園，即閩粵贛結合區客家人發祥地中的某縣某鄉某村，而不是籠統的整片地區。但是每個徙居他鄉的客家人，都只能透過族譜或上一代的傳授知悉自己的祖宗家園何在，往往過了幾代以後，由於年代久遠或其他原因，後代子孫們已多不知自己源自何處。

在語言上，猶太人與客家人之間也存在著完全相反的特點。客家人是有話無字，依靠統一的中國文字溝通腔調差異巨大的客家人群；猶太人則是以希伯來書寫文字，溝通居住各地但使用不同話語的猶太社區。

希伯來文是用於書寫猶太《聖經》的古老文字，是猶太教的宗教語言，歷

史長達兩千多年。由於猶太人在歷史上受到基督教迫害，多數時間都處於流浪狀態，因此沒有類似客家話的統一口語。到二次世界大戰前，使用最多的是住在中歐、東歐和德國的猶太人基於當地語言的依地話（Yiddish），其次是巴爾幹、摩洛哥、希臘和土耳其的拉地諾話（Ladino）以及阿拉伯世界的猶太阿拉伯話（Judeo-Arabic）。因此散處不同國家的猶太人，只能依靠希伯來文相互溝通。希伯來文之於猶太人，等於中文之於中國所有方言人群。基於古典希伯來文書寫的宗教、科技、商業、醫學、法律著述和文學作品，成為傳承和闡述猶太文化的重要論述。

十九世紀末，出生於白俄羅斯的希伯來語語言學家本-耶胡達（Eliezer Ben Yehuda），在猶太復國主義的感染下，開始推動以日常口語化的希伯來話取代猶太人當中流行的非希伯來依地話方言和其他方言，這是猶太人白話文運動的開始。他出版了首部現代希伯來文字典，甚至只用希伯來話教育他的兒子。在他的推動下，希伯來話成功地變成了現代以色列人日常使用的官方語言，與使用英語的猶太人共同成為現代猶太人的組成部分。

猶太人的經驗對我們如何審視客家人處境與發展前景，具有重要的啟發作用：即是否應考慮以不一樣的思維，重新界定誰是客家人，並在此基礎上，在全世界有客家人的地方開展客家事務？同時，是否應考慮建立全體客家人共同尊崇的新的象徵事物，以之凝聚世世代代的客家人，讓客家人永續長存？

三、另類思考

傳統上，客家人多把說客家話、客家血緣和認同客家文化習俗，視作界定客家人身分的三大要素，其中又以能否說客家話作為最重要的必要條件。

然而，因為客家方言不是書面語言，其局限性很大，中文普通話／國語的普遍使用，更加速削弱了各種方言的實用性，而海外第二代、第三代客家子弟又多只通曉當地話語或英語，連中文都不認識，因此，實有必要參照猶太人把猶太話和英語都視作猶太人通用語言的做法，不強求繼續把客家方言與客家人認同等同起來。

也就是說，不妨放寬思路，放棄傳統上將客家話作為界定客家人的嚴格標

誌的做法，[13] 改以適合時代變化的新標準去界定客家人。只要是能夠溝通部分客家人的話語，包括中文、閩南方言、潮州方言、廣府方言、四川方言等其他方言和英語，都可和客家方言一樣，被視作客家通用話語。

為了溝通的方便，中文和英文可同時作為代表全世界客家人的正式書面語言，用作全球各地客家人之間書信、出版、行銷、宣傳、合同、網路資訊、商務往來等各方面的文字。

但是，不再以客家話界定客家人，並不等於放棄保存客家話的努力。在可預見的將來，客家話仍將繼續在廣大客家人群中發揮效用和充實客家文化。為防止客家話的加速流失，應加大客家語言研究的力度和擴大客家語言人才的培養。在此同時，可在現有客家研究學術機構的基礎上，設立和擴充客家話語音資料庫，收藏世界各地不同腔調的客家話影音資料，包括各種客家話說唱表演，以供後代客家子孫研究，並可能成為後世重振客家語言的張本。

為了提高客家話研究水準，客家話的語言學家和客家話表演藝術人員，如採茶戲、山歌和其他說唱表演的演藝人員，應享有崇高地位，同時應鼓勵一代又一代的客家學子，從事客家話語和表演藝術的研究，以延續客家話的生命。

●像世界各地的移民一樣，以廣東梅縣移民為主的泰國大城（Ayuthia）客家人社區，其第三代子弟多不能通曉客家話母語。

　　然而，在放棄把客家話作為界定客家人的主要標準之後，傳統上用於界定客家人的其他要素，即客家血緣和客家文化認同，成為界定客家人的更重要標誌。對此也應有更寬鬆的尺度。

　　受到傳統父系社會的影響，父輩是否為客家人，對其後代子孫客家身分的認定至為重要。因此，東南亞早期男性客家移民與土著所生的混血子女，[14] 仍被認定是客家人。但如客家女性與非客家人結合，除非是繼續住在客家人群當中，否則其子女的客家身分或血緣，常遭忽略或否定。但是，二次大戰後女性社會地位與經濟地位急遽上升，客家人女性嫁與非客家華人時，其所生子女只要自願認同客家或客家文化，沒有理由不能視作客家人。即使是與外族所生的混血子女，也應如此。

　　對客家文化、習俗、信仰（或信念）的認同，是客家人身分認同的要素。但客家人的文化與習俗認同多是地方性或地域性的，如潮州三山國王或閩西定光佛信仰並不具普及性。在馬來半島或婆羅洲，客家人把早期移民中的人物，如葉阿來、羅芳柏等當成神祇崇拜，在台灣則是義民崇拜，這種形形色色的信仰或崇拜，是形成客家認同所不可或缺的。

　　慎終追遠、把祖籍地當成精神家園，也是客家認同的一個特色，而這種特色也是地域性的，如嘉應州鎮平縣移民的後代，只認同現在的蕉嶺縣祖籍地，漳州南靖移民的後代，只認同漳州南靖祖籍地。

　　因此，作為界定客家人身分的準則之一的客家文化、習俗或信仰，是零星而分散的，並非是屬於全體客家人的。當然更沒有類似猶太教之類的統一宗教信仰，或耶路撒冷之類的共同精神家園。

　　然而，當客家話不再是確定客家身分的必要條件之後，對於具有客家血統（不論是來自父輩或母輩）卻不能通曉客家方言的大批客家人口而言，深植於全體客家人群心中，而又容易為大多數人所接受的共同信仰或信念，就變得更加緊要。如何在全球客家人當中形成有足夠凝聚力的現代新型信仰或精神信念，以維繫客家人群體的長遠生命，就成為這一代客家人最重要的課題。

　　在這方面，陸續有人提出過，把客家先民從江西進入福建的第一站寧化，作為客家祖地（或客家人的精神家園），或將汀江流域作為維繫客家先民的生

命流動的母親河的構想，但迄今尚無法取得廣泛的共識。

　　或許更簡易可行的做法是選定一個具有共同意義的日子，設定全球客家人每年都可紀念的「全球客家日」。鑒於慎終追遠、永懷祖先是所有客家人從出生就鑄入腦海的理念，選定具有這一意義的日子，譬如人人都要紀念的清明節，作為客家人的「全球客家日」，是將全球客家人凝聚在共同旗幟之下的一個起點。紀念的內容與形式可因地而異，但重要的是將其意義植入每一個客家人，尤其是年輕一代客家人的心中，從而建立全球客家一體的認同。每兩年一度在不同城市舉行的世界客屬懇親大會，是當前比較具有全球代表性的客家聚會，應是倡議設定「全球客家日」以廣泛凝聚世界各地客家人的合適論壇。

　　在美國紐約市，每逢猶太人的重要節日，如猶太新年（Rosh Hashanah）、逾越節（Passover，紀念猶太奴隸逃出埃及），或贖罪日（Yom Kippur），雖然不是公共假日，但猶太人都自動放假，學童不上學，上班者不上班，造成街上車輛至少減半；這些古老的節日，即使是在二十一世紀的今天，仍在發揮激發猶太集體意識的功能。因此，設定「全球客家日」，對於發揚全球客家人的客家意識，並進而擴大客家人群的一體感，將產生巨大的效力。

四·客家路漫漫

　　面對不可預知的未來，為了有力延續客家集體的生命，我們這個時代的客家人，負有無可推卸的的歷史責任。當務之急是要繼續強化凝聚客家人的向心力、提振客家人的形象地位和弘揚客家歷史文化，這可從幾個方面著手：

1.整合全球客家力量，邁向建構全球性組織的長遠目標

　　民主、統一、有實力的的全球性客家組織，才是能夠有效宣傳客家人、推動全球性客家事務和在世界各地為客家人的權益奮鬥[15] 的機構。目前各地客家組織很多，但多是為服務當地客家人群而設，並不具備推動泛客家事務、服務客家整體人群的功能。為求實現建構全球性客家組織的長遠目標，可利用現代網路資源，聯繫這些分散全球的客家組織和民間力量。

　　現有客家網站資源很多，民間性網站如《客家風情》（http://www.

hakkaonline.com）、《客家網》（http://www.hakkaw.com）和香港《世界客屬總會》（http://www.worldhakka.com）等，是提供較全面的中文全球客家信息的網站；英文的有《亞洲風》網站的〈客家全球網〉（Hakka Global Network）(http://www.asiawind.com/pub/forum/fhakka/mhonarc/msg02144.html)和〈客家華人論壇〉（http://www.asiawind.com/forums/list.php?f=1），這兩個論壇是散居海外不懂中文的客家後人相互溝通討論客家事務的網站，從中可以瞭解他們的心聲。另外還有一些官方的網站，如台灣客委會或大陸龍岩、梅州的網站等。成功整合中英文網路資源，建構全球客家人都樂意使用利用的網站，是邁向整合全球客家人力、腦力資源，以期建構全球性客家組織的第一步。

2.建立培養客家政治與思想人物的社會環境

客家人注重教育，鼓勵培養子女，但偏重於醫生、律師、企管或理財行業。但是，對所有客家人而言，現在所需要的是在政治、學術、文化和思想等領域培養大量有影響力的人物，以引領客家大眾走出舊時代遺留下來的被壓在社會底層的陰影，抬頭挺胸成為主導全社會前進的主流勢力。一個更有自信能令所有客家人產生自豪感的客家人群，是強化客家認同的根本保證。

然而，產生有影響力的政治、學術、文化和思想人物的社會環境，不是朝夕可成，去除客家人群從封閉山區養成的性格缺失，以更寬闊的胸懷減少人群內部的內耗和開拓與其他人群的互動，並深化人文素養，是培養客家子弟具備現代領袖人物應有的視野與內涵的必要前提。

3.創辦客家文化產業

應鼓勵有志者和有能力的企業家創辦客家文化產業。文化產業不僅符合世界潮流，能增加客家人的能見度，也可以打開客家人的經濟和就業機會。

因此不但要大力保護和發掘各地客家的有形與無形文化遺產，也要全力培養現代客家文化產業，如客家影視、動漫製作和文藝與藝術創作，更可在台灣和中國大陸選擇適當地點設立「客家移民博物館」，展現客家移民在台灣、東南亞和世界其他地方創業開發的艱辛歷史與實際成就。

　　振興客家，長路漫漫；瞻望未來，不容徘徊。從客家先民進入閩粵贛結合區算起，客家人在這個地球上已經存在了一千年以上了。歷史上，客家人是拒絕向逆境低頭的人群，因此有理由相信，在下一個千年當中，客家人也必將以智慧、勇氣和毅力去不斷開創新局，在全世界永遠發出光熱！

●客家文化的傳承與發揚，任重道遠。圖為台灣首部客家電影《一八九五》DVD封面。

注釋

1—— 世界客家人口至今無確切估計數，且如何定義客家人口，也無定論，因此此處的估計數只是根據各種估計數推算的極為粗略的數字。台灣估計數是根據台灣客家黨全球資訊網數字（http://www.twhakka.com/front/bin/ptdetail.phtml?Category=107341&Part=statistic_1），海外客家人數是據台灣苗栗聯合大學全球客家研究中心數字（http://hakka.nuu.edu.tw/history-1.html）。

2—— 張良澤編，《鍾理和全集》，卷二，〈原鄉人〉，第三版，1980年，第21-36頁。

3—— 中國社會科學院與澳大利亞人文科學院合編（香港朗文出版社1978年出版）。

4—— 以上台灣客家話分布區據行政院客家委員會資料。

5—— 曾祥偉，《田野視角——客家的文化與民性》，黑龍江人民出版社，2005年，第80頁。

6—— 同上，第83頁。

7—— 孔永松，〈論客家宗族社會的裂變〉，載於《客家與東南亞》，第83頁。

8—— 李文良，〈清初台灣方志的「客家」書寫與社會相〉，載於《台大歷史學報》，第三十一期，2003年6月。

9—— 《檳榔嶼叢談》，第39頁。

10—— 2009年6月23日台灣《中國時報》報導。

11—— 同上。

12—— 據2007年9月21日《贛南日報》報導，採茶戲的知名度呈現下降趨勢。根據該報記者對二十名贛州市民的隨機採訪，只有三分之一的受訪者知道採茶戲在贛南歷史悠久，可以說出幾個戲名，但不是太瞭解；接近一半的被訪者對採茶戲很不瞭解。該名記者於九月十五日贛州市南河採茶小戲院見到，當晚上演三齣戲，觀眾只有六、七十人，其中二、三十歲以下的只有六、七人。

13—— 從羅香林以來的許多客家研究學者，都把是否通曉客家語言作為界定客家人的標準，一直到近期猶是如此，如李逢蕊的〈客家界定初論〉（1990年）、賴雨桐的〈客家人界定爭議〉（1993年）。見鍾家謀，〈建議一個適合時代的客家人新定義〉，載於美國加州《客家基金會會刊》創刊號，2005年2月，第6-10頁；在該文中，鍾家謀建議放棄以客家話界定客家人。

14—— 如早期印尼棉蘭富商張鴻南與土生娘惹所生的女兒Queeny Chang，幼年時上西式學校，與棉蘭荷蘭人達官貴人的小孩一起玩耍上學，但以身為客家人一分子而自豪。她在英文書寫的自傳Memories of a Nonya（《娘惹回憶錄》）中對此有詳細的描述（1948年新加坡東方大學出版社）。

15—— 在歷來東南亞一些國家的排華行動中，受害者多為客家人群，2006年年底的海嘯災難中印尼亞齊的遇難者也多為客家人。如有全球性客家組織，即可即時在全球發出呼籲，要求有關國家制止迫害行動，或幫助受災人群。

國家圖書館出版品預行編目資料

千年客家＝The Thousand-Year Journey of the
Hakka People／湯錦台著. – 再版. – 臺北市：
如果出版：大雁出版基地發行，
2023. 05
面；公分
ISBN 978-626-7045-88-6（平裝）

1. 客家 2. 文化 3. 歷史
536.211   112003261

千年客家

The Thousand-Year Journey of the Hakka People

作　　　者 — 湯錦台

封面設計 — ayen

內文設計 — 黃子欽

執行編輯 — 劉文駿

行銷業務 — 王綬晨、邱紹溢

行銷企劃 — 曾志傑、劉文雅

副總編輯 — 張海靜

總 編 輯 — 王思迅

發 行 人 — 蘇拾平

出　　　版 — 如果出版

發　　　行 — 大雁出版基地

地　　　址 — 台北市復興北路333號11樓之4

電　　　話 —（02）2718-2001

傳　　　真 —（02）2718-1258

E-mail andbooks@andbooks.com.tw

劃撥帳號 19983379

戶名 大雁文化事業股份有限公司

出版日期 2023年5月 初版

定價 480元

ISBN 978-626-7045-88-6